EX-PRESIDENTE DA PETROBRAS
# ROBERTO CASTELLO BRANCO

# PETROBRAS
# A LUTA PELA TRANSFORMAÇÃO

São Paulo | 2024

LVM
EDITORA

**EX-PRESIDENTE DA PETROBRAS**
# ROBERTO CASTELLO BRANCO

# PETROBRAS A LUTA PELA TRANSFORMAÇÃO

São Paulo | 2024

**LVM EDITORA**

**Título:** *Petrobras. A luta pela transformação*
Copyright © 2024 – Roberto Castello Branco
As opiniões e os comentários feitos nesta publicação são pessoais e não representam necessariamente a opinião das instituições às quais os autores estejam vinculados.

Os direitos desta edição pertencem à LVM Editora, sediada na
Rua Leopoldo Couto de Magalhães Júnior, 1098, Cj. 46
04.542-001 • São Paulo, SP, Brasil
Telefax: 55 (11) 3704-3782
contato@lvmeditora.com.br

**Editor-Chefe |** Marcos Torrigo
**Editores assistentes |** Geizy Novais e Felipe Saraiça
**Revisão ortográfica e gramatical |** Luiz Eduardo Lion Figueira
**Preparação dos originais |** Adriana Alevato
**Produção editorial |** Marcos Torrigo
**Capa e Projeto gráfico |** Mariângela Ghizellini
**Diagramação |** Décio Lopes

Impresso no Brasil, 2024

Dados Internacionais de Catalogação na Publicação (CIP)
Angélica Ilacqua CRB-8/7057

| | |
|---|---|
| C344p | Castello Branco, Roberto |
| | Petrobras: a luta pela transformação / Roberto Castello Branco. - São Paulo: LVM Editora, 2024. |
| | 304 p. |
| | ISBN 978-65-5052-246-9 |
| | 1. Petróleo Brasileiro S.A. – Presidentes – Narrativas pessoais 2. Economia – Brasil – Indústria petrolífera I. Título |
| 24-4551 | CDD 338.272820981 |

Índices para catálogo sistemático:
1. Petróleo Brasileiro S.A

Reservados todos os direitos desta obra.

Proibida a reprodução integral desta edição por qualquer meio ou forma, seja eletrônica ou mecânica, fotocópia, gravação ou qualquer outro meio sem a permissão expressa do editor. A reprodução parcial é permitida, desde que citada a fonte.

Esta editora se empenhou em contatar os responsáveis pelos direitos autorais de todas as imagens e de outros materiais utilizados neste livro. Se porventura for constatada a omissão involuntária na identificação de algum deles, dispomo-nos a efetuar, futuramente, as devidas correções.

# SUMÁRIO

**Introdução** ................................................................... 9

**Capítulo 1 | O fim de um projeto** ................................. 13

**Capítulo 2 | A visão do conselheiro** ............................. 25
   1. Como tudo começou ................................................. 25
   2. A destruição de valor ................................................ 33
   3. A crise financeira de 2015/2016 ............................... 37
   4. A reestruturação começa ......................................... 41
   5. A precificação de combustíveis – 2011-2017 .......... 66

**Capítulo 3 | O caminho de volta** ................................. 73
   1. Esperança e transição: 2016-2018 ........................... 73
   2. Na gestação da equipe econômica ......................... 78
   3. Retornando para a Petrobras ................................... 86

**Capítulo 4 | Um novo amanhecer** ............................... 99
   1. A visão estratégica .................................................... 99
   2. Lidando com os desafios ........................................ 105
   3. As mudanças na estrutura organizacional ............ 127

**Capítulo 5 | A agenda transformacional em movimento** ... 143
   1. O início de uma transformação cultural ............... 143
   2. A criação de valor para o acionista versus ESG .... 157

3. Liderança pelo exemplo............................................................160
4. A guerra aos custos elevados ...................................172
5. A cabeça de ponte....................................................184

**Capítulo 6 | A gestão do portfólio** ........................................... 189
1. A frustração com a Braskem....................................195
2. A batalha da TAG ...................................................197
3. As barreiras à privatização de refinarias ...................200
4. Mataripe: a primeira refinaria privatizada no Brasil....204
5. BR: a primeira privatização
via mercado de capitais no Brasil................................209
6. Deixando o Uruguai .................................................212
7. A batalha da Liquigás...............................................214
8. Os campos maduros de petróleo...............................218
9. Outros desinvestimentos...........................................220
10. A conquista do melhor campo de
petróleo *offshore* do mundo ........................................221
11. O foco na exploração e produção ...........................226
12. Reposicionamento do refino ...................................232
13. A PETROS sai do fundo do poço ............................234

**Capítulo 7 | A reação aos choques e a recuperação em J** .... 239

**Capítulo 8 | O desafio da mudança climática** ..................... 259

**Capítulo 9 | Abrasileirar versus internacionalizar** ............ 271

**Capítulo 10 | Privatizar é preciso** ........................................... 283

**Agradecimentos** ........................................................................ 289
**Disclaimer** .................................................................................. 291
**Anexo I**........................................................................................ 292
**Anexo II** ...................................................................................... 300

# INTRODUÇÃO

Decidi escrever este livro para compartilhar minha experiência na Petrobras – a maior companhia da América Latina, tão especial para os brasileiros –, e refletir um pouco sobre o funcionamento do país.

A história da Petrobras revela quão prejudicial pode ser a intervenção do Estado na atividade econômica, sendo esta a principal responsável pelo lento crescimento econômico e pela geração de pobreza. A atuação de uma estatal de grande porte em atividades típicas da iniciativa privada é prejudicial para a economia, e não tenho dúvida de que a privatização é a melhor alternativa.

Estou certo de que, sob controle do Estado, a Petrobras continuará a se comportar como uma nau sem rumo num mar de desperdício de recursos.

Nunca fui, não sou e jamais serei político. O livro não possui viés a favor ou contra determinado partido político, de direita ou esquerda.

O trabalho foi estruturado em dez capítulos.

O primeiro aborda o fim da minha missão na Presidência da companhia, bem como um breve resumo das principais realizações que alcançamos.

O capítulo 2 se concentra na minha experiência como conselheiro em 2015-2016, anos que marcaram o reconhecimento dos graves problemas herdados das gestões anteriores e o início da reestruturação da companhia. Participei, nessa fase, da construção das bases de padrões sólidos de governança que, pouco tempo depois do final de meu mandato no Conselho, ganharam a proteção dada pela sanção da Lei n⁰· 13.303, a Lei das Estatais, em 30 de junho de 2016.

No capítulo 3, o foco se transfere para o relato sobre um período em que eu e um grupo de economistas pró-mercado acreditávamos ser uma fase de transição para a realização de um sonho, fulcrado em reformas estruturais para viabilizar o ingresso da economia brasileira no caminho da prosperidade.

Os capítulos de 4 a 10 constituem o coração do livro, pois se referem diretamente à minha experiência como presidente da Petrobras. Neles, descrevo como enfrentamos os desafios para preparar a companhia para gerar valor para seus acionistas de maneira sustentável, e a resposta à pandemia geradora de dois poderosos choques: o da saúde pública, que culminou em sete milhões de mortes no mundo, e o da recessão econômica global que, entre outras consequências, provocou um colapso dos preços do petróleo, os menores observados nos últimos vinte anos e, para surpresa geral, até mesmo os primeiros preços "negativos" da história.

Abordo a precificação dos combustíveis e suas alternativas, "abrasileirar *versus* internacionalizar", apontando as distorções derivadas do afastamento dos preços de mercado, evidenciadas claramente pela perda de US$ 41 bilhões no período 2011-2014.

Uma política não deve ser avaliada por suas intenções, mas por seus resultados concretos. Há 125 anos vivemos de combustíveis fósseis (carvão, petróleo e gás natural) e, mesmo depois de investimentos trilionários em fontes renováveis, eles ainda representam 82% do consumo global de energia primária. Em 1997, eram 87%. Ao lado das dificuldades para descarbonizar o mundo, é crucial investir para enfrentar os efeitos da mudança climática, que já se manifestam sob a forma de ondas de calor e enchentes. O desenvolvimento econômico é fundamental para dispormos dos recursos necessários para vencer esse colossal desafio.

À luz desse cenário, discutimos os caminhos a serem seguidos pela indústria do petróleo e pela Petrobras.

O capítulo final se dedica a questionar o futuro da empresa como sociedade de economia mista, e a propor sua privatização.

A vida nos oferece raras oportunidades de realizar algo que realmente acreditamos valer qualquer sacrifício, como foi o caso da reconstrução da Petrobras. Não optei por tentar superar o desafio travando guerras ideológicas ou recorrendo ao poder governamental. Meu instrumento, como não poderia deixar de ser, foi o profissionalismo apoiado por sólidos argumentos econômicos, evidências e exemplos do mundo real.

Foi uma jornada e tanto. Espero que este livro contribua para esclarecer fatos e fantasias, e contenha algumas lições que sejam úteis no futuro.

CAPÍTULO 1
# O fim de um projeto

Trabalhei para a Petrobras em dois momentos: como membro do Conselho de Administração (de maio de 2015 a abril de 2016), e como presidente executivo (CEO) e membro do Conselho de Administração (de janeiro de 2019 a abril de 2021).

Nos doze meses iniciais, vivi o fim de uma fase de turbulência que deixou como herança uma crise de grandes proporções, consequência de uma série de problemas derivados da interveniência estatal. A falta de governança, uma verdadeira "desgovernança," era a sua raiz. Apesar de curto, nesse período foram dados importantes passos para a construção de uma estrutura sólida. Estabeleceram-se regras, controles e uma base que reduziram substancialmente a probabilidade de repetição dos eventos do passado.

Os 27 meses em que exerci a Presidência foram diferentes. Não havia incêndio a ser debelado, mas um gigantesco trabalho de reconstrução ainda por ser realizado.

Embora menor, o endividamento ainda era considerável. Além disso, havia custos elevados, falta de uma visão estratégica clara, ausência de meritocracia, pouca preocupação com a eficiência na alocação de recursos e um ambiente onde a desconfiança permeava o relacionamento entre as pessoas.

Nesse período, tive grande satisfação pessoal e profissional. Consegui formar uma excelente equipe, que trabalhou incansavelmente para superar inúmeros desafios, previstos e imprevisíveis, e foi vitoriosa.

É uma experiência extraordinariamente gratificante colocar em marcha um plano cuidadosamente elaborado, executar medidas com convicção, vencer quase todas as batalhas internas e externas e ver os resultados surgirem. Em 2 anos e 3 meses, período muito curto na vida de uma organização, lutamos nas mais diversas frentes, abordamos problemas variados e colhemos inúmeras realizações.

Contudo, no final de 2020, emergiram momentos de turbulência e de maior estresse. Nuvens escuras se formaram no horizonte, prenúncio do final de uma jornada.

Depois do choque provocado pela pandemia da COVID-19, que derrubou o consumo de combustíveis, a economia mundial começou a se recuperar – consequentemente, também os preços do petróleo – no final do segundo semestre de 2020.

A Petrobras reajustou sua cobrança de derivados do petróleo acompanhando as cotações internacionais, procedimento fundamental para se manter competitiva, ser capaz de honrar sua gigantesca dívida, sustentar os investimentos necessários e cumprir suas obrigações com os acionistas – entre eles, o Estado brasileiro.

Se, por um lado, o movimento de alta era favorável à indústria do petróleo – e, portanto, para a Petrobras –, marcando o fim da crise derivada da pandemia, por outro, o velho problema brasileiro de politizar preços de combustíveis ensaiava retornar à cena.

No auge do colapso – em abril de 2020 a cotação média foi de US$ 19,00 por barril, valor abaixo do custo total de produção – eu acordava de madrugada apreensivo para consultar a tela da Bloomberg. Repassávamos para a precificação dos combustíveis o movimento de queda que afetava negativamente nosso fluxo de caixa.

Com os preços em alta, ao contrário dos presidentes de outras petroleiras – aliviados e, muito provavelmente, com o sono tranquilo –, eu despertava muito cedo, atormentado pelo fantasma da interferência governamental. Corriam rumores de que os caminhoneiros autônomos estariam preparando uma greve para o primeiro dia de fevereiro de 2021, o que foi o gatilho para o disparo de pressões sobre a Petrobras.

Para mim, a perspectiva era surpreendente. O preço do diesel estava inferior ao vigente no período pré-pandemia e a demanda crescia fortemente, mesmo em janeiro, quando costuma sofrer desaceleração sazonal. O mercado de fretes passou a ser favorável aos caminhoneiros. Paralisações, naquele momento, custariam caro, pois implicariam em perda substancial de receita justamente na fase de recuperação dos meses de uma recessão severa.

Diferente de 2018, não havia sinais de apoio por empresários que pudessem financiar a paralisação, o que é essencial para esse tipo de empreitada.

Há quem acredite que a aplicação das normas da boa gestão e das leis da economia não é aceita no Brasil. Entre os céticos, estava o presidente da República, Jair Bolsonaro, que, diante de reclamações de caminhoneiros sobre os preços do diesel, pressionava a Petrobras para mantê-los defasados e subsidiar os que faziam parte de sua base eleitoral.

Resistimos às pressões e continuamos a nos orientar pelos preços de mercado. Como eu esperava, a greve dos caminhoneiros não se materializou, mas fui chamado para uma reunião no Palácio do Planalto no dia 5 de fevereiro de 2021 para explicar a política de preços da Petrobras.

Consolidou-se um ambiente semelhante ao que iria prevalecer durante boa parte de 2021 e 2022, quando perdurou a tendência de alta dos preços internacionais de combustíveis.

Como usual, a Petrobras era considerada a grande vilã e seu presidente supostamente uma pessoa sem sensibilidade diante dos problemas sociais que deveria ser substituído por outro com "jogo de cintura", que fosse inclusive um mestre em comunicação. Em última instância, o ideal seria alguém que deixasse correr entre suas mãos um turbilhão de dinheiro para agradar um pequeno grupo às custas do restante do povo.

Essa prática não é exclusividade brasileira; faz parte da história da América Latina, onde políticos populistas investem contra as empresas, privadas ou estatais, e seus administradores para se apresentarem como defensores do povo, instrumentalizando seu poder.

É claramente ilusório. O intervencionismo estatal em nada protege o povo, seja brasileiro, boliviano, argentino ou venezuelano. Pelo contrário, é um dos responsáveis pelo empobrecimento de nossa região. A sensação de bem-estar inicial é logo substituída pela incerteza e instabilidade, pela inflação e pela estagnação econômica no longo prazo.

O propósito do populismo é a redistribuição de renda, não o crescimento econômico. Na prática, costuma dar origem a uma redistribuição perversa, resultando no benefício de um pequeno grupo em detrimento de multidões de pobres, uma espécie de "socialismo para os ricos".

Embarquei para Brasília usando máscara e óculos de proteção, mas não só para evitar os riscos de infecção como também porque sempre procurei dar um bom exemplo para as pessoas que trabalham comigo. Em todas as *lives* com os empregados, recomendei que fossem cuidadosos consigo mesmos e com suas famílias para evitar a transmissão e infecção pela COVID-19. Proteger a saúde de meus colegas de trabalho e a integridade das operações da companhia era meu dever. Como vamos pedir para alguém que faça o que não fazemos?

Chegando ao gabinete da Presidência da República, me deparei com uma sala cheia de gente, na qual praticamente ninguém usava máscara, e com pessoas que se cumprimentavam efusivamente com abraços apertados. No que parece ser um costume dos círculos de poder em Brasília, alguns cochichavam – o que envolve maior aproximação física e, assim, aumento do risco de transmissão do vírus.

A pandemia, cuja segunda e mais mortal onda estava em franca evolução naquele momento, não figurava no radar daquele lugar. Limitei-me a cumprimentar a todos com um simples toque de cotovelo.

Estavam lá vários ministros, como Economia, Minas e Energia, Infraestrutura, e aqueles chamados "da casa" (com gabinetes no Palácio do Planalto), o Advogado Geral da União e alguns assessores.

Quando me foi dada a palavra, expus como a Petrobras precificava os combustíveis, absolutamente de acordo com os preços internacionais convertidos para reais pela taxa de câmbio real/dólar americano. As duas variáveis estavam puxando os valores para cima, ambas evidentemente fora do controle da Petrobras.

Afirmei que cumpria minhas responsabilidades legais com os acionistas. Sempre considerei que meu compromisso era com eles, não com as preocupações de natureza política do governo. Fiz questão de enfatizar a diferença entre uma sociedade de economia mista – como a Petrobras, com grande participação de acionistas privados no Brasil e no mundo, cujo objetivo social não é executar políticas públicas – e as estatais – como a Caixa Econômica Federal e os Correios, 100% controladas pela União, que atuam como órgãos componentes da administração federal.

Detalhei as regras de governança da Petrobras, as restrições impostas pela Lei das Estatais, as normas a que estávamos sujeitos – determinadas pelo próprio estatuto aprovado pela Assembleia Geral de Acionistas, pela regulação da Comissão de Valores Mobiliários (CVM) e da US Securities and Exchange Commission (SEC) –, a prestação obrigatória de contas ao Tribunal de Contas da União (TCU) e o fato de a Petrobras ainda estar sob supervisão do Departamento de Justiça dos Estados Unidos (DoJ), herança da crise recente. Por último, alertei para o risco de acionistas moverem processos contra a Petrobras e demandarem indenizações, caso a direção tomasse medidas lesivas à empresa.

A intervenção do governo na fixação dos preços dos derivados produzidos pela Petrobras, costume antigo entre nós brasileiros, é uma grave distorção e teria consequências negativas não limitadas à administração da empresa, podendo atingir até o presidente da República. Aconselhei o governante Bolsonaro a se manter longe da companhia, caracterizando-a como "tóxica" para ele.

Alertei sobre os riscos de desabastecimento. Como profissional, eu não poderia autorizar, por exemplo, a importação de combustíveis por preços mais elevados e vender no mercado doméstico a preços mais baixos, tal como acontecera antes. Havia, portanto, o risco de desabastecimento do mercado pois nenhum importador privado, agente importante para o fornecimento de diesel e gasolina, estaria disposto a arcar com prejuízo.

Concluí chamando a atenção para os riscos macroeconômicos da interferência do governo – provável depreciação da moeda, pressões sobre a inflação, alta dos juros, perda de confiança e desestímulo a investimentos –, todos negativos para a economia brasileira. Os economistas presentes, entre eles o Ministro da Economia, não discordaram de mim.

Em minha exposição, fui interrompido por questionamentos baseados em informações distorcidas.

Ouvi reclamações de que o preço do botijão de gás (GLP) de 13 kg estava sendo vendido a R$ 130,00. Retruquei com as estatísticas da semana anterior de uma fonte oficial, a Agência Nacional de Petróleo, Gás Natural e Biocombustíveis (ANP), que apontavam um preço médio de R$ 77,78, muito inferior ao citado.

A Petrobras, no início da cadeia produtiva e sem poder de polícia, não tem como atuar para eliminar esse tipo de distorção gerada em mercados onde prevalece o poder de monopólio imposto à força por organizações criminosas.

O preço de mercado do GLP na época representava 7,1% do valor do salário-mínimo em vigor em 2021 (R$ 1.100,00) e era cerca de 15% inferior ao percentual médio do período 2003-2014 (8,3%), quando os preços cobrados pela Petrobras na refinaria permaneceram congelados e o salário-mínimo nominal mais do que triplicou[1]. Portanto, os dados sugeriam que nenhum absurdo estava sendo cometido.

O problema não é o preço do gás de cozinha refletir seus custos reais, mas a pobreza que ainda aflige alguns milhões de brasileiros. Nos estados do Nordeste, por exemplo, para cada trabalhador com carteira assinada existe mais de uma pessoa recebendo bolsa família. No Maranhão e no Piauí, essa proporção é ainda maior: mais de duas por trabalhador.

---

1. A fonte dos dados sobre preços de botijões é o Sindigás (www.sindigas.org.br). O salário mínimo passou de R$ 200,00 em 2002 para R$ 714,00 em 2014.

Contudo, a abordagem desta questão real e urgente exige medidas sérias e bem formuladas, não se resolvendo com demagogia e populismo.

Na sessão de perguntas e respostas, foi mencionado que eu teria afirmado, na conferência de um banco, que "a Petrobras não tinha nada a ver com problemas de caminhoneiros". Tratava-se de uma confusão em que minhas palavras foram distorcidas numa narrativa com o nítido propósito de me prejudicar. Na verdade, eu disse que "a Petrobras não era a causadora dos problemas daqueles trabalhadores". Percebi que, talvez sem perceber, estavam repetindo o discurso de adversários do governo, que pareciam buscar uma aliança com os caminhoneiros para enfraquecê-lo.

Os preços do petróleo e combustíveis seguiam uma tendência de alta, cujo pico ocorreria somente ao final de 2022. O real registrou a maior depreciação entre as moedas das economias emergentes desde o início da pandemia. Nesse cenário, os preços internos dos combustíveis, já elevados, alcançariam novas altas no curto prazo.

O transporte rodoviário de carga no Brasil é um negócio desafiador, especialmente para os caminhoneiros autônomos, cujos problemas são mais amplos e não se limitam aos preços do diesel.

Estradas péssimas – apenas 12,4 % delas são asfaltadas – escassez de áreas para repouso, excesso de oferta de caminhões e uma economia cujo PIB per capita tinha encolhido 7,2% entre 2014 e 2021 ajudavam a compor um cenário hostil. As estradas brasileiras estavam, em 2021, na 114ª posição entre 141 países no ranking do World Economic Forum. De acordo com dados da Agência Nacional de Transportes Terrestres (ANTT), os motoristas autônomos possuíam frota com idade média de 21 anos, que demanda, portanto, bastante manutenção e consumo de combustível mais elevado, cerca de dois quilômetros por litro. Ademais, eles têm baixa conectividade com clientes, o que os obriga a permanecer vários dias parados aguardando a contratação de carga.

Outros fatores, como a alta de preços de autopeças, pneus e do custo do biodiesel – adicionado obrigatoriamente ao diesel, às vezes até duas vezes mais – pressionavam também o bolso dos profissionais. Subsídios não eram solução para suas dificuldades.

A direção da Petrobras, que supostamente demonstrava desprezo pela situação daqueles trabalhadores, havia apresentado sugestões para o governo nesse campo. Em 2019, a BR Distribuidora (então subsidiária da Petrobras) lançou, atendendo à nossa recomendação, o "Cartão do Caminhoneiro", que permitia a compra de diesel a preço fixo em qualquer dos seus mais de 8.000 postos por um período de 30 dias. O programa não encontrou um volume de filiações entre os caminhoneiros que desse escala econômica; foi descontinuado após a privatização da BR.

Na reunião do Planalto, fiz novas sugestões. Uma delas foi dirigida ao excesso de oferta de veículos. A proposta envolvia a compra de caminhões com idade superior a 20 anos para que fossem vendidos como sucata para a indústria do aço e a concessão de bolsas mensais de até dois salários mínimos durante um ano para treinamento profissional dos motoristas. Com a requalificação profissional, os autônomos poderiam montar pequenos negócios e até se credenciar a empregos em outras atividades. Estimamos o custo desse programa para o Tesouro Nacional em cerca de R$ 7 bilhões.

Esta opção tinha o mérito de atacar o excesso de oferta, uma das causas estruturais do problema, ao invés de subsidiar e estimular o consumo de um combustível fóssil, emissor de carbono. Foi argumentado, entretanto, que os caminhoneiros adoravam sua profissão e jamais a abandonariam por outra atividade.

Finalmente, um dos ministros criticou o fato de não termos reajustado os preços após o dia 1 de fevereiro. Não compreendia que o atraso nos ajustes custa caro para a empresa e acarreta a perda de muitos milhões de reais.

Decisões empresariais não podem ser reféns de supostas ameaças e o tempo dos negócios é distinto do tempo político. Fazer o que propunham seria submeter a determinação de preços extremamente importantes para o desempenho da companhia às incertezas do jogo político.

Minhas propostas não foram merecedoras de atenção e o caminho escolhido foi tentar mudar o ICMS cobrado pelos estados. De fato, as alíquotas praticadas em alguns deles eram exageradamente elevadas. No Rio de Janeiro, por exemplo, era de 32% do preço do combustível, representando parcela igual à receita líquida da Petrobras – que investe bilhões de dólares para produzir e corre uma série de riscos – com a venda de gasolina. Da forma como era cobrado o ICMS – adotando como base de cálculo, para incidência da alíquota, o valor do próprio imposto –, a taxação neste estado se transformava em 47%, um verdadeiro confisco. Como o imposto é calculado "por dentro", ou seja, é incluído na base, a alíquota efetiva é de igual a 100/(1-0,32) – 100= 47%.

Fui embora de Brasília com a convicção de ter cumprido a minha missão na reunião, respondendo a todos os questionamentos de forma transparente, embasado em fatos e dados, advertindo sobre os riscos do intervencionismo e me manifestando sobre tudo que considerava importante. Acreditava ter sido convincente.

Durante o voo de volta ao Rio de Janeiro, concluí que meus dias à frente da Petrobras estavam contados. Aquela batalha foi perdida, pois atender às demandas do governo estava completamente fora de cogitação. Minhas convicções eram mais fortes do que as pressões e não as trairia jamais. Diante da tendência de alta dos preços globais do petróleo e combustíveis e das alterações no câmbio, seria mais fácil entregar para os caminhoneiros a cabeça do presidente da Petrobras como sinal de que o governo estava agindo.

Contava, talvez para aumentar o meu desgaste, o comportamento que adotara até aquele momento no relacionamento com o Palácio do Planalto. Concentrado na gestão da empresa – do que não me arrependo –, me mantive arredio em relação à Brasília, para onde ia apenas quando indispensável. Não acatei as indicações de nomes para a diretoria da Petrobras e os pedidos de aumento de gastos com publicidade.

Eu não fazia parte do círculo de poder, nem nunca me interessei em fazer, e os cuidados com a COVID eram um símbolo da minha distância daquele mundo.

Duas semanas depois da reunião, o presidente anunciou a minha substituição, efetivamente concretizada somente no dia 12 de abril. Foi proposto que eu pedisse demissão, o que recusei.

Como o presidente da República desejava minha saída, ele deveria assumir a responsabilidade de sua decisão.

Os rumores sobre a mudança na Presidência da Petrobras fizeram os preços de suas ações caírem 5,6% em 19 de fevereiro, uma sexta-feira. Realizado o anúncio efetivo de minha demissão após o fechamento dos mercados nesse dia, na segunda seguinte, dia 22, os preços das ações desabaram: caíram 23%. Ao todo, entre o fechamento do mercado no dia 18 e o fim do dia 22, a Petrobras perdeu cerca de US$ 20 bilhões de valor de mercado.

Nesse intervalo, o preço do petróleo Brent permaneceu praticamente estável, oscilando levemente em torno de US$ 65,00, e o MSCI Oil and Gas (indicador global de preços de ações do setor) caiu somente 1,3%. Não se pode, portanto, atribuir a considerável queda do preço das ações da Petrobras às oscilações do preço do petróleo e dos ativos das produtoras.

Seis dos oito diretores da companhia pediram demissão, assim como quatro dos onze conselheiros

Chegara ao fim a minha missão na Petrobras e o projeto que liderei com grande entusiasmo, com o indispensável apoio de uma equipe competente e muito comprometida.

A companhia foi ultrapassada imediatamente pela BP e Equinor em valor de mercado, sendo rebaixada do quinto para o sétimo lugar no ranking das maiores petroleiras do Ocidente, do qual não saiu até 2024. A explicação é simples: as outras companhias, inclusive a Equinor – cujo principal acionista é o Estado norueguês – não vivem sob a constante ameaça de intervenção política.

Foram muitas as batalhas vencidas, mas chegara a hora de lidar com a derrota.

Geralmente, uma demissão tende a gerar vários sentimentos negativos, dentre os quais mágoa, raiva, tristeza. Confesso que, em nenhum momento, eles passaram pela minha cabeça. Muito pelo contrário, fui tomado por uma sensação de alívio e felicidade, além da certeza de haver cumprido a missão e me libertado de pressões políticas e diatribes mentirosas lançadas por radicais de extrema-direita e extrema-esquerda, grupos muito semelhantes.

O reconhecimento pelo mercado e empregados da Petrobras foi sem dúvida uma grande fonte de felicidade.

Em minha gestão, os padrões de governança foram reforçados e racionalizados. Todos os executivos, diretores e gerentes eram profissionais selecionados por seu próprio mérito.

O ambiente que conseguimos construir permitiu à Petrobras alcançar marcas expressivas, com recordes de produção de petróleo e gás natural, bem como dos índices de segurança das operações, privatizações de US$ 24 bilhões, redução de dívida em US$ 32 bilhões, forte geração de caixa e considerável redução de custos.

A Petrobras deixou de ser um conglomerado para se constituir em empresa de exploração e produção de petróleo e gás. Embora tivesse trabalho a fazer, como privatizações de refinarias, a companhia estava pronta para voar. E assim foi: com a alta dos preços do petróleo em 2022, gerou caixa suficiente para ser uma das maiores pagadoras de dividendos do mundo, o oposto do que era em 2014 – a empresa mais endividada do mundo.

CAPÍTULO 2
# A visão do conselheiro

## 1. Como tudo começou

Numa manhã de abril de 2015, eu cruzava o corredor da Escola de Pós-Graduação em Economia (EPGE) da Fundação Getúlio Vargas – onde trabalhava no Centro de Estudos em Crescimento e Desenvolvimento Econômico desde 2014 – quando ouvi o toque do meu celular. Murilo Ferreira, presidente da Vale (com quem já havia trabalhado na mineradora até o início de 2014), contou que assumiria a Presidência do Conselho de Administração (CA) da Petrobras, me convidando para ocupar um assento no colegiado.

Essa posição é um rito de passagem para um líder experiente, uma oportunidade para compartilhar habilidades e experiências na medida em que se envolve na escolha e avaliação de desempenho dos principais executivos da empresa, na determinação dos pagamentos e planos de incentivos, na aprovação de decisões estratégicas e na garantia da sustentabilidade financeira da companhia no curto e longo prazo.

O conselheiro deve cuidar do tratamento de questões como os desafios da mudança climática, a diversidade étnica e de gênero, a segurança das operações e garantir que a empresa tenha planos de mitigação de riscos de grande amplitude, desde os associados à volatilidade macroeconômica até a segurança cibernética. Deve estar pronto para auxiliar na navegação de macrodesafios, tais como o ritmo sem precedentes de mudanças tecnológicas e disrupção de modelos de negócios, e a crescente interdependência entre eles.

Numa empresa que tem o Estado brasileiro como controlador, as preocupações vão além. A Petrobras está sujeita a vários órgãos de controle, tais como TCU, CGU, SEST, e de regulação, como ANP, IBAMA, CVM e SEC[2]. Todavia, o mais complexo são as pressões externas, de grupos que não pensam muito antes de recorrer à Justiça contra os administradores da empresa, conselheiros e diretores, muitas vezes simplesmente por discordarem de decisões.

O chamado "risco do CPF" é real; a probabilidade de enfrentar um processo judicial não é desprezível.

Esse contexto ruim compromete o desempenho de conselheiros, incentivando-os a ter posturas defensivas. Pessoas qualificadas, com potencial para contribuir, acabam optando por priorizar o resguardo de sua posição – "o meu CPF primeiro" – e os interesses dos acionistas se tornam secundários.

As corporações de funcionários se utilizam dessa ameaça para a intimidação de executivos provenientes da iniciativa privada, que pretendem realizar mudanças com potencial para lhes tirar da zona de conforto. Como comentaram algumas pessoas, "basta gritar TCU para sair todo mundo correndo".

A Petrobras não é só mais uma estatal. É uma sociedade de economia mista, um híbrido complexo que havia sido devastado. O Conselho de Administração teria de voltar as atenções para os problemas passados e promover ampla reestruturação, tomando medidas para minimizar a probabilidade da repetição do que acontecera.

A meu turno, aceitei imediatamente o convite de Murilo por duas razões.

Primeiramente, porque era, como continuo a ser, um estudioso da economia das commodities minerais – naquela época principalmente de minérios e metais. O petróleo, sendo a principal commodity do mundo, faz parte dessa área, merecendo

---

2. Tribunal de Contas da União; Corregedoria Geral da União; Serviço Social do Transporte; Agência Nacional do Petróleo, Gás Natural e Biocombustíveis; Instituto Brasileiro de Meio Ambiente e dos Recursos Naturais Renováveis; Comissão de Valores Mobiliários; e U.S. Securities and Exchange Comissions.

a minha atenção e estudo. A experiência com a mineração, um negócio com aspectos semelhantes, e o desejo de adquirir mais conhecimentos despertaram meu interesse.

Em segundo lugar, por causa da minha indignação com o estrago feito à Petrobras. Como possuía alguma experiência em reestruturações no passado, acreditava poder contribuir positivamente.

Sendo a maior empresa da América Latina, um orgulho e ícone do mundo corporativo brasileiro, sua crise financeira provocou quebras de empresas, desemprego e problemas econômicos e sociais em várias cidades, principalmente no Estado do Rio de Janeiro.

No imaginário de seus empregados e de parte da sociedade, a companhia era o motor do crescimento econômico do Brasil, cujo futuro dependeria do Pré-sal, sua mais recente descoberta.

Perfurado o primeiro poço viável comercialmente por James Williams no Canadá, em 1858, o petróleo se tornou inicialmente a matéria prima para iluminação por querosene[3]. Depois, completou a transição para o transporte – em terra, mar e ar – e várias outras aplicações, como petroquímica e fertilizantes.

Três propriedades associadas ao óleo mineral foram definitivas para o considerável avanço de seu consumo: alta densidade energética, facilidade de estocagem e de transporte[4].

O século XX representou o auge de uma era. Sua produção global aumentou aproximadamente em duzentas vezes e, desde 1964, se tornou o principal combustível consumido no mundo, quando sua densidade energética superou a do carvão.

Em 1968, nasceu a OPEP (Organização dos Países Exportadores de Petróleo), inspirada pelo antigo sistema de cotas adotado pelo governo americano para os estados produtores, com o cumprimento assegurado por autoridades federais.

---

3. A descoberta de um poço pelo coronel Edwin Drake, em 1859, na Pennsylvania (EUA) é, contudo, sempre citada como ponto de partida da moderna indústria do petróleo.
4. Como exemplifica Bill Gates, combustíveis fósseis geram até 10.000 watts por metro quadrado contra 50 numa usina hidroelétrica.

A organização pretendia ser um cartel para determinação de preços a nível global[5]. Até hoje, seu suposto poder é discutível. Um caso sempre mencionado é o famoso choque de valores do petróleo de 1973 atribuído a ela, o qual muito provavelmente foi causado pela política monetária expansionista do Federal Reserve Bank dos Estados Unidos, que já havia provocado aumento considerável de preços de outras commodities, minérios, metais e produtos agrícolas[6].

Conforme crescia sua importância, uma onda de nacionalizações de empresas de petróleo em países produtores no Oriente Médio, África e América Latina foi se formando. Em nossa região, as mais importantes ocorreram no México (1938) e Venezuela (1976), dando origem à Petroleos Mexicanos (Pemex) e à Petroleos de Venezuela (PDVSA) respectivamente.

A Pemex foi criada por decreto do governo mexicano, ao passo que a PDVSA resultou da nacionalização de operações de companhias estrangeiras. Em 1958, foi a vez de o governo argentino atribuir as atividades de exploração e produção de óleo e gás às estatais YPF e Gas Del Estado.

A YPF foi fundada em 1922, tendo sido a primeira estatal produtora de petróleo no mundo. Privatizada pelo governo Carlos Menem nos anos 1990 – quando se acreditou que a economia argentina abandonaria a tendência de declínio de longo prazo –, voltou para as mãos do Estado na gestão de Cristina Kirchner em 2012, que utilizou uma forma extremamente agressiva de concretização do plano, inclusive com a expropriação do ativo de propriedade da empresa espanhola Repsol, controladora da empresa.

Em 1936, o governo boliviano fundou a YPFB e, desde então, aconteceram privatizações e nacionalizações. A privatização efetuada em 1996 pelo governo Gonzalo Sanchez de Lozada foi

---

5. SMIL, Vaclav. Energy and Civilization: A History. MIT Press, 2017.
MCNALLY, Robert. Crude Volatility: The History And The Future of Boom-bust Oil Prices. Center on Global Energy Policy. Livro 12. Nova York: Columbia University Press, 2017.

6. Foge ao escopo deste livro discutir a volatilidade de preços de petróleo. Aos interessados, sugiro o artigo de Lutz Killian e Christiane Baumeister, "Forty Years of Oil Price Fluctuations: Why the Price of Oil May Still Surprise us", publicado no "Journal of Economic Perspectives", volume 30, número 1, em 2016.

desfeita por Evo Morales em 1 de maio de 2006. Em um gesto teatral, o então presidente mandou o Exército boliviano ocupar os principais campos de petróleo e gás e refinarias privadas, duas delas da Petrobras. Não houve reação do governo brasileiro à encampação de ativos de uma empresa controlada pelo Estado. Mais tarde, a Petrobras foi indenizada pelas refinarias nacionalizadas.

Após essa intervenção, a Petrobras Bolívia se transformou numa espécie de prestadora de serviços para a estatal local, a YPFB, produzindo e recebendo como pagamento parte do óleo, deixando de controlar a operação dos campos.

Caso semelhante aconteceu em 1976 na operação pela Petrobras do campo de Majnoon, no Iraque. Quando o governo iraquiano tomou conhecimento da magnitude do volume de reservas desse campo, a empresa foi forçada a ceder os seus direitos, passando a mera prestadora de serviços – através de sua subsidiária Braspetro – para a estatal local, a Iraqi National Oil Company,

Alguns funcionários brasileiros da Petrobras Bolívia (subsidiária da brasileira) assinaram contrato com a YPFB para o fornecimento de gás natural para a Petrobras no Brasil. Eles foram processados pelo governo Evo Morales. Em 2019, ao iniciar a negociação de uma extensão desse contrato, requeri ao Ministro de Hidrocarbonetos da Bolívia a anulação daqueles processos – totalmente injustos – como condição necessária para começar a conversa, pois só assim firmaríamos uma relação de confiança. Em duas semanas fomos atendidos.

A história no Brasil foi diferente de outros países latino-americanos. Não havia o que nacionalizar, não éramos produtores e nem havíamos descoberto reservas significativas. A Refinaria Riograndense – pertencente à Ipiranga –, primeira do Brasil, foi criada em 1937 e era privada. Desde então, as refinarias brasileiras processam óleo importado. A de Mataripe, depois batizada como Landulpho Alves (RLAM) e novamente rebatizada com seu nome original, foi a primeira estatal, tendo sido criada em 1950 pelo Conselho Nacional do Petróleo (CNP).

A Petrobras foi fundada na expectativa da existência de grandes reservas em campos terrestres, o que nunca se confirmou.

O Brasil foi um produtor irrelevante de petróleo durante muitos anos. Inicialmente, a Petrobras produzia 2.700 barris diários (bbl/d). Vinte e um anos depois, em 1974, a Bacia de Campos foi descoberta, embora inicialmente o achado tenha se limitado a campos menores em águas rasas. Os grandes campos em águas profundas, como Marlim e Albacora, foram descobertos somente nos anos 1980. A marca de produção de óleo de um milhão bbl/d (Mbd) foi atingida em 1998.

Marlim, descoberto em 1985 e situado a 110 km da costa do Estado do Rio de Janeiro, é o campo com a maior produção acumulada no Brasil, tendo produzido aproximadamente 2,8 bilhões de barris de petróleo e gás natural até setembro de 2021.

A Petrobras nasceu em 1953 a partir da campanha "O Petróleo é Nosso", iniciada em 1948. Segundo Roberto Campos, foi gerida por uma aliança entre militares estatizantes, esquerdistas e um partido conservador, a União Democrática Nacional (UDN). Surpreendentemente, esse mesmo partido defendeu e foi decisivo para a criação de uma estatal monopolista, o que não estava previsto no projeto inicial enviado ao Congresso em dezembro de 1951[7].

A Lei do Petróleo, Lei nº. 9.478 de 6 de agosto de 1997, acabou legalmente com o monopólio estatal após vencer grande resistência política. Entre outras manifestações contrárias, destaca-se a mais prolongada greve dos empregados da Petrobras com duração de 32 dias. Até hoje, alguns radicais – alheios às mudanças acontecidas no mundo nos últimos 70 anos – advogam o retorno ao regime anterior.

O nacionalismo fervoroso acabou transformando a Petrobras numa espécie de fetiche. Em nome disso, muitos abusos foram cometidos e quase a destruíram. Por exemplo, o relatório Link, do geólogo norte-americano Walter Link– na prática, o primeiro Diretor de Exploração da Petrobras – foi demonizado porque indicava que a companhia deveria pesquisar no mar já que, em terra, havia pouco petróleo.

---

7. Sobre isso, consulte-se o livro de Roberto Campos, "A Lanterna na Popa", de 1994, publicado pela Topbooks Editora.

Seis décadas depois, verificou-se que a previsão de Link estava certa: 97,5% do petróleo extraído no Brasil é proveniente de campos marítimos[8].

Desde sua fundação, a Petrobras sofreu forte influência de militares. De seus 45 presidentes, doze foram oficiais das Forças Armadas. O general Ernesto Geisel, governante do país de 1974-1979, cuja administração aumentou bastante a presença do Estado na economia, comandou a estatal de 1969 a 1973. A participação dos militares não se limitou ao cargo máximo – abrangeu também assentos no Conselho de Administração e cargos de direção e assessoria.

Pela natureza da carreira, militares brasileiros, principalmente do Exército, tendem a associar a intervenção estatal na economia ao patriotismo e à segurança nacional. Essa relação é, a meu ver, um equívoco.

Em meu relacionamento com oficiais de Marinha não notei o estatismo professado pelo Exército. No Chile, a Marinha abraçou com entusiasmo o plano econômico dos Chicago Boys, grupo a quem é atribuído o pioneirismo do pensamento neoliberal, e que formulou a política adotada por Augusto Pinochet; o Exército, no entanto teve dificuldade em aceitá-lo.

A segurança nacional é obrigação constitucional das Forças Armadas, cujo poder depende de investimento em pesquisa e desenvolvimento (P&D), armamento com tecnologia avançada e treinamento, o que demanda continuamente substancial volume de recursos. A título de exemplo, de acordo com dados do Banco Mundial, Israel investe 5% do PIB em P&D, sendo uma parte desse investimento direcionada para fins militares, o que julga ser essencial à sua sobrevivência como nação. Note-se que Israel possui PIB per capita igual a quase cinco vezes o do Brasil.

Evidentemente, isso não está ao alcance da maior parte das economias emergentes. A solução encontrada por muitas dessas nações é a participação em alianças regionais e/ou firmadas com potências militares globais.

---

8. AGÊNCIA Nacional do Petróleo. Boletim Mensal da Produção de Petróleo e **Gás** Natural. Disponível em https://www.gov.br/anp/pt-br, com acesso em fevereiro 2024.

O excesso de intervenção do Estado na economia costuma atrofiar o crescimento da produtividade, afastar investidores privados e produzir desequilíbrios fiscais, efeitos que prejudicam seriamente o desenvolvimento econômico. Consequentemente, deprime a capacidade de investimentos em segurança nacional, ao contrário do afirmado por muitos.

Os EUA não possuem estatais produtoras de petróleo, mas têm as Forças Armadas mais poderosas do mundo. Lá, o Estado optou por investir em estoques estratégicos por razões de segurança nacional.

No governo Margaret Thatcher, o Reino Unido privatizou suas estatais de petróleo: British Petroleum e British Gas. A segurança nacional não foi abalada.

Nos anos 1990, o mesmo ocorreu com a Elf Aquitaine, na França. O patriotismo não sofreu qualquer arranhão.

A falência da União Soviética revelou ao mundo uma economia subdesenvolvida, abastecida com armas de destruição em massa. Desde o começo, o regime comunista havia concentrado recursos na construção de poderio bélico às custas de considerável perda de bem-estar de sua população.

Situação semelhante se verifica na Coreia do Norte, que frequentemente exibe musculatura nuclear para ameaçar seus vizinhos bem-sucedidos e provocar os EUA. É uma das nações mais pobres do mundo.

Políticos de esquerda e seus aliados têm tido participação importante na administração da Petrobras. Apesar das diferenças políticas, suas ideias econômicas tendem a convergir com as predominantes de muitos militares, resumidas a um nacionalismo estatizante como o observado na campanha "O Petróleo é Nosso".

Mais recentemente, no mandato de Jair Bolsonaro, de 2019 a 2022, embora não houvesse resistência à adoção de medidas liberalizantes, um grupo de militares se opôs à privatização de estatais, embora não de subsidiárias da Petrobras.

De qualquer maneira, o que acontece com essa grande empresa afeta o Brasil, já seriamente enfermo, causando preocupação em todos.

A Petrobras passou por situações difíceis causadas por choques de preços, crises cambiais e alguns escândalos pontuais de corrupção, mas nada tão crítico como a crise iniciada em 2014. Era o momento em que se impunha a necessidade de agir.

Era possível fazer as coisas funcionarem dando um basta nos desmandos. Pela primeira vez em muitos anos, a Petrobras teria um presidente de Conselho de Administração que não era ministro de Estado, militar ou funcionário público. Murilo era um bom executivo da iniciativa privada, com bastante experiência em gestão. Graças à sua habilidade como negociador, tinha desenvolvido um bom relacionamento com o governo, o que potencialmente lhe daria mais liberdade e poder para exercer o cargo.

Assim, eu aceitei o seu convite e, em abril de 2015, fui eleito para o Conselho de Administração da Petrobras, indicado pelo acionista controlador, a União. Encarei a minha participação principalmente como a obrigação de um cidadão brasileiro de contribuir para a sua reconstrução após a devastação sofrida.

E eu tinha esperança.

## 2. A destruição de valor

Em 2015, a Petrobras era uma companhia destroçada pela má gestão e predominância de interesses políticos. Isso começou com o populismo, ideologia que privilegia o distributivismo em prejuízo da busca da prosperidade. Nesse contexto, as estatais têm seus administradores indicados por políticos e distribuem a renda para grupos de interesse.

Quanto maior a interferência do Estado na economia, maior será a busca de vantagens a partir dos recursos públicos, pois os agentes privados passam a vislumbrar, no relacionamento com quem detém o poder de decisão, a chave para o sucesso empresarial e a utilizar todos os meios para satisfazer seus interesses. A indústria da corrupção floresce num ambiente em que o Estado é muito ativo na cena econômica como acionista, financiador e/ou regulador, além evidentemente de exercer o poder de tributar. Nesse contexto, o empreendedorismo, a meritocracia e a produtividade se convertem em elementos muito secundários ou até inexistentes.

O processo de busca por retornos extraordinários às custas do Estado (*rent seeking*) impõe barreiras à competição, provoca incertezas, remove incentivos ao aumento da produtividade, asfixia o crescimento econômico, amplia a desigualdade de renda, multiplica a pobreza, abre as portas para a corrupção e, em última instância, corrói a crença no regime democrático, estimulando o enraizamento do autoritarismo.

Na ausência de barreiras, a corrupção é uma atividade econômica que oferece alto retorno e baixo risco: o melhor dos mundos[9]. Combatê-la muda essa relação perversa, introduzindo a ameaça de detecção e punição da prática criminosa, provocando um choque sobre a indústria.

O Ministro Luís Roberto Barroso, do Supremo Tribunal Federal, chamou atenção para um dos efeitos mais deletérios das más práticas administrativas com a expressão "a corrupção mata". E não somente quando o desvio dos recursos da saúde pública causa a perda de vidas, como também mata a democracia.

Temia-se que a Petrobras trilhasse um caminho semelhante ao da PDVSA, a estatal venezuelana de petróleo. Num país possuidor das maiores reservas do óleo do mundo, com 17,5% do total das reservas globais, a produção da PDVSA caiu de 3 milhões bbl/d para 500.000 a 600.000 bbl/d em 20 anos[10].

Simultaneamente, a estatal venezuelana experimentou uma demissão em massa de seus melhores profissionais em 2003, num expurgo promovido por Hugo Chávez. O quadro de empregados da estatal venezuelana saltou de 30.000 para 150.000 na medida em que a empresa passou a gerir programas sociais (as *missiones*), supostamente cumprindo sua responsabilidade social.

---

9. Para uma análise econômica do crime, sugerimos a leitura de "Essays in The Economics of Crime and Punishment" (1974), de Gary S. Becker e William M. Landes (eds.), publicado pela NBER.

10. BP. BP Statistical World Energy Review 2022. Disponível em https://www.bp.com/content/dam/bp/business-sites/en/global/corporate/pdfs/energy-economics/statistical-review/bp-stats-review-2022-full-report.pdf. Acesso em fevereiro de 2024.

O objetivo de crescer a todo custo para que cumprisse seu suposto papel de motor do desenvolvimento econômico do Brasil e o consequente empenho de considerável volume de recursos deu origem, entre outras consequências, ao *rent seeking* em larga escala.

A opção por investir maciçamente e crescer exige alocação eficiente do capital e excelência na execução de projetos. A companhia tomou um rumo bem diferente e esses princípios básicos foram ignorados por um bom tempo. A preocupação principal, então, era a maximização de investimentos, priorizando quantidade em detrimento da qualidade.

O primeiro trimestre de 2014 foi o último a registrar preço médio acima dos US$ 100,00 no período coberto pelo superciclo de preços da commodity, interrompido pela significativa expansão da produção americana proveniente do *shale oil*. A partir de então, os maus resultados da gestão da Petrobras ficaram evidentes. Somente em 2022 é que esse valor voltou a ultrapassar US$ 100,00 por barril de petróleo do tipo Brent[11].

A comparação com os resultados do primeiro trimestre de 2021 (1T21) – em plena pandemia, o preço médio do petróleo a US$ 54,00; US$ 47,00 a menos que o 1T14 – revela ainda mais a má gestão do passado.

Em comparação com 1T14, o custo de extração no 1T21 foi inferior ao 1T14 em 62%, o pagamento de juros e as despesas administrativas foram menores em 31% e 72%, respectivamente, enquanto o fluxo de caixa operacional aumentou em 88%.

Já no 1T22, o custo de extração de petróleo foi 51% menor do que no mesmo trimestre de 2014; o do refino diminuiu 29%; os administrativos, 62%; os juros pagos caíram 65% e o fluxo de caixa gerado pelas operações foi 158% maior.

Em 2015, a Petrobras vinha de oito anos seguidos de fluxo de caixa livre negativo – fluxo de caixa operacional menos

---

11. O petróleo tipo Brent, oriundo do Mar do Norte, com baixo teor de enxofre e densidade média leve, é um benchmark para grande parte das transações com petróleo no mundo. O nome teve origem no campo homônimo da Shell, no Mar do Norte.

investimentos – apesar de preços médios do petróleo acima de US$ 100,00 por barril durante quatro desses anos.

Apesar da capitalização de 2010 – "a maior do mundo", como foi dito na época – a hemorragia de caixa obrigava ao aumento do endividamento para sustentar um ambicioso programa de maus investimentos (mais de US$ 200 bilhões em cinco anos), a distribuir dividendos, financiar subsídios aos consumidores de combustíveis e pagar juros aos credores (US$ 15,8 bilhões de 2012 a 2014). O dinheiro dos acionistas foi tragado pela maré dos desperdícios.

Cerca de um terço do valor pago em juros nesses três anos teria sido suficiente para a instalação de um sistema de produção com capacidade para extrair 150.000 bbl/d e, consequentemente, com potencial de gerar receita anual entre US$ 3,3 bilhões e US$ 3,8 bilhões, considerando preços médios de US$ 60,00 a US$70,00 por barril.

A Petrobras havia se transformado na empresa não financeira mais endividada do mundo, com dívida bruta de US$ 132 bilhões em 2014, sem incluir os arrendamentos que, a partir de 2019, passaram a ser registrados obrigatoriamente como dívida, em observância às regras contábeis (IFRS 16)[12]. A Pemex, estatal mexicana produtora de petróleo e gás, terminou 2023 como a empresa de petróleo mais endividada do mundo, US$ 107 bilhões.

O professor Aswath Damodaran, da Stern School of Business da New York University, descreveu muito bem o ciclo de destruição em que se colocou a Petrobras com a queima de quase US$ 160 bilhões de valor de mercado, um desconto de 70% em relação a seu valor patrimonial, verdadeira anomalia no mercado de capitais[13]. Segundo Damodaran, o ciclo se caracterizava por várias ações: investir muito e mal, fazer as receitas crescerem e as margens diminuírem, pagar dividendos como uma empresa de serviços de utilidade pública e tomar dinheiro emprestado para cobrir a diferença.

---

12. O International Financial Report Standards (IFRS) é um conjunto de normas internacionais, emitidas pelo International Accounting Board (IASB), para contabilização de operações de arrendamento.

13. DAMODARAN, Aswath. A roadmap to destroying value: Petrobras, 2015. *In* Narrative and Numbers. Nova York: Columbia Business School Publishing, 2017. pp. 68-69.

Não é necessário ser um gênio das finanças para antecipar que a combinação de uma série de projetos e aquisições de alto custo e baixíssimo retorno, o enorme desperdício na precificação de combustíveis e custos operacionais elevados estava empurrando a empresa para o precipício.

Definitivamente, o preço do petróleo não foi o vilão da crise da Petrobras. Pelo contrário: seu nível elevado por muito tempo permitiu ampliar a dimensão e postergar a eclosão da crise.

A má gestão foi a mãe da crise.

## 3. A crise financeira de 2015/2016

Crises financeiras não acontecem de forma autônoma. Para que a explosão ocorra é necessário algo que a detone.

A crise imobiliária dos EUA – a chamada crise do subprime – era anunciada desde 2007. Alguns bancos haviam sofrido intervenção das autoridades monetárias no Reino Unido e EUA, outros foram forçados a ser incorporados – como é o caso do Bear Stearns, banco de investimento adquirido pelo JP Morgan em março de 2008. Em setembro de 2008, a falência da Lehman Brothers foi a centelha para detonar a explosão que balançou os mercados financeiros e causou profunda recessão global.

Os problemas da Petrobras repercutiram imediatamente sobre o comportamento do preço das ações, mas seu crédito havia sido relativamente poupado pelo mercado. No fundo, acreditava-se que sempre se poderia contar com um financiador de última instância, o Tesouro Nacional (via BNDES), que mais uma vez seria chamado a atuar como pronto socorro de empresas quebradas, como na crise financeira global de 2008.

Apesar da perda do grau de investimento em fevereiro de 2015, decretada pela Moody's, a companhia conseguiu emitir, em junho daquele ano, um *centennial bond* (título de dívida de 100 anos) no mercado internacional, oferecendo 8,45% a.a. de retorno aos investidores para captar liquidamente US$ 2,03 bilhões.

Embora a operação pudesse ser interpretada como demonstração de confiança do mercado financeiro global, a meu ver foi um equívoco. Seus principais beneficiários foram os bancos coordenadores da emissão que, além de ganhar suas comissões (*fees*), passariam a exibi-la como peça de marketing para outros clientes.

A emissão de um título de 30 anos, opção disponível naquela janela do mercado global de dívida, teria tido praticamente o mesmo efeito marginal sobre a credibilidade e alongamento do perfil do endividamento da companhia. Produziria, como benefício adicional, a redução em cem pontos base (1,00% ao ano) no custo, representando menos US$ 25 milhões de pagamento de juros por ano, de acordo com as condições de mercado no momento da transação.

No último trimestre de 2015, quando eu integrava o Conselho de Administração, aconteceu o que se pode chamar de "tempestade perfeita", a qual precipitaria a crise financeira da Petrobras.

Em 21 de setembro, Jim Cramer, uma celebridade da TV americana e muito influente entre investidores, se referia à Petrobras ao fazer um alerta em seu programa Mad Money, da CNBC:

> Este é o problema número 1 do mundo. Por que tem uma dívida tão grande e as pessoas não falam sobre isso? O Brasil é a oitava maior economia do mundo e as pessoas não estão falando! E eu acho que ambos (Brasil e Petrobras) estão desmoronando[14].

Uma sequência de eventos deu razão às palavras de Cramer:

a) Os preços do petróleo entraram em colapso no segundo semestre de 2014, despencando de um patamar de US$ 100,00 por barril para a média de US$ 52,00 em 2015, enfraquecendo mais ainda a Petrobras que já perdera o grau de investimento em fevereiro daquele ano como já mencionado; para o petróleo Brent, flutuava em torno de US$ 110,00 por barril em janeiro de 2014 e entrou numa tendência de queda, chegando ao mínimo de US$ 34,00 no início de janeiro de 2016.

---

14. GASPAR, Malu. A Tormenta da Petrobras. *In* Revista Piauí 110. Publicada em 05 de novembro de 2015.

b) A economia brasileira estava em recessão desde 2014 e em agosto de 2015 os mercados financeiros se convenceram de que o Governo não faria um ajuste fiscal, elevando a percepção de risco da dívida soberana e das estatais brasileiras;

c) As incertezas políticas se acumulavam com a perspectiva do impeachment da então presidente Dilma Rousseff;

d) Em setembro de 2015, a Standard & Poor's rebaixou a dívida soberana do Brasil de grau de investimento para especulativo;

e) Os preços dos títulos de dívida brasileira e principalmente os da Petrobras sofreram significativa desvalorização, com a correspondente alta de suas taxas de juros. Os retornos para quem comprasse *bonds* no mercado secundário e os carregassem até o vencimento se elevaram bastante, chegando a flutuar em torno de 15% ao ano, caso, por exemplo, da dívida que venceria em janeiro de 2016.

Em resumo, houve a coincidência da materialização de três riscos: risco país, risco de preços do petróleo e risco corporativo da Petrobras. Tal convergência fechou o cerco do mercado de crédito, que culminou com o fechamento de portas do mercado financeiro para a companhia.

Não era mais factível realizar dívida no mercado internacional, pois não havia demanda. Uma tentativa de emitir debêntures no cenário brasileiro fracassou e, conforme os financiamentos de bancos iam vencendo, era requerida a liquidação do saldo devedor, integral ou parcial. A Petrobras batera no teto dos limites de crédito dos bancos e o BNDES, acionista e seu maior credor, esgotou a possibilidade regulatória de ampliar sua exposição.

A "parada repentina", quando o mercado fecha as portas, é o gatilho de uma crise financeira e isso aconteceu, levando a Petrobras às cordas. Aquela situação me trouxe muita angústia. Como conselheiro, pouco poderia fazer a curto prazo para tentar revertê-la.

Com efeito, quando uma empresa toma bilhões de dólares de dívida para financiar projetos ruins, que não geram caixa suficiente, uma tempestade financeira futura é o resultado natural.

A companhia tinha um bom estoque de caixa e nosso temor era que viesse a se esgotar com a continuidade da crise. A diretoria financeira se esforçava muito, obtendo êxito em algumas operações, como *sale and lease back* –venda de ativo para uma instituição financeira seguida do arrendamento para a empresa que o vendeu, gerando imediatamente recursos para esta última – e linhas de agências europeias de financiamento à exportação. No entanto, requerem certa engenharia financeira, são mais trabalhosas do que uma emissão simples de dívida (*bonds*) e sua magnitude era modesta para uma companhia do porte da Petrobras, principalmente naquela situação.

O plano de abertura do capital da então BR Distribuidora[15], uma tentativa de emergência para abastecer o caixa naquele momento, foi cancelado, tendo em vista a reação pouco animadora do mercado. Com efeito, teria sido um erro, eis que ainda não estava preparada para uma oferta pública inicial de ações (IPO).

Um fundo de *private equity* interessado em comprar sua participação na BR me comunicou que desistira da aquisição diante dos problemas encontrados. Segundo ele, alguns fornecedores lhe confidenciaram que, para fazer negócios com a BR, era obrigatório o pagamento de propina. Em geral, fundos desse tipo costumam investir em posições significativas do capital de uma empresa de capital fechado por um período de 5 a 10 anos, com o objetivo de vender e realizar ganhos de capital e se envolver na administração da investida através de representantes no Conselho de Administração como parte do esforço para valorizar as ações da companhia.

Finalmente, surgiu o China Development Bank (CDB), com a oferta de uma linha de US$ 10 bilhões. A tempestade se acalmaria. Ao longo do tempo, o CDB substituiria o BNDES como principal credor.

Dentre outras falhas, a Petrobras ignorara dois princípios básicos de administração financeira aplicados a produtores de petróleo.

Diante da volatilidade típica de preços de commodities, é recomendável operar com baixa alavancagem financeira. No ciclo de baixa, a queda de preços de seus produtos causa contração do

---

15. Após a privatização, a BR Distribuidora passou a se chamar Vibra Energia.

fluxo de caixa, os indicadores de endividamento e a percepção de risco se deterioram, o custo marginal de financiamento se eleva e a empresa começa a enfrentar restrições quantitativas na oferta de crédito. No limite, o mercado pode lhe cerrar as portas, como ocorreu à Petrobras.

É igualmente recomendável que as companhias tenham uma dívida com duração longa para mitigar riscos de refinanciamento. Num cenário de preços baixos e aperto de liquidez, dívidas vencendo no curto prazo magnificam o grau de vulnerabilidade financeira do devedor. A rolagem de dívida se torna mais difícil, mais cara e às vezes inviável, pondo a empresa endividada de joelhos frente ao mercado. A maturidade média da dívida da Petrobras era de apenas cinco anos.

Por último, também se recomenda evitar a concentração de vencimentos num pequeno espaço de tempo, que forma "montanhas" nos gráficos de amortização de dívida. Havia grande concentração de vencimentos entre 2015 e 2019, somando US$ 78,3 bilhões, cerca de 60% da dívida bruta financeira reportada no final de dezembro de 2014.

Uma característica comum aos países do Sul da Europa – Grécia, Chipre, Portugal, Itália e Espanha –, que sofreram uma crise de dívida soberana em 2009-2012, foi exatamente a grande concentração de endividamento no curto prazo.

A inobservância de regras muito simples tornou inevitável a emergência de uma crise financeira. Como diz o ditado popular, "o diabo sabe para quem aparece".

## 4. A reestruturação começa

Cheguei à Petrobras em maio de 2015 e me defrontei com um mundo completamente desconhecido. Depois de muitas más notícias, era natural que desconfiasse de tudo e de todos. Sentia como se fizesse parte de um exército a invadir o território inimigo: a qualquer momento poderia ser alvo de uma emboscada. Com o tempo, conheci bons profissionais em quem pude confiar. Não éramos, de fato, uma tropa de ocupação e tampouco pretendíamos investigar casos de corrupção. Isso, o Ministério Público Federal e a Polícia Federal, órgãos de Estado competentes para essa função, estavam executando.

Nossa missão era corrigir os graves erros de gestão e fazer com que aquele transatlântico flutuasse novamente. Para isso, urgia compreender como foi possível alcançar aquele nível de destruição de valor.

O modelo adotado para o Conselho tinha sido passivo, prevalente em várias empresas privadas, particularmente naquelas em que há um único dono ou um "grupo de controle". Nestas, a atividade do Conselho é mínima, sendo a principal função ratificar as decisões da diretoria. No caso da Petrobras, essas são referendadas por Brasília, até porque membros do governo eram conselheiros.

Na Petrobras, o acionista detentor da maioria das ações com direito a voto é a União. A obrigação dos conselheiros é defender os interesses da empresa e não os de um governo, que às vezes costuma agir contra os acionistas, numa situação paradoxal. O conselheiro deve levar em consideração os interesses destes últimos, privados, cuja participação na Petrobras, tanto no capital total (63,25%) quanto no votante (49,7%), é bastante significativa. A despeito dessa maciça presença, políticos não hesitam em ignorar o chamado "acionista minoritário", tratado assim devido a uma distorção de nossa legislação, que admite ações com e sem direito a voto, uma custosa concessão contida na Lei das S.A.

Projetos inviáveis foram aprovados, como a construção da Refinaria Abreu e Lima (RNEST), em Pernambuco, Nordeste brasileiro, anunciada em 2005, decisão sustentada por argumentos não econômicos, à revelia do que recomendavam as avaliações técnicas. Ela foi aprovada com base em justificativas como "gera empregos na região Nordeste", "é estratégica", "promove a integração energética da América do Sul", sendo esta última, de caráter estritamente político, relacionada à promessa de Hugo Chávez de que a PDVSA seria sócia da Petrobras no projeto, o que nunca aconteceu.

A previsão da capacidade de processar 230.000 bbl/d, depois dos sucessivos estouros de orçamento – o custo projetado inicialmente de US$ 2,5 bilhões atingiu o patamar de US$ 18,5 bilhões –, concretizou-se em apenas 100.000 bbl/d. Foi a refinaria mais cara do mundo, cerca de sete vezes o praticado por outras consideradas *benchmark global*[16]. De acordo com dados da Compass International Inc. para 2018, o custo de investimento (CAPEX) por barril das cinco melhores refinarias variava entre US$ 20.000 e US$ 25.000. São refinarias com capacidade de 60.000 a 300.000 bbl/d.

Há poucos anos, o projeto de uma construção deste mesmo porte na Guiana foi arquivado porque o custo de construção estimado era de US$ 5 bilhões, um terço do investimento da Petrobras.

Os três comitês de assessoramento ao CA eram disfuncionais. Os conselheiros eram, também, membros do conselho da BR Distribuidora. As reuniões deste último, então, acabavam realizadas no curto espaço de tempo que sobrava após as do CA da Petrobras. Desse modo, os assuntos de uma das maiores empresas brasileiras, atuante em um negócio diferente daquele da Petrobras, tendiam a ser abordados de forma residual.

Por outro lado, as reuniões do CA da Petrobras tinham curta duração pois, como comentei, aparentemente o objetivo era aprovar sem questionamentos as propostas da Diretoria. O CA concedia autonomia para os diretores remanejarem à vontade o programa de investimentos, transferindo recursos de um projeto para outro que havia estourado o orçamento. Esta forma de atuação proporcionou espaço para a Diretoria desmontar a estrutura de controles existente. Entre outras consequências, isso permitiu a cada diretor atuar de forma independente dos demais.

Embora a sede da companhia fosse no Rio de Janeiro, as reuniões costumavam ser realizadas em um prédio alugado na Avenida Paulista, em São Paulo. O EDISP, como era chamado, registrava um dos mais elevados custos por estação de trabalho da Petrobras, conforme pude verificar em 2019, quando atuei na Presidência da companhia. Ele abrigava instalações para a Diretoria Executiva, para o CA, além de centenas de funcionários administrativos que, em plena revolução digital, não tinham nenhuma necessidade de ocupar local tão caro.

---

16. Sugiro a leitura de "O custo da Abreu Lima e do Comperj" de Samuel Pessoa, Adriano Pires e Luana Furtado, publicado em 10 de agosto de 2021 no Blog do IBRE (blogdoibre.fgv.br).

O novo conselho, que tomou posse em maio de 2015, voltou a se reunir no Rio de Janeiro, firmando a diferenciação de sua postura com relação ao anterior. Precisávamos agir rapidamente, estabelecer padrões robustos de governança e reforçar os controles internos, eis que os existentes eram claramente fracos.

Nossa ação imediata teve como objetivo organizar o funcionamento do CA. Assim, determinamos que os assuntos constantes das pautas de reunião fossem obrigatoriamente remetidos aos conselheiros com, no mínimo, cinco dias de antecedência.

Colocamos para funcionar efetivamente os comitês de assessoramento já existentes – Auditoria, Remuneração e Segurança, Meio Ambiente e Saúde – e criamos outros dois – Finanças e Estratégia. Foi decidido que os cinco deveriam se reunir pelo menos uma vez por mês e prestar contas ao CA.

Posteriormente, instituímos Comitês Técnico-Estatutários (CTEs),mais um degrau da governança, compostos por gerentes executivos, cujo propósito era atuar nos processos de projetos de investimentos e desinvestimento, assessorando a diretoria executiva. Aprovados em Assembleia Geral Extraordinária em 28 de abril de 2016, logo foram incorporados ao Estatuto Social da Petrobras. Seus membros seriam corresponsáveis por decisões de alocação de capital, corrigindo um problema existente, a falta de *accountability*. Antes de um projeto ser submetido ao Conselho de Administração, precisaria ser aprovado pelo CTE e, depois, pela Diretoria.

Procedemos a uma ampla revisão de alçadas de aprovação de despesas, aumentando a visibilidade e a responsabilidade do CA.

Os conselheiros suplentes se tornaram membros dos comitês de assessoramento e foram eleitos para compor o CA da BR, que adquiriria vida própria e receberia a devida atenção.

As mudanças efetuadas, inclusive o restabelecimento de controles desmantelados anteriormente, foram relevantes para a construção de uma governança sólida, reforçada pela aprovação da Lei nº 13.303 de 2016.

Corrigir previsões que refletiam uma realidade paralela foi também uma das iniciativas lançadas no início de nosso mandato, sob a liderança de Murilo Ferreira. Previsões sem base sólida que lhes concedesse credibilidade aparentemente eram comuns na companhia.

Um episódio que exemplifica essa tendência se deu numa apresentação para o CA sobre os negócios de gás natural, com uma estimativa de que o ROCE (Retorno sobre o Capital Empregado) saltaria de 2% para 10%. Além de ser um crescimento muito significativo, qualquer um com conhecimento mínimo de finanças corporativas ficaria intrigado com aqueles números. Trata-se e uma métrica financeira utilizada para avaliar a lucratividade de uma companhia e a eficiência do capital. O objetivo é entender a capacidade de gerar lucros colocando seu capital em uso. É calculada como a razão entre o lucro operacional líquido e o capital investido ao longo dos anos. Este último é igual à soma da dívida bruta com o patrimônio líquido menos o passivo de curto prazo.

Para atender àquela meta em período tão exíguo seria necessário multiplicar o lucro operacional, pois o valor do capital empregado não tende a sofrer mudanças substanciais no curto prazo, a menos que realizadas vendas significativas de ativos para reduzir o denominador da fração, algo extraordinário e não previsto. Portanto, seria muito pouco provável que ocorresse uma elevação de tamanha magnitude de um ano para o outro.

Perguntei ao expositor como ele conseguiria produzir aquela considerável melhoria de desempenho. A questão gerou constrangimento, pois o diretor simplesmente não tinha resposta. Pedi que não se preocupasse no momento, mas cobrei a apresentação de uma explicação para a próxima reunião do CA, no mês seguinte.

Dois meses se passaram e, depois de muita cobrança, recebi uma nota redigida no melhor estilo de enrolação. Os números não apareceram, o texto era circular e não havia nada aproveitável.

As projeções de produção da Petrobras, que muito prometiam e quase nada entregavam, haviam perdido a credibilidade entre analistas e investidores. A previsão de produção de petróleo e gás de 2020 era de quatro milhões bbl/d, estimativa cuja impossibilidade de se realizar era cristalina dadas as informações disponíveis em 2015.

Petróleo convencional, como o explorado pela Petrobras e na maior parte do mundo, pode ter sua produção prevista com razoável precisão com alguns anos de antecedência, dado o longo período compreendido entre o desenvolvimento de um projeto e o início da produção (*first oil*). É diferente do *shale oil* americano, produzido a partir de fragmentos de xisto betuminoso (através de pirólise, hidrogenação ou dissolução térmica), cujos ciclos de vida são mais curtos, onde a produção pode ser acelerada ou desacelerada num lapso de tempo menor.

Em 2020, a Petrobras registrou recorde de produção, com 2,84 milhões bbl/d de petróleo equivalente (MMboed), sendo 2,28 milhões de petróleo e o restante gás natural. Os números de 2020 evidenciaram quão distante da realidade estavam as projeções de 2014/2015. Mesmo com a marca recorde, que se mantém até hoje, a produção real de 2020 era muito inferior ao previsto.

Os planos de investimento eram delirantes.

Embora estivesse diante de uma dívida gigantesca que representava mais de cinco vezes o fluxo de caixa e com o perfil de amortização indicando o vencimento de US$ 78,3 bilhões entre 2015 e 2019, a companhia planejava investir US$ 156 bilhões nesse período. No jogo empresarial, a recomendação é de um endividamento de, no máximo, duas vezes o fluxo de caixa.

Com tudo mais, as necessidades de financiamento em cinco anos somavam US$ 234 bilhões. Os planos eram claramente fantasiosos.

Diante do quadro, sua execução se transformara em miragem. Não havia opção a não ser cortar custos de maneira significativa, vender ativos, diminuir investimentos e começar a pagar a dívida, receita tradicional para empresas naquela situação.

Os investimentos – US$ 37 bilhões em 2014 – reduziram para US$ 23 bilhões em 2015 e US$ 16 bilhões em 2016, refletindo a restrição financeira e o corte de projetos que implicavam claro desperdício de recursos.

É uma decisão difícil encerrar, em meio à execução, um projeto na indústria do petróleo, pois em geral o capital investido não será recuperado. A construção do avião supersônico Concorde nos oferece um bom exemplo: os sucessivos estouros de orçamento sextuplicaram o custo original estimado. O argumento sempre utilizado para prosseguir era de que não faria sentido abandonar um projeto no qual já havia sido investido tanto dinheiro. Como a tolerância ao prejuízo é típica de empreendimentos estatais, os governos da França e Reino Unido levaram 27 anos para reconhecer a inviabilidade econômica do Concorde. Foram fabricadas apenas vinte aeronaves, que voaram até 2003. Proeza tecnológica à parte, foi um retumbante fracasso.

Os economistas com boa formação acadêmica aprendem nas primeiras aulas de teoria dos preços, sua ferramenta básica, que decisões econômicas consideram o futuro e não o passado. São prospectivas, não retrospectivas. Presente e futuro são relevantes, passado pertence à história.

No caso da Petrobras, o importante a considerar era que gastos adicionais só trariam mais prejuízos, como ocorreu com o Comperj – batizado por nós de GasLub –, no qual foram investidos aproximadamente US$ 13 bilhões.

Não havia dinheiro para financiar novas aventuras. Encerrando uma trajetória de muitos anos, projetos concorriam por capital, o que é saudável. Chegava-se ao ponto certo, encerrando uma trajetória tortuosa.

O excesso de custos era evidente, principalmente com pessoal. Havia um exagerado contingente próprio – 78.500 empregados ao final de 2014. Com 58% desse total –menos 33.000 empregados –, a companhia produziu mais petróleo e gás natural em 2021.

Em minha primeira reunião, assisti à apresentação do resultado do primeiro trimestre de 2015, que seria divulgado publicamente na noite do dia seguinte. Para a minha surpresa, observei uma sala lotada de gente, alguns com crachás diferentes, empregados de empresas diferentes. A confidencialidade não era resguardada. Em minha longa experiência no mundo corporativo, nunca havia observado cena como aquela.

Terceirizava-se uma enorme quantidade de funcionários – numa proporção de quase três por empregado da Petrobras – e alguns prestavam serviço há dez anos ou mais. Eles estavam em vários setores dentro da companhia. Havia contratos para o suprimento de mão de obra com empresas que tinham praticamente como única fonte de receita a venda de serviços para a Petrobras.

A presença de recepcionistas era abundante: na entrada do prédio, na garagem, nos andares, sempre solícitas e dispostas a nos conduzir a outra recepcionista. Logo me recordei de uma visita que fiz em Lisboa em 1989 a um banco estatal português, quando passei por dez recepcionistas até chegar à sala da Presidência. É um custo imaterial perante a receita de uma grande empresa, a ponta de um iceberg de desperdício e ineficiência.

O departamento de Comunicação da Petrobras, liderado há muito tempo por um militante político, possuía mais de mil pessoas, entre empregados próprios e terceirizados, um autêntico disparate. Para piorar a situação, seu desempenho era bastante fraco.

Em pleno século XXI, os elevadores do prédio principal da Petrobras eram operados por cabineiros e um deles era destinado ao uso exclusivo do presidente da companhia. A Petrobras operava como se fosse uma sociedade de castas. Na escala hierárquica, a linha mais baixa era composta pelos técnicos de nível médio, que trabalhavam nas operações. Na ocorrência de acidentes, eles eram responsabilizados e seus gerentes inocentados. Presidente e diretores ocupavam o topo, compunham a casta mais alta, não se misturavam com os demais empregados.

O monitoramento dos custos se restringia ao acompanhamento dos chamados Gastos Operacionais Gerenciáveis (GOG). Não havia clareza do que era gerenciável, mas ficava evidente a ausência completa de determinação para reduzi-los significativamente como a situação exigia.

A resistência a cortes de custos era evidente, até mesmo por parte de diretores que supostamente deveriam estar conscientes da gravidade da situação.

Quando propus o fechamento de um escritório em Nova Iorque, mantido somente para o relacionamento com investidores, fui surpreendido com o argumento "o escritório é nosso", como se ele fosse propriedade da diretoria. "Podem cortar custos, mas não em meu quintal" é o que se lê nas entrelinhas daquela fala.

Ignoravam o óbvio: a existência de opções bem mais baratas do que arcar com o custo fixo de um escritório em Manhattan. Uma delas seria alugar durante algumas horas uma sala num hotel quando fosse preciso reunir-se com essas pessoas. O uso de salas em regime de *coworking* também era um caminho menos dispendioso. Nesse sistema, estações de trabalho – exclusivas ou compartilhadas – e salas de reuniões, equipadas com os equipamentos básicos, são oferecidas para utilização por empresas ou pessoas diferentes em regime de aluguel temporário por horas, dias ou até semanas. Em quaisquer dessas opções, as informações confidenciais da empresa estariam protegidas.

Acima de tudo, os executivos não percebiam a necessidade urgente de eliminar cada dólar de excesso de custos, nem mesmo a relevância do exemplo vir do alto escalão da administração da empresa.

O CA tomou a iniciativa de reduzir o número de empregados em cargos de gerência, mas não contávamos com mais uma surpresa. A regra na Petrobras previa que, quando um comissionado perdesse o cargo, a sua comissão – que poderia representar até mais de 50% da remuneração total – decresceria gradualmente ao longo de 18 meses. O objetivo da medida era suavizar o impacto sobre as finanças do empregado, prática conhecida como "paraquedas".

Entretanto, essa vantagem era inaceitável, especialmente perante seu contraste com o maciço desemprego no país, resultante da recessão de 2014-2016. Milhões de brasileiros são constantemente privados de seus empregos, salários e benefícios e sofrem os custos psicológicos do desligamento abrupto e involuntário. No caso do comissionado da Petrobras, este perderia somente uma gratificação, mas manteria a sua remuneração básica e benefícios.

Finalmente, após muita pressão, o "paraquedas" foi encurtado para seis meses. Ainda assim, é um privilégio inaceitável, que dificulta o corte de custos num momento crítico da vida da empresa.

No refino, dados da Solomon Associates, empresa de consultoria americana especialista em refino, revelavam que o custo do pessoal nas refinarias da Petrobras, quando comparado à média das americanas mais ineficientes, representava apenas um percentual do custo total de operação muito superior.

Existia também muita ineficiência energética, evidenciada no consumo excessivo, e resultando em custos operacionais mais elevados e maior emissão de carbono.

Ao lado do corte de pessoal e mudanças de processos, seria necessário investir na modernização do parque de refino, aumentando sua complexidade e a flexibilidade operacional.

O custo médio de extração de um barril de petróleo era de US$ 12,00 a US$ 13,00, valor alto se considerarmos que a tributação – já elevada no Brasil, onde o governo absorve cerca de 70% da receita em tributos, royalties e participações especiais – e outros gastos são considerados na composição da estimativa do *breakeven price* do petróleo.

Somados todos os custos, o preço requerido é um múltiplo do valor de extração. Desse modo, uma das coisas a fazer é minimizar os custos, como o de extração, já que a tributação é fixada. Em 2015, mesmo quando a companhia registrou prejuízo de US$ 7,5 bilhões e fluxo de caixa livre negativo de quase US$ 9 bilhões em meio a uma crise financeira – foram 3 anos seguidos de prejuízos, 2014, 2015 e 2016, totalizando US$ 20,8 bilhões –, fomos informados que, por força de um acordo firmado com o sindicato em 2014, teríamos que aprovar o pagamento de participação nos lucros aos empregados. Não havia o que compartilhar a não ser a preocupação com aquela situação ameaçadora.

Descobrimos que as metas acordadas eram somente quantitativas, dizendo respeito unicamente ao volume de produção. Assim funcionavam as estatais da falecida União Soviética, cujo único compromisso era produzir, independentemente do resultado econômico-financeiro que viessem a gerar.

Desempenho financeiro não importava, valor era uma palavra desconhecida na Petrobras. A volumetria era o relevante, gerasse lucro ou prejuízo.

A meritocracia, que há séculos tem sido um dos pilares da sociedade ocidental – e de Singapura, considerado o país mais meritocrático do mundo –, é muito importante para a nação, para a academia e para o mundo corporativo, mas não era observada ou sequer cogitada[17]. Empregados sem a necessária qualificação ocupavam gerências importantes.

Os donos de fato da Petrobras eram políticos que diziam atuar em defesa do povo brasileiro para tentar legitimar o exercício do poder em detrimento dos verdadeiros acionistas da companhia, o Estado e os investidores privados. Eram os falsos nacionalistas – os "nacionaleiros" citados por Roberto Campos em seus artigos – que usavam como manto a bandeira brasileira para defender interesses pessoais e ideológicos.

Esses "donos" procedem de maneira muito particular, diferente dos verdadeiros donos, acionistas, aqueles que investem suas poupanças na expectativa de bons retornos no futuro. Eles são indiferentes ao desempenho financeiro da empresa e, exigentes, não se contentam com pouco, sugando sempre mais para atender a interesses pessoais.

Gilmar Mendes, ministro do Supremo Tribunal Federal, comentou em entrevista para a TV: "Por isso é que se defende com tanta força as estatais, não é por conta de dizer que as estatais pertencem ao povo brasileiro, porque pertencem a eles, eles tinham se tornado os donos da Petrobras"[18].

Empregados com quem conversei relataram que, historicamente, não havia padronização de consequências, mesmo em casos graves. Geralmente cometiam-se injustiças. As punições, quando aconteciam, eram aplicadas a empregados do baixo escalão, nunca para gerentes.

Assumi posições em dois comitês: presidente do Comitê Financeiro e membro do Comitê de Auditoria (COAUD).

---

17. WOOLDRIDGE, Adrian. The Aristocracy of Talent: How Meritocracy Made The Modern World. Nova York: Skyhorse Publishers, 2021.
18. Sugerimos o vídeo "Gilmar Mendes – Cleptocracia", veiculado em 18 de setembro de 2015, disponível em https://youtu.be/5u5t7AKkpmw.

Contrastando com o passado recente, ambos operavam a pleno vapor. Era imenso o material a ser examinado, o que me obrigava a trabalhar em regime de tempo integral, em média três dias por semana. As reuniões começavam às oito da manhã e se estendiam até a noite, na maior parte das vezes sem intervalo para o almoço.

As reuniões do CA demoravam 12 horas ou mais. Na prática, as extraordinárias se transformaram em ordinárias pois ocorriam regularmente todo mês. Normalmente, nos reuníamos três vezes por mês.

Uma das providências do COAUD foi a elaboração de critérios claros para a classificação das diversas pendências da companhia – tributárias, trabalhistas, ambientais – e a constituição apropriada de provisões para que o balanço refletisse melhor a realidade. Pendências com perda provável haviam sido classificadas como de perda remota, sinal da intenção de evitar fazer provisões para exibir maiores lucros contábeis.

Outra preocupação do Comitê estava direcionada para a correção das fraquezas materiais do balanço (*material weaknesses*), deficiências de controles internos apontadas no balanço de 2014 pelo auditor externo (PwC), e que seriam completamente eliminadas somente em 2017.

Resolvemos contratar profissionais de mercado para ocuparem as chefias da Ouvidoria Geral e Auditoria em vez de realizar uma busca interna para preencher as posições. Nosso propósito era assegurar a neutralidade, pois a cultura da Petrobras se mostrava refratária à gestão de consequências. Alguém de fora teria mais liberdade para executar bem suas funções.

Tivemos sucesso na contratação do Ouvidor Geral, Mario Vinicius Spinelli, excelente profissional que permaneceu na companhia até novembro de 2021, quando se esgotou seu segundo mandato de três anos. Em 2023, ele foi nomeado Diretor Executivo de Governança e Conformidade.

A busca, em 2015, de um profissional para chefiar a Auditoria Interna da Petrobras entre candidatos externos não produziu resultados. Simplesmente não foi identificado alguém qualificado que desejasse assumir a posição: não era um cargo cobiçado.

Tivemos uma reunião interessante com a Petros, fundação de previdência privada dos empregados da Petrobras. Ao tentarem explicar as causas do considerável déficit do fundo de pensão, apontou-se, como a grande culpada, a desvalorização das ações da Vale. Mesmo sendo um fato, sua magnitude era insuficiente para provocar um prejuízo da ordem de grandeza apresentada.

Afora os Fundos de Investimento em Participações (FIPs), que apresentavam significativos prejuízos, o resultado da carteira de investimentos em títulos de renda fixa emitidos por empresas privadas apresentava perda de 25% do valor da carteira. Meu colega de Conselho, Walter Mendes, especialista em fundos de pensão, apontou que as estatísticas de perda média dos fundos de pensão do Brasil com essa classe de investimento chegavam a menos de 1%. O desvio em relação à média era gigantesco.

Aplicar recursos, por exemplo, em título de dívida emitido por uma obscura startup de ferroligas era inequivocamente um investimento de altíssimo risco, movimento inaceitável para um fundo de pensão que tem compromissos mensais com milhares de aposentados e pensionistas.

A explicação da Petros para a elevada perda com a carteira de renda fixa privada foi que "o pessoal estava aprendendo a trabalhar com esse tipo de título". Retruquei afirmando que lugar de aprender era na escola e não com a gestão do patrimônio alheio.

Outro caso tratado pelo CA foi o da Sete Brasil, que até hoje recebe destaque das mídias. Filha da política industrial, ela foi uma empresa constituída em 2010 pela Petrobras e alguns sócios – entre eles bancos, fundos de pensão, a Petros e o FI-FGTS – para comprar e alugar sondas marítimas de perfuração em águas ultraprofundas. Entretanto, o número de sondas a serem encomendadas, 28, era excessivo quanto à demanda. Ademais, alguns candidatos a fornecedores eram estaleiros "virtuais", fisicamente inexistentes. O aluguel diário fora fixado muito acima do preço de mercado e as sondas pertenciam a uma geração mais antiga, a quinta. Em 2015, começaram a operar no mundo sondas mais modernas, com tecnologia de sétima geração e produtividade superior, prestando o mesmo serviço em menor número de dias, implicando custos mais baixos para o contratante.

Envolta em muitos problemas, a Sete Brasil entrou em recuperação judicial em 2016, com endividamento de US$ 19,3 bilhões. Atolada em dívidas, faliu em 2024.

O Comitê Financeiro também era muito ativo. Entre outras atividades, monitorava rotineiramente o endividamento, fluxos de caixa e captações, demandando exercícios de CF@R (instrumento de planejamento que fornece uma estatística sobre os movimentos futuros de uma empresa não financeira). Essas simulações sinalizavam situações de alto risco no futuro próximo e recomendavam cortes de investimentos, de gastos correntes e aceleração de desinvestimentos.

A lentidão, algo inaceitável no processo decisório das empresas, era desesperadora. O orçamento para 2016 só foi apresentado em março daquele ano, não obstante minhas contínuas cobranças desde novembro de 2015. Ao contrário do esperado, não estavam previstos cortes significativos de despesas. Definitivamente era algo esdrúxulo.

O orçamento de investimentos para 2015 foi aprovado em janeiro de 2016!

Como reflexo dos vícios do passado, alguns assuntos chegavam ao Comitê Financeiro às vésperas das reuniões com pedidos para que analisássemos com urgência, sob pena de sérias consequências. A pressão era explícita. Passamos a adotar as mesmas regras de antecedência vigentes para as reuniões do CA e a requerer rigor nas análises quantitativas para que não ficássemos somente nas narrativas. Mais tarde, aprendi que deixar soluções para a última hora e, então, apagar os incêndios já instalados era um dos traços culturais da Petrobras. O hábito de atuar como "bombeiro" levava a desprezar riscos de prejuízos e implicações a longo prazo.

Apesar de vários avanços e a despeito de nossas recomendações, boa parte dos problemas não eram resolvidos. Alguns movimentos realizados no passado envolviam contratos que não sei se por incompetência ou propositalmente colocavam a Petrobras numa camisa de força da qual era quase impossível sair.

Um desses casos foi o de uma subsidiária no campo de biocombustíveis, a Belém Bioenergia Brasil (BBB), que se propunha a produzir óleo de palma no estado do Pará. Nascida de um acordo entre os governos do Brasil e de Portugal em 2007, registrava prejuízos contínuos, requeria frequentes aportes de capital e padecia de uma evidente falta de interessados em investir, apesar de o banco de investimento ter abordado dezenas de investidores potenciais no ativo. A desmobilização seria muito custosa, especialmente considerando os riscos ambientais.

Esse problema só se resolveu em dezembro de 2019, já em minha gestão como presidente da Petrobras, com a venda de nossa participação para a GALP Bioenergy, parceira no negócio e beneficiária de incentivos do governo português.

Uma grande preocupação era a crescente dívida da Eletrobras com a Petrobras e a BR Distribuidora. O endividamento derivava da inadimplência nos pagamentos pelo fornecimento de diesel e gás natural para a Amazonas Energia – distribuidora de energia elétrica subsidiária da Eletrobras – e para a Cigás – distribuidora de gás, cujo acionista controlador é o estado do Amazonas, mas que possui considerável participação de investidor privado, a Manausgás S.A., detentora de 83% do capital total e 49% do capital votante.

Diante da inadimplência sistemática – em dezembro de 2014 a dívida tinha chegado a US$ 4,8 bilhões e continuava a se acumular – passamos a exigir pagamento à vista e ameaçamos cortar o suprimento de combustíveis. Mas as pressões políticas venceram.

A reação do governo brasileiro ao choque financeiro global de 2008 foi aumentar a presença do Estado na economia. O que inicialmente seria apenas uma resposta anticíclica se tornou uma iniciativa estrutural. A liderança desse processo coube às empresas estatais, como Petrobras e Eletrobras, e aos bancos federais, BNDES, Banco do Brasil e Caixa Econômica.

Desde 2007, a Petrobras fazia parte do PAC (Programa de Aceleração do Crescimento) e se dedicava a grandes projetos de crescimento de suas atividades e de outras que a transformariam num verdadeiro conglomerado, modelo de negócios que já havia se tornado obsoleto no mundo.

Entre 2007 e 2013, os bancos foram capitalizados através de instrumentos híbridos de capital e dívida (IHCDs) pelo Tesouro Nacional, sendo a maior operação com o BNDES, realizada em várias tranches, acumulando um montante total de cerca de R$ 500 bilhões.

A Petrobras realizou uma emissão de capital de R$ 115 bilhões em setembro de 2010, tendo o aporte do Tesouro Nacional sido realizado pela cessão onerosa de recursos no montante de até cinco bilhões de barris de petróleo do Pré-sal, precificados a US$ 8,51 cada um, equivalentes a US$ 42,5 bilhões.

A capitalização em barris de petróleo atendeu a um outro objetivo: a emissão de ações poderia levar o Estado a perder para a iniciativa privada a maioria nas ações ordinárias e, por conseguinte, o controle acionário.

Teoricamente fortalecida pela capitalização e geração de caixa proporcionadas pelos preços do petróleo em tempos de superciclo de commodities, a Petrobras expandiu bastante seus negócios, buscando, entre outras iniciativas, reverter as privatizações das indústrias petroquímica e de fertilizantes realizadas na década de 1990.

Existe um velho ditado entre os economistas: "você pode ignorar a ciência econômica, porém ela nunca o ignorará". A companhia se transformou num grande conglomerado: um gigante com pés de barro. Investir sem critérios de avaliação acaba produzindo péssimos resultados. O negacionismo econômico prevaleceu e a ciência cobrou um preço alto de seus acionistas.

A instituição, em 2010, do regime de partilha e a cessão onerosa de recursos de petróleo para a Petrobras no Pré-sal foram, em minha opinião, instrumentos para tentar recriar, pela porta dos fundos, seu monopólio na exploração de produção de óleo e gás, perdido em 1997.

A companhia atuava nas seguintes atividades:

- Exploração e produção de petróleo e gás natural no Brasil
- Refino de petróleo no Brasil
- Distribuição de gás natural no Brasil e Uruguai
- Distribuição de GLP (gás liquefeito de petróleo) no Brasil

- Distribuição de combustíveis no Brasil, Uruguai, Paraguai, Argentina, Chile e Colômbia
- Exploração e produção de petróleo na Argentina, Colômbia, EUA e África
- Produção de petróleo na Bolívia
- Refino de petróleo nos EUA e Japão
- Produção de fertilizantes nitrogenados
- Produção de biocombustíveis
- Petroquímica
- Geração de energia elétrica movida por óleo combustível, gás natural, eólica e solar.

No Pós-sal, valeria a Lei do Petróleo, que estabelecia competição e regime exploratório de concessão. Na prática, a nova legislação concedeu, para a Petrobras, o monopólio dos campos do Pré-sal, a fronteira de expansão do petróleo no Brasil, ao determinar que ela seria mandatoriamente a operadora em qualquer consórcio.

A Lei nº. 12.351 de 2010 criou a Pré-Sal Petróleo S.A. (PPSA), estatal responsável pela gestão dos contratos de partilha. Adicionalmente, determinou que ela seria participante obrigatória dos consórcios.

Posteriormente, a Lei nº. 13.365 de 2016, estabeleceu que a Petrobras teria a opção de ser operadora do campo leiloado e de escolher se desejaria participar no consórcio vencedor com, no mínimo, 30%. Desse modo, o privilégio permaneceu, mesmo flexibilizado.

A introdução do regime de partilha na regulação sobre exploração e produção de petróleo no Brasil gerou dois problemas que concorreram para reduzir a atratividade de investir no país. Primeiro, adicionou complexidade, com a convivência de vários regimes regulatórios – concessão, partilha e cessão onerosa.

Segundo, o regime de partilha não estimula a produtividade. O foco das empresas se desloca para o reconhecimento de seus custos pela Pré-Sal Petróleo (PPSA), gestora do contrato. O objetivo principal é abater o máximo dos custos do resultado para diminuir a tributação sobre o lucro paga em petróleo. Quanto maiores os custos, menor será o volume de petróleo a ser pago para o governo. Os planos de produção de petróleo têm de ser aprovados pela PPSA, e não pelas companhias componentes do consórcio, o que é no mínimo estranho. São os burocratas de uma estatal que decidem quando e quanto a empresa vai produzir, deixando de fora quem está investindo, correndo riscos e comprometido em maximizar valor para os acionistas.

A criação de mais uma estatal, num país com muitas outras, só contribuiu para desperdiçar mais recursos da sociedade.

No regime de concessão, o petróleo pertence à empresa concessionária, que paga impostos, royalties e participação especial ao governo. Na partilha, o seu papel fica reduzido ao de um mero prestador de serviços, que produz e dá uma parte do produto para o governo, além de pagar tributos e royalties.

O regime de partilha foi adotado pela primeira vez na Indonésia em 1966 com o objetivo de amainar a oposição de nacionalistas à participação de empresas estrangeiras na exploração do petróleo. É empregado, também, em países da África e Sudeste da Ásia. Em economias desenvolvidas, à exceção da Noruega, vigora o regime de concessão.

A Petrobras não possuía nenhum plano estratégico próprio porque se limitava a seguir as diretrizes traçadas pelo governo no Plano de Negócios e Gestão (PNG) anual, que apresentava projeções surreais para os cinco anos seguintes, baseadas na execução da visão estratégica do governo.

A título de exemplo, descrevo o que ocorreu depois da descoberta do Pré-sal.

Na contramão das grandes petroleiras, que estavam investindo prioritariamente na exploração e desenvolvimento de campos de petróleo, a Petrobras aumentou consideravelmente os investimentos no *downstream*: atividades que usam petróleo e gás como matéria prima, como refino, produção de fertilizantes nitrogenados, petroquímica e biocombustíveis. Assim, não se pode dizer que a empresa se endividou até o pescoço para investir.

Numa tarde de domingo de março de 2011, assisti a uma palestra de um representante da Empresa de Pesquisa Energética (EPE), órgão do Ministério das Minas e Energia, que falou para uma plateia composta predominantemente por executivos que acompanhavam a visita do presidente americano à época, Barack Obama, ao Brasil. Adotando a Língua Portuguesa e sem qualquer dispositivo de tradução simultânea – uma descortesia com a audiência –, repetiu que o desenvolvimento do Pré-sal seria executado conforme a capacidade da indústria nacional de fornecer os equipamentos necessários. Em nenhum momento foi proferida a palavra "preço" e, assim, interpretei que o desenvolvimento seria independente dos valores de mercado e de sua trajetória esperada ao longo do tempo. Afirmou, em outras palavras, que o grande objetivo era criar demanda para empresas industriais nacionais, protegidas por uma reserva de mercado.

Tudo se passava como se o petróleo e gás a serem extraídos daquela pujante reserva fossem algo irrelevante. A prioridade era a indústria nacional que, na ausência total de competição, não teria nenhum incentivo para ser mais eficiente, porém contaria com um grande estímulo para cobrar preços monopolistas da indústria.

A Petrobras estava simplesmente atrelada à velha política governamental de industrialização a todo custo, contra a qual lutaram sem sucesso brilhantes economistas como Eugenio Gudin e Roberto Campos. As ideias da velha CEPAL (Comissão Econômica para a América Latina e o Caribe, órgão das Nações Unidas), que enfatizavam a industrialização independente do preço a pagar, triunfaram e continuam a exercer forte influência sobre muitos políticos e economistas latino-americanos.

A industrialização a todo custo tem sido muito prejudicial para a economia brasileira, causando prejuízos de dezenas de bilhões de dólares para a Petrobras. Na esteira dessa política estavam os projetos fracassados das refinarias Premium I, Premium II, RNEST e o Comperj, fábricas de fertilizantes e petroquímicas[19].

---

19. Sugerimos a leitura de "Política Industrial no Brasil: Ineficaz e Regressiva", de Pedro Cavalcanti Ferreira e Guilherme Hamdan, publicado no volume 5, página 305 e seguintes, de "Econômica".

Entre 2007 e 2014, o investimento da Petrobras em refino – expansão e manutenção – somou US$ 91 bilhões, em termos nominais, dinheiro que foi desperdiçado em maus projetos. Foram adquiridas duas refinarias, no Texas e Okinawa (Japão), e efetuados investimentos em quatro projetos, Premium I, Premium II, Comperj e RNEST.

A única refinaria entregue foi a RNEST, a mais cara do mundo. O investimento no Comperj, que compreenderia uma petroquímica e uma refinaria, jogou US$ 13 bilhões na lata do lixo. Não chegou a produzir pelo menos R$ 1,00 de receita!

Para se ter uma ideia do que representa esse valor para a indústria do refino – corrigidos até maio de 2024, US$ 117 bilhões –, a Marathon Petroleum, maior companhia independente de refino dos EUA, com 2,9 milhões de barris de capacidade de processamento, 32% superior à da Petrobras em 2019, tem valor de mercado que oscila em torno de US$ 60 bilhões a US$ 70 bilhões.

Uma das repercussões negativas da industrialização a todo custo é impor barreiras ao crescimento de indústrias intensivas em recursos naturais, nos quais o Brasil possui nítidas vantagens.

Petróleo e mineração têm sofrido um impacto negativo com a intervenção do Estado. Já o agronegócio, no qual a ação do Estado se dá através da pesquisa da Embrapa e no qual os controles de preços foram abolidos no final do século XX, tem logrado considerável sucesso.

O Brasil também possui vantagens comparativas na geração de energia elétrica, de baixo custo e matriz limpa, suportada em mais de 80% por fontes renováveis. Contudo, contrastando com os custos baixos, os preços para os consumidores se encontram entre os mais altos do mundo e são resultado da complexa rede de subsídios cruzados, tecida pela intervenção estatal.

O conteúdo local – percentual mínimo de serviços e equipamentos a ser adquirido no mercado local pelas empresas de petróleo que operam no Brasil – concede poder de monopólio aos produtores locais de insumos, equipamentos e serviços, a não ser que a demanda seja elástica a preços, o que não é, pelo menos a curto prazo.

Componente da estratégia de industrialização a todo custo, as regras de conteúdo local, particularmente as que se estenderam entre 2005 e 2016, foram extremamente danosas para a Petrobras e para os investimentos em petróleo no Brasil. Exigência de índices muito elevados – chegando a 85% na fase de desenvolvimento de projetos e 70% na exploração – uma regulação de alta complexidade e multas pesadas eram componentes do aparato protecionista.

Na época, a ANP foi acusada por participantes do mercado de ouvir somente os pleitos dos fornecedores, ignorando e adotando uma postura beligerante com a indústria do petróleo. Assumira o papel de agência arrecadadora, pronta para aplicar pesadas multas a quem infringisse suas complicadas regras para atender aos requisitos de conteúdo local. A complexidade das exigências da ANP era de tal ordem que as empresas contratavam os serviços de agências certificadoras para mitigar o risco de pesadas multas. Extrapolava claramente as funções de uma agência reguladora, e prejudicava o desenvolvimento da produção de óleo e gás no Brasil.

Assim como outras políticas industriais brasileiras, o conteúdo local não tinha prazo para acabar nem tampouco estabelecia limites aos preços cobrados, geralmente muito superiores aos do mercado internacional.

Políticas industriais pressupõem que burocratas estatais são mais capazes de escolher onde e como investir do que a iniciativa privada. Trata-se de um entendimento falacioso e desastroso.

O Estado brasileiro costuma lançar políticas industriais que concedem monopólios por prazo ilimitado, sem requerer contrapartida. Em troca da atribuição de poderes monopolistas para um pequeno grupo de industriais, o crescimento da produtividade, a maior alavanca propulsora do desenvolvimento econômico, fica seriamente comprometido e os legítimos interesses nacionais não são considerados.

Monopólios são inadmissíveis numa sociedade democrática e livre. Representam a opressão do consumidor ao eliminar sua liberdade de escolha. São igualmente maléficos ao desenvolvimento econômico, porque dão conforto à baixa produtividade, removendo incentivos para a alocação eficiente de recursos e a inovação e impedindo a expansão de companhias mais produtivas.

Paradoxalmente, a política de conteúdo local foi ruim também para indústrias a serem beneficiadas: setores protegidos, porém mais eficientes no atendimento da demanda. Foi o caso de fabricantes de equipamentos submarinos e de poços, estabelecidos no Brasil desde o início do desenvolvimento dos campos da Bacia de Campos, compelidos a retardar a programação de sua produção em vista dos problemas da indústria de construção naval.

Como era de se esperar, o conteúdo local implicou atrasos no desenvolvimento de projetos e abandono de outros, forte aumento do custo de investimento e perdas de produtividade, arrecadação e empregos. Os defensores dessa política nunca procuraram, pelo menos que se saiba, estimar esses custos.

O conteúdo local foi um choque negativo de produtividade numa economia que já vinha exibindo lento crescimento no longo prazo. Políticas intervencionistas como essa, na prática, buscam atender ao objetivo de gerar efeitos de primeira ordem, visíveis no curto prazo.

Precisamos criar mais empregos? Vamos forçar a fabricação no país de produtos que não temos capacidade de produzir num regime de competição.

Em sua miopia, os formuladores desse tipo de política ignoram os diversos impactos negativos descritos anteriormente e acabam por anular os efeitos dos próprios ganhos imediatos.

Entre outras consequências, diminui o número de empregos naqueles setores em que temos capacidade de produzir sem artificialismos estatais.

O economista e jornalista liberal francês Frédéric Bastiat tinha uma colocação interessante a respeito dessa questão:

> Há uma única diferença entre um mau e um bom economista: o mau economista se limita a enxergar os efeitos visíveis, o bom economista considera os efeitos que podem ser vistos e os que podem ser previstos[20].

---

20. HAZLITT, Henry. Economia Numa Única Lição. São Paulo: LVM Editora, 2020.

O nacionalismo arraigado na cultura da Petrobras fez com que vários de seus funcionários fossem defensores da política de conteúdo local. Não eram conscientes do prejuízo para sua empresa, a principal vítima daquela política.

Numa apresentação sobre o assunto, o entusiasmo do apresentador com a política de conteúdo local era tamanho que lhe perguntei quem pagava o seu salário. Se a Petrobras fosse uma empresa privada, os empregados teriam plena consciência das implicações negativas para si próprios e teriam uma visão bastante crítica.

Outra característica das políticas protecionistas brasileiras é o foco na proteção de um segmento industrial de baixo valor adicionado: a manufatura. Assumimos o encargo custoso dessa produção, enquanto a maior parte do valor adicionado está na concepção, desenvolvimento e marketing que ficam a cargo dos países desenvolvidos.

Os chineses fabricam o iPhone. Contudo, todas as atividades que envolvem o emprego de capital humano qualificado e inovações tecnológicas permanecem na California. Taxamos substancialmente a importação de automóveis para induzir o investimento local em montadoras, mas sua concepção e desenvolvimento permanecem nas matrizes das empresas automobilísticas.

A estratégia da Petrobras parecia se restringir unicamente a atender demandas de políticas públicas de viés estatizante decididas por Brasília. A companhia dedicara muitos recursos para uma expansão internacional aparentemente guiada por uma estratégia governamental de projetar poder para o resto do mundo. No Golfo do México americano, a intenção maior parece ter sido demonstrar a capacidade tecnológica de uma empresa brasileira. Um FPSO (*Floating Production Storage and Offloading* [Unidade Flutuante de Armazenamento e Transferência]) da Petrobras foi o primeiro a operar, a partir de 2012, nos campos de Chinook e Cascade.

O investimento "demonstração" resultou em fracasso econômico com a perda de alguns bilhões de dólares. Poderia ter produzido um grande desastre ambiental, porque uma das boias das amarras de sustentação da plataforma se desprendeu. Foi necessária uma operação em alto mar para resgate e esvaziamento do nitrogênio contido nessa boia.

A Petrobras investiu na América Latina, no Golfo do México, África e Ásia, em ativos de distribuição de gás natural e de combustíveis, exploração e produção de óleo e na aquisição de duas refinarias, a famosa Pasadena nos EUA e a menos conhecida Nanssei Seyiuko, na ilha de Okinawa, no Japão. Escritórios se espalharam ao redor do mundo, América do Norte, América Latina, Europa, África e Ásia. Só faltou a Oceania.

A refinaria de Pasadena, na Califórnia, ficou marcada como símbolo de corrupção, embora as perdas estimadas com sua aquisição tenham sido menores do que as incorridas em alguns outros projetos. A aquisição da refinaria japonesa acarretou também perdas não desprezíveis, mas passou despercebida pelo público pois não houve indícios de corrupção.

À exceção dos campos de petróleo na África, com retornos relativamente modestos, embora positivos, os demais investimentos fora do Brasil causaram grande desperdício de recursos.

O desinvestimento de ativos da companhia era algo que se impunha para a redução do endividamento e a melhoria da alocação de capital. Este último ponto – investir capitais físico e humano nas oportunidades com maior retorno esperado – tinha sido algo fora de cogitação ao longo dos anos.

Não havia estratégia para o desinvestimento, apesar da divulgação de metas de valores a serem obtidos: US$ 15,1 bilhões em 2015/2016. Faltava apenas se organizar internamente e combinar com o mercado para que esse número se transformasse em ingressos efetivos de caixa.

A seleção de ativos para desinvestir acontecia de forma rudimentar e aleatória. A ausência de uma definição estratégica levava a Diretoria Financeira a tentar convencer os diretores de áreas operacionais a liberarem determinados ativos para que vendesse e tivesse caixa para servir à dívida, pagando juros e amortizações. A avaliação era realizada pela própria área dona do ativo. Sabe-se que a resistência à venda pelo responsável direto não é privilégio de empresa estatal: na Petrobras, contaminada pela ideologia, a oposição era certa.

Muitas companhias tendem a ser resistentes ao desinvestimento de ativos e só o fazem em última instância. A pesquisa acadêmica evidencia que empresas com esse tipo de comportamento tendem a exibir má performance e elevada alavancagem[21]. A Petrobras se encaixava perfeitamente nesse figurino: era resistente e reativa. E tivemos evidências claras dessa postura.

A burocracia emperrava a contratação de um assessor financeiro para um projeto de desinvestimento e consumia, no mínimo, três meses. Os interessados na compra se queixavam da falta de informações para realizar uma boa avaliação. Ouvi várias vezes de investidores interessados em aquisições: "parecem não querer vender o ativo".

No desinvestimento de uma rede de postos de combustíveis no Chile, o preço foi acordado com o comprador e agendada uma reunião no Rio de Janeiro para assinar o contrato. Em seguida, fomos surpreendidos com o surgimento repentino de uma "atualização da avaliação", superior à que havia sido negociada com o comprador. Mais um atraso, num momento em que era essencial a rapidez na venda de ativos para pagar dívidas, mais um desgaste com o comprador e mais uma complicação para resolver. Em decorrência disso, a transação só se completou em 2016, um ano depois.

Face a essas distorções, recomendei – e foi aprovado pelo CA – que as avaliações passassem a ser efetuadas somente pela área financeira, neutra no processo, e não mais pelos donos do ativo.

Fui voto vencido no desinvestimento da Gaspetro, holding de participações em distribuidoras estaduais de gás natural canalizado, e acusado de não querer apoiar a diretoria no ajuste da companhia, como se fosse um sabotador. A Petrobras vendeu 49% da Gaspetro por R$ 1,9 bilhão para um investidor financeiro, o único interessado.

---

21. LANG, Larry; POULSEN, Annette; STULZ, Rene. Asset sales, firm performance, and the agency costs of managerial discretion. *In* Journal of Financial Economics. 37 vol. n. 1. 1995. p. 3-37.

Minha preferência era dividir a empresa em quatro companhias regionais e vender 100% do capital de cada uma. Acreditava que, com maior foco geográfico, teríamos um projeto mais atrativo, pois estaria vendendo potencial de expansão num país onde a penetração do gás natural encanado é extremamente baixa, da ordem de 5%.

Ao mesmo tempo, não fazia sentido estratégico a Petrobras reter 51% do capital e continuar a ser dona de um amontoado de participações (dezenove) em empresas estaduais de distribuição de gás natural.

Em consequência de todas essas dificuldades, a receita total com a venda de ativos em 2015/2016 se limitou a US$ 4,0 bilhões, muito menos do que o pretendido. Um passo na direção certa.

## 5. A precificação de combustíveis – 2011-2017

Anos de preços sistematicamente inferiores aos de mercado (2011-2014) acarretaram, para a Petrobras, prejuízos consideráveis estimados em US$ 41 bilhões. Não ficou claro qual era o objetivo dessa prática: tentar controlar a inflação ou estimular o consumo de combustíveis e, indiretamente, a indústria automobilística, sistemática beneficiária de incentivos governamentais.

Diante de preços distorcidos e da expansão da demanda doméstica, a estratégia da Petrobras para o refino se concentrou em operar maximizando o Fator de Utilização das Refinarias (FUT, relação entre a carga operada e a de referência, e depende de critérios técnicos e fatores econômicos), que chegou a superar os 90%. Juntamente com os elevados custos operacionais foram registradas margens fortemente negativas.

A maximização do FUT era determinada pela prioridade de abastecimento do mercado. O nome da diretoria responsável pelo refino era Abastecimento, propósito perseguido a qualquer custo e que se assemelhava ao esforço militar para prover recursos às tropas na frente de combate. Mas as semelhanças paravam por aí. Enquanto o objetivo militar é vencer guerras, para cuja consecução não se costuma poupar recursos porque talvez o custo de perder seja gigantesco, o de uma empresa deve ser maximizar o retorno para seus acionistas. Não fazer isso significa que a verdadeira finalidade da estratégia é perder batalhas, transformando a operação de refino em fabricante de prejuízos.

Esse foco resultava também em importar combustíveis a preços de mercado e vender a preços inferiores, pois a produção da Petrobras não é suficiente para atender à demanda doméstica. Nesse contexto, nenhuma empresa privada se aventuraria no negócio de importação de derivados de petróleo.

No caso específico do GLP (produzido a partir do refino do petróleo e do processamento de gás natural), a regulação da ANP estabelecia a cobrança de preços diferentes para o botijão de gás de consumo residencial e o de consumo industrial. O primeiro custava menos que o segundo, uma discriminação que não faz sentido do ponto de vista econômico. Caso fosse viável a segmentação de mercado, um monopolista maximizaria lucros cobrando preços mais baixos para consumidores com demanda mais elástica – a indústria – ou seja, com mais opções para ser substituído do que o residencial.

A Petrobras produz e comercializa o GLP, que é exatamente o mesmo produto independentemente do tipo de consumidor. A distribuidora engarrafa e vende os botijões para os revendedores. Estes, por seu turno, os negociam com os clientes finais. Para a companhia, que está no início da cadeia produtiva, não era clara a destinação final do GLP: consumidor residencial ou industrial. Desse modo, a discriminação de preços gerava incentivo para as distribuidoras superestimarem o consumo residencial e, assim, reduzir artificialmente o custo da aquisição do gás. Como sempre, a Petrobras pagava a conta.

Somente em 2019 essa distorção foi eliminada com o fim da discriminação de preços. O preço do GLP residencial permaneceu congelado de dezembro de 2002 até setembro de 2015. Se existia algum objetivo social nessa ação, ele foi frustrado.

De acordo com dados da FGV-IBRE e do IBGE, o preço para o consumidor final se elevou em 75% no período. Com o preço congelado, a Petrobras acabou subsidiando distribuidores e revendedores do produto, que puderam aumentar seus valores livremente. O consumidor não se beneficiou, num resultado típico de políticas populistas.

Depois de quase 13 anos de congelamento e muita insistência minha com a diretoria, um aumento de 15% no preço do GLP em setembro de 2015 foi aprovado.

O emprego da Petrobras para a execução de políticas públicas é um grave equívoco, eis que produz sérias distorções e prejuízos de considerável magnitude.

Passados 6 anos do início da descoberta dos problemas, e 3 anos depois de a companhia ter celebrado acordo com o SEC, a CVM encerrou sua atuação naquele episódio histórico, isentando de culpa os conselheiros que se mantiveram passivos diante da política de preços de combustíveis em vigor em 2011-2014, que tantas perdas causou para os acionistas. Deixaram evidentemente de exercer seu dever de diligência, tal como previsto no artigo 53 da Lei nº. 6.404, a Lei das S.A.

O mercado é um jogo entre agentes racionais; seus participantes estão sempre buscando identificar as mensagens contidas nas decisões das autoridades e reagir de maneira racional. O órgão regulador transmitiu a seguinte mensagem para o mercado: os membros de um Conselho de Administração não são responsáveis pelos prejuízos causados aos acionistas por decisões da diretoria e não têm que se preocupar em cumprir o dever de diligência.

A determinação da Lei do Petróleo de liberdade de preços de combustíveis a partir de 2002 foi sistematicamente violada. A precificação de 2015 até meados de 2017 foi realizada de maneira aleatória e assim persistiu a ausência de uma política comercial.

A Petrobras aproveitou o colapso da segunda metade de 2014 para aproximar os preços domésticos dos internacionais sem a necessidade de reajustes significativos. Em 2015, não havia clareza do que seria implementado.

Pedi à Diretoria uma exposição sobre preços de combustíveis. Depois de cerca de um mês, sob a desculpa de estarem todos ocupados com a elaboração do plano de negócios, fui surpreendido pela apresentação. O expositor aparentava estar desempenhando o papel de "Rolando Lero", famoso personagem de TV que muito falava e nada dizia. Limitou-se a afirmar e repetir que a paridade com preços de importação era observada, mas sem nenhuma evidência, sequer um número ou gráfico para apresentar.

A fase de subsídio aos preços de combustíveis foi seguida por outra bem diferente: os preços domésticos da gasolina e diesel acima dos preços internacionais, em clássico exercício do poder de monopólio. A longa história de intervenção governamental afugentara a competição de importações e potenciais investidores em refinarias, determinando que a Petrobras, com 98% da capacidade de refino do país, reinasse sozinha no mercado. Observa-se que, depois de perder dinheiro com refino no Brasil, a Repsol vendeu, para a Petrobras, a sua participação de 30% na refinaria Alberto Pasqualini (REFAP) no Rio Grande do Sul, em 2010.

O alto nível de preços relativos não encontrou oposição dos consumidores brasileiros. Em 2016, os preços internacionais dos combustíveis eram relativamente baixos. O preço do diesel nos EUA era de aproximadamente 60% das cotações em 2024. A taxa de câmbio real/dólar norte americano se apreciou no primeiro semestre de 2016, mantendo-se relativamente estável até o final de 2017, flutuando entre R$ 3,20 e R$ 3,30, nível inferior aos prevalecentes desde 2020, ao redor de R$ 5,00.

Alguns economistas defendiam injeção de capital de R$ 100 bilhões pelo Tesouro Nacional para solucionar os problemas da Petrobras. Para vários analistas de mercado, a manutenção de prêmios sobre preços internacionais seria a melhor forma de recapitalizar a empresa.

Atalhos fáceis são enganosos e costumam desembocar em desastres.

A opção de capitalização pelo Tesouro Nacional colocaria na conta das gerações futuras o resultado da péssima administração de uma empresa estatal, além de não considerar a tendência de expansão da dívida pública. No final de 2015, a relação dívida bruta/PIB alcançou 65,5%, um considerável salto quanto ao número de dois anos antes, ou seja, 51,5% em 2013.

Ademais, deixava intacto o modelo de gestão da Petrobras, removendo incentivos para uma transformação estrutural, ignorando a premente necessidade de se reinventar.

A manutenção de prêmios sobre preços internacionais buscava corrigir um erro com outro, pois sugeria a continuação do exercício do poder de monopólio e a prática de preços desvinculados das cotações do mercado. No passado, estavam abaixo do mercado; agora, acima. Da mesma forma, ignorava-se a relevância de um novo modelo de gestão para o futuro da Petrobras.

Os argumentos dos dois grupos possuíam em comum uma típica visão de curto prazo e antimercado.

Fui fortemente contrário às duas opções. Com certeza a Petrobras necessitava de uma profunda reestruturação, de se reinventar, e não de atalhos.

Apesar de ter se beneficiado de preços monopolistas em 2016/2017, o que ajudou a abater dívida em US$ 23 bilhões entre o final de 2014 e o de 2017, o tempo demonstrou que a empresa seria capaz de se reerguer por suas próprias pernas.

Até o final de meu mandato de conselheiro, demandei o fim da prática de preços monopolistas. De acordo com o enunciado feito, em 1986, pelo economista americano Herbert Stein em análises de tendência de macroeconomia, "se alguma coisa não pode permanecer como está, ela vai parar". A lei de Stein se aplicava perfeitamente àquele caso.

O estatuto da Petrobras estabelece que cabe à Diretoria Executiva a definição de preços de combustíveis. Entretanto, o CA tem o direito de ser informado sobre a base racional da política de preços e tem a obrigação de opinar e emitir recomendações.

A Petrobras se colocava em posição de vulnerabilidade face às pressões vindouras. Ademais, transmitia internamente a enganosa sensação de que os problemas poderiam ser resolvidos por simples "canetadas". Isso terminaria a partir de meados de 2017, quando importadores e distribuidores de combustíveis adquiriram confiança de que o governo não interviria e passaram a competir, conquistando parcelas de mercado e forçando os preços domésticos a convergirem para a paridade.

A fase de conselheiro foi um período curto, na qual contamos com executivos do primeiro escalão de qualidade insatisfatória, sem espírito de equipe e que não estavam efetivamente comprometidos com a reestruturação da companhia.

A Petrobras dispõe de bom número de profissionais dedicados, orgulhosos da companhia, com excelente qualificação e que já tinham enfrentado e superado grandes desafios. Como as pessoas são o mais importante ativo de uma empresa, ela detém significativo potencial de geração de valor.

A companhia possui experiência única no mundo: em cerca de 40 anos, foi bem-sucedida na exploração e produção de petróleo e gás natural em campos terrestres e marítimos, em águas rasas, profundas e ultra profundas, atestando sua extraordinária capacidade técnica. Opera ativos de classe mundial, é líder em tecnologia de exploração e produção de petróleo em águas profundas e ultraprofundas. Possui mais de 1000 patentes registradas no INPI, é a número um em tecnologia no Brasil, e reconhecida através de várias premiações internacionais por suas inovações, como a oferecida na Offshore Technology Conference (OTC).

Por outro lado, faltavam líderes. Em um deserto de gestores, não há gestão. Os empregados foram infantilizados. As figuras do cliente e do acionista, importantíssimas, estavam ausentes do pensamento das pessoas. Os produtos da companhia eram comprados e não vendidos. A diretoria responsável pela produção e venda de combustíveis, Abastecimento (ABAST), era a expressão dessa postura.

A busca da conquista do cliente, tão importante na iniciativa privada, inexistia. A prioridade que morava no lema "O cliente tem sempre razão", como ensinam as melhores escolas de negócios, era praticamente desconhecida.

Sam Walton, fundador do Walmart, afirmou: "Existe um único chefe: o cliente. Ele é a única pessoa que pode demitir todos, do *chairman* para baixo, simplesmente gastando seu dinheiro em outras empresas"[22]. Mas o monopólio estatal e a estabilidade no

---

22. KOCH, Charles G. Good profit: How creating value for others built one of the world's most successful companies. The Crown Currency, 2015.

emprego, quando presentes, invalidam essas palavras. Os clientes passam a não ter qualquer poder.

A noção de valor não estava presente e, em decorrência, também não se tinha consciência da obrigação de remunerar o capital do acionista, tal como existe nas empresas privadas. Um pequeno exemplo desse desprezo está contido no comunicado ao mercado da Petrobras de 29 de setembro de 2010, que trata do aumento de capital realizado na ocasião. Nele, os acionistas privados, proprietários de 60,2% do capital total da Petrobras, são chamados de "OUTROS" no quadro da estrutura acionária da empresa.

A aversão ao pagamento de dividendos aos acionistas, manifestada por autoridades governamentais desde 2022 e pivô de uma crise em 2024, é uma evidência clara do desprezo a quem investe sua poupança numa empresa com participação do Estado. Distribuir dividendos passou a ser considerado uma espécie de crime de "lesa majestade", tal a forte reação do governo, o que é paradoxal, tendo em vista que ele se beneficia de 37% do que é pago.

Na ideologia estatizante, o acionista e o cliente são usualmente ignorados. Minha principal conclusão, depois daqueles movimentados 12 meses, foi de que a Petrobras, mesmo permanecendo como sociedade de economia mista, demandava uma vasta e profunda reestruturação num longo processo. Mesmo assim, a sustentabilidade no longo prazo somente poderia ser viável com a privatização.

Uma nova política foi adotada em julho de 2017, obedecendo à paridade de preços de importação, com ajustes em curtos intervalos de tempo.

CAPÍTULO 3
# O caminho de volta

## 1. Esperança e transição: 2016-2018

Três anos se passaram até que eu retornasse à Petrobras na posição de presidente. Nesse intervalo, cultivei esperanças para a realização de sonhos de mudança em busca de um Brasil melhor. Via aquele período como uma fase de transição para um governo que pudesse desempenhar um papel transformador. Economistas como eu devaneavam na expectativa de que raízes fossem profundamente plantadas para colher prosperidade ao longo do tempo.

Somente o crescimento econômico sustentável, fundamentado no investimento em capital humano e contínuos ganhos de produtividade, é capaz de gerar uma trajetória para remover da pobreza milhões de pessoas e lhes proporcionar segurança econômica, conforto material e bem-estar. Ele facilita a inclusão, a criação de empregos bem remunerados e a produção dos recursos necessários para financiar a mudança climática.

Na economia, as reestruturações amplas tendem a acontecer depois de crises. Aparentemente a sociedade se cansa dos fracassos e do "mais do mesmo", a experiência a convence que transformações estruturais são imprescindíveis.

Alguns exemplos da história recente ilustram meu ponto de vista.

Depois de várias crises de balanço de pagamentos, anos de inflação de dois dígitos e lento crescimento, o Reino Unido, cujo governo fora capaz no passado de administrar o maior império do mundo, se constituiu na primeira economia desenvolvida a recorrer à assistência financeira do Fundo Monetário Internacional (FMI). Em 1976, recebeu um empréstimo de US$ 3,7 bilhões, o maior já desembolsado até então, considerado pelos ingleses como humilhação do outrora poderoso império britânico.

Em 1979, Margaret Thatcher foi eleita Primeira-Ministra e promoveu uma verdadeira revolução econômica, revigorando a economia britânica e encerrando o declínio iniciado no pós-guerra. A revolução liderada por Thatcher se tornou exemplo para outras nações.

Os anos 1980 entraram para a história como a década perdida da América Latina. Crises de balanço de pagamentos, moratórias de dívida externa, elevadas taxas de inflação e estagnação econômica se sucederam. O crescimento do PIB per capita da região teve sua pior década desde 1860, apresentando contração de 0,7% ao ano[23].

Tanta volatilidade, desigualdade e empobrecimento resultaram na construção de suporte político para que, nos anos 1990, os governos de diversos países latino-americanos, do México ao Brasil, patrocinassem grandes reformas, que compreenderam privatizações, abertura para o comércio internacional e o controle da inflação.

Outro caso é o da Coreia do Sul após a crise financeira asiática de 1997-1998. Sua trajetória de crescimento acelerado de 1960 a 1997, que multiplicou o PIB per capita em quase quinze vezes, havia sido interrompida por uma séria recessão, produzindo contração em 5,8% em 1998.

O modelo de crescimento anterior, baseado em imitação de produtos com tecnologia estrangeira e liderado pelos grandes conglomerados financeiros e industriais, os politicamente poderosos *chaebols*, se esgotara. Os sul coreanos reagiram, restringindo o poder de monopólio daqueles, aprovando leis antitruste, e eliminando barreiras ao investimento direto estrangeiro. As mudanças

---

23. DE LA ESCOSURA, Leandro Prados. When did Latin America fall behind?. *In* The Decline of Latin American Economies: Growth, Institutions, And Crises. University of Chicago Press, 2007. p. 15-58.

resultaram no florescimento de empresas tecnologicamente dinâmicas, as inovações começaram a brotar – a Coreia do Sul se transformou numa das nações com maior número de patentes de inovações registradas – a produtividade e o crescimento econômico adquiriram forte impulso no século XXI[24]. Segundo dados do Banco Mundial, a Coreia do Sul é o segundo país do mundo em termos de investimento em pesquisa e desenvolvimento, com gastos iguais a 4,8% do PIB em 2018.

A economia brasileira quase não cresce há 40 anos. O PIB per capita se arrastou, se expandindo à taxa média de 0,9 % ao ano, o que significa dobrar seu valor a cada 77 anos. No período mais recente, de 2010 a 2022, foi pior ainda, com uma anêmica expansão de somente 0,1% ao ano. Com uma economia volátil, de baixa produtividade e crescimento, é pródigo na produção de crises políticas e econômicas.

Nossa esperança era de que a população brasileira, depois de tantos problemas graves, viesse a apoiar mudanças condutoras da realização de reformas estruturais liberalizantes.

A severa recessão de 2014-2016 não foi resultado de um ciclo econômico global, como a maioria das recessões brasileiras. Foi totalmente feita em casa, polida por uma recuperação muito tímida em 2017-2018, incapaz de regenerar os empregos perdidos. A continuidade das taxas de desemprego acima de 10%, com mais de doze milhões de trabalhadores no limbo, se constituía num dos ingredientes principais do descontentamento popular. Predominava a esperança de um Brasil do futuro diferente daquele adoecido, que desanimava e incentivava jovens a migrarem.

O movimento de 2015-2018 possuía credibilidade e seus objetivos eram convergentes com os meus: o Brasil no caminho da prosperidade, repleto de oportunidades para as novas gerações.

Conservadores no Brasil costumam ser, com algumas exceções, estatistas de direita. Nos EUA, a denominação de liberal foi

---

24. Sugiro a leitura de "The Power of Creative Destruction: Economic Upheaval And The Wealth of Nations", de Philippe Aghion, Céline Antonin e Simon Bunel, publicado pela Harvard University Press em 2021.

indevidamente apropriada por grupos que são de fato estatistas de esquerda. A meu turno, nunca fui simpatizante da esquerda nem faço parte da direita. Sou um liberal, mais especificamente um neoliberal.

Desde os anos 90, adversários do liberalismo passaram a usar as palavras "neoliberalismo" e "neoliberal" como algo pejorativo. Um neoliberal seria uma espécie de "fundamentalista de mercado", alguém que só se preocuparia com o livre funcionamento dos mercados. Todavia, o neoliberalismo é uma forma diferente do liberalismo do século XIX, fundamentado somente no *laissez faire*[25].

Ele preserva os princípios básicos do liberalismo e se preocupa com as questões sociais sem prejuízo da operação dos mercados, livre de intervenções do Estado, sendo completamente distinto da conotação negativa atribuída. São exemplos disso a abordagem do investimento em educação como instrumento do desenvolvimento econômico e do investimento na primeira infância para o desenvolvimento das pessoas no longo prazo, resultado de pesquisas pioneiras na Universidade de Chicago.

Em minha gestão na Petrobras, não escolhi pessoas baseado em preferência política. O critério sempre foi a integridade e a competência profissional. Fui atacado pela direita e esquerda. Mas não reclamo.

Segundo o famoso poema de Charles McKay, poeta escocês do século XIX:

> *He who has mingled in the fray*
> *Of duty, that the brave endure,*
> *Must have made foes! If you have none,*
> *Small is the work that you have done.*
> *You've hit no traitor on the hip,*
> *You've dashed no cup from perjured lip,*
> *You've never turned the wrong to right,*
> *You've been a coward in the fight.*

---

25. Para uma definição de neoliberalismo, veja "The Chile Project: the story of the Chicago boys and the downfall of neoliberalism" de Sebastian Edwards, publicado em 2023.

> Aquele que se misturou na batalha
> Do dever, que os bravos suportam,
> Deve ter feito inimigos! Se você não tem nenhum,
> Pequeno é o trabalho que você fez.
> Você não atingiu nenhum traidor no quadril,
> Não tirou nenhuma taça de lábios perjurados,
> Nunca transformou o errado em certo,
> Você foi um covarde na luta[26].

Sou amante da liberdade e detesto monopólios, privados ou controlados pelo Estado. Repudio qualquer tipo de discriminação, seja por raça, gênero, opção religiosa ou sexual, idade, me oponho à dominação masculina e, principalmente, à violência contra a mulher. Costumo ser tolerante e estou sempre disposto a me adaptar às mudanças.

Sou favorável à igualdade de oportunidades, mas não gosto de iniciativas para forçar artificialmente a igualdade de resultados. Nesse contexto, critico as intervenções para corrigir desigualdades no fim da linha, como é o emprego de cotas para determinados grupos considerados em desvantagem. Trata-se de tema polêmico, geralmente discutido com argumentos emocionais.

Tom Sowell, um brilhante economista americano, é negro e filho de família pobre, tendo sido criado no Harlem. Sendo PhD em Economia pela Universidade de Chicago, estudou os efeitos de políticas de ação afirmativa nos EUA e outros países; concluiu que seus resultados são pífios, em geral não atendem aos objetivos almejados e podem provocar sérias consequências negativas imprevistas[27].

Creio que a maneira mais correta de intervir é mediante o investimento em capital humano desde a primeira infância, sobretudo com a melhora substancial da qualidade das escolas

---

26. MACKAY, Charles. No Enemies. *In* SINCLAIR, Upton (ed.). **The Cry for Justice:** An Anthology of the Literature of Social Protest; the Writings of Philosophers, Poets, Novelists, Social Reformers, and Others who Have Voiced the Struggle Against Social Injustice. Philadelphia: JC Winston Company, 1915.

27. SOWELL, T. Affirmative Action Around the World: An Empirical Study. Yale University Press, 2004.

públicas para que seus alunos possam ter acesso a oportunidades em pé de igualdade com os de escolas privadas, geralmente frutos de famílias de renda mais alta.

Sou fortemente contrário ao "Estado empresário", cujo objetivo é substituir a iniciativa privada no que ela sabe fazer com muito mais competência, bem como a impostos excessivos e/ou causadores de distorções e barreiras à competição. Ele é um dos elementos responsáveis pelo Brasil ter se transformado num produtor de pobres ao longo de muitos anos[28].

Penso que o Estado e o mercado possuem papéis complementares, inexistindo dicotomia[29].

A regulação da atividade econômica, uma intervenção do Estado, é necessária e valiosa, desde que viabilize a boa operação dos mercados. Regras como restrições quantitativas a importações e a obrigatoriedade de investir determinado percentual da receita em pesquisa e desenvolvimento são exemplos de má regulação.

Por outro lado, uma regulação com a suposta intenção de abrir mercados para a competição sem a devida análise pode ter implicações negativas, como foi o caso da Lei da Boa Fé – Lei nº. 12.844 de 2013 – que eliminou a obrigatoriedade de certificação da compra de ouro, acabou sendo responsável pelo aumento do desmatamento e dos homicídios em áreas onde o garimpo é ilegal[30].

## 2. Na gestação da equipe econômica

Conheço Paulo Guedes desde o início dos anos 1980, quando fui presidente executivo do Instituto Brasileiro de Mercado de Capitais (IBMEC) e o convidei para trabalharmos juntos. Dois anos de convivência diária confirmaram a minha percepção de um economista brilhante, um pensador com excelentes ideias

---

28. Veja "The Myth of the Entrepreneurial State", de Deirdre Nansen McCloskey e Alberto Mingardi, publicado pelo American Institute for Economic Research em 2020.
29. Veja "Burying the Laissez-Faire Zombie", de Luigi Zingales, publicado em "Project Syndicate", volume 15, em dezembro de 2021.
30. Veja "A Tale of Gold and Blood: The Consequences of Market Deregulation on Local Violence", de Leila Pereira e Rafael Pucci, publicado pela Insper em 2022.

e orador empolgante. Com a ajuda de um time formado por meus alunos da EPGE (Escola de Pós-Graduação em Economia da Fundação Getúlio Vargas) e de mais dois antigos colegas de Chicago, reestruturamos o IBMEC que estava à beira da falência. Redirecionamos o foco – de pesquisa acadêmica sem vantagens competitivas para educação financeira – e o tornamos economicamente sustentável e preparamos o embrião do que seria no futuro uma instituição universitária, projeto posteriormente conduzido com sucesso por Guedes.

Assim, em meados de 2018, fui convidado a frequentar um grupo liderado por ele para discutir ideias econômicas para um novo governo. Nas quartas feiras à tarde, nos reuníamos numa sala da Bozano Investimentos, da qual ele era sócio, para discutir projetos de política econômica. Como alguns componentes do time eram maiores de 65 anos e haviam estudado na Universidade de Chicago, Guedes nos apelidou de *Chicago Oldies* em referência aos *Chicago Boys*. Carlos Langoni, também componente do grupo, era o *Godfather*.

Alguns colegas participavam por videoconferência, como era o caso de Adolfo Sachsida, que trabalhava no Instituto de Pesquisa Econômica Aplicada (IPEA) em Brasília e organizava os temas para discussão. Ele foi um excelente secretário de Política Econômica do Ministério da Economia e, já no final do governo Bolsonaro, Ministro das Minas e Energia, além de responsável pela abertura do mercado de eletricidade para consumidores de baixa tensão com conta de luz mensal de até R$ 10 mil. Infelizmente, a escassez de tempo impediu a liberação para pequenos consumidores[31]. Estes continuam a ser cativos do monopólio das distribuidoras regionais de energia, privados da liberdade de escolha, e pagam mais caro para ter luz em suas empresas e residências.

Vários participantes daquele grupo eram experientes e, como eu, já tinham assistido à frustração de seus sonhos por governos

---

31. No Brasil, o mercado de eletricidade é dividido entre o mercado livre, no qual o consumidor pode escolher o fornecedor e negociar preços – acessível para grandes consumidores, cerca de 40% –, e o cativo, em que não há liberdade de escolha.

populistas. As coisas pareciam diferentes, até porque, com todos os percalços e curta duração, o governo de Michel Temer tinha conseguido alguns importantes avanços – a Lei das Estatais, a reforma trabalhista, o fim da TJLP (Taxa de Juros de Longo Prazo), sistematicamente inferior ao custo da dívida do Tesouro Nacional, a criação da TLP (Taxa de Longo Prazo)[32] e a fixação do teto de gastos – todos muito importantes para a economia. O terreno para reformas mais profundas parecia estar preparado.

Apesar da animação, percebíamos alguns vieses no comportamento do grupo que não foram corrigidos e que, em minha opinião, acabariam impactando desfavoravelmente a formulação e execução do programa econômico do governo que assumiu em janeiro de 2019.

A primeira delas era a ausência de objetividade e de organização. Transformar boas ideias em planos de ação viáveis é um grande desafio e a falta desses dois ingredientes compromete a capacidade de estruturação de um bom programa de política econômica.

O segundo era a falta de experimentação empírica. Eu e vários outros economistas daquela turma, alguns com passagem pela EPGE e Universidade de Chicago, fomos treinados a validar teorias somente se fossem testadas e os resultados lhes dessem suporte. Porém, os responsáveis pela formulação das reformas previdenciária e tributária prometiam, mas não chegaram a expor nenhuma simulação com dados.

A meta de gerar R$ 1 trilhão de receita com a privatização de estatais não estava solidamente fundamentada. Ademais, a palavra final seria dada pelo mercado, com quem iríamos negociar a venda dos ativos. Nossas estimativas poderiam até estar corretas, mas havia o risco, não desprezível, de superestimação.

O valor era bom como instrumento de marketing, mas ambicioso demais, o bom senso recomendava ser mais conservador, pois a cobrança daquela meta perseguiria implacavelmente a equipe econômica. Promessas não cumpridas costumam acarretar sérias punições para quem as faz.

---

32. A TJLP e a TLP são taxas empregadas nos financiamentos do BNDES.

Em retrospecto, a prioridade deveria ter sido obter a aprovação do presidente eleito para a privatização de um grupo de empresas e começar a instrumentalizar o processo o mais cedo possível, antes mesmo de começar o governo.

Solange Vieira, que trabalhara na reforma da Previdência no governo de Fernando Henrique Cardoso, foi incorporada ao nosso grupo, ajudando na análise deste tema. Posteriormente, ela foi escolhida para comandar a Superintendência de Seguros Privados (SUSEP), cargo que ocupou de 2019 a outubro de 2021. Teve excelente desempenho, conseguindo realizar mudanças num mercado de seguros bolorento e resistente à modernização e competição. Diante da forte oposição dos incumbentes à continuidade das reformas, acabou saindo antes de ter concluído seu trabalho.

Conhecia Paulo Uebel, um jovem brilhante, há alguns anos. Ele também foi incorporado ao grupo e ficou responsável por três projetos muito importantes, a Lei da Liberdade Econômica, o Governo Digital e a reforma administrativa. A primeira – Lei nº. 13.874 de 2019 – foi aprovada pelo Congresso com vários cortes que limitaram seu escopo, o que não eliminou a contribuição positiva para o desenvolvimento econômico. O projeto Governo Digital foi executado, simplificando bastante e diminuindo os custos de acesso a serviços governamentais.

O projeto de reforma tributária era de autoria de Marcos Cintra, vice-presidente da FGV em São Paulo. Desde os anos 80, ele sonhava com a implantação do imposto único, capaz de provocar uma revolução no regime tributário brasileiro. A proposta, equivocadamente confundida com a volta da CPMF, contou com grande oposição política no Brasil, tanto no setor público quanto no privado, por interferir em muitos interesses constituídos. A sua insistência no imposto único acabou resultando em sua demissão do cargo de Secretário da Receita Federal pelo presidente Bolsonaro em setembro de 2019.

Carlos da Costa foi inicialmente recebido com alguma reticência, dada a sua participação na Diretoria do BNDES que havia se oposto à eliminação de subsídios de crédito. Posteriormente, foi aceito por todos e trabalhou ativamente em reformas importantes como o Marco do Saneamento.

Marcos Troyijo, diplomata e economista, promoveu avanços no acordo Mercosul-União Europeia, e depois presidiu o chamado Banco dos BRICs[33].

Ainda no final de 2018, Roberto Campos Neto, a quem eu ainda não conhecia, juntou-se ao grupo e foi uma grata surpresa. Muito inteligente, ligado ao estado da arte da tecnologia da informação e profundo conhecedor do funcionamento dos mercados financeiros. Como presidente do Banco Central do Brasil (BCB) tem sido decisivo na abertura do mercado financeiro para a competição e lançou o PIX, hoje o principal meio de pagamentos do país. A literatura revela que mercados financeiros desenvolvidos possuem impacto relevante sobre o crescimento de um país a longo prazo, dado seu importante papel na alocação de recursos[34].

Sob seu comando, o BCB foi um dos primeiros bancos centrais no mundo a se lançar no combate à crise que se seguiu à pandemia. Diferentemente das instituições de países desenvolvidos, que reagiram com muito atraso – creio que pela dificuldade em distinguir mudanças de preços relativos e inflação – o brasileiro não tardou em empreender uma campanha de alta de juros para quebrar a espinha dorsal da inflação.

Uma incorporação de grande valor foi Salim Mattar, um *self-made man* típico, campeão nacional forjado na competição, sem a ajuda de subsídios e barreiras à competição ou qualquer favor estatal para seus empreendimentos. É um verdadeiro patriota, autêntico liberal que decidiu realizar um sacrifício, saindo de seu conforto para virar funcionário público depois dos 70 anos de idade e enfrentar a complexidade de Brasília em prol do esforço para mudar a economia de nosso país. Recebeu a missão importante de comandar a privatização, mas o enviaram totalmente desarmado para travar uma guerra. Não existiam

---

33. Grupo de países de mercado emergente inicialmente composto por Brasil, Rússia, Índia e China. Depois, África do Sul, Egito, Emirados Árabes Unidos, Arábia Saudita, Etiópia e Irã aderiram ao bloco.

34. Veja, por exemplo, "Finance and growth: theory and evidence", de Ross Levine, publicado pela Elsevier no volume 1 de "Handbook of Economic Growth" em 2005, páginas 865 a 934.

empresas em processo de desestatização e ele se defrontou com uma resistência feroz de alguns membros do próprio Governo. Por fim, não teve o indispensável apoio do presidente da República. Missão impossível!

Susana Cordeiro Guerra deixou uma posição no Banco Mundial, em Washington, D.C., para assumir a Presidência do Instituto Brasileiro de Geografia e Estatística (IBGE) em 2019. Depois de dois anos sem conseguir recursos para a realização do Censo Demográfico, foi outra excelente componente da equipe econômica a pedir demissão, saindo em abril de 2021.

Por fim, Mansueto de Almeida, a quem considero o maior conhecedor de finanças públicas no Brasil e um hábil negociador, foi uma das perdas mais relevantes.

Paralelamente à participação nas discussões sobre assuntos macroeconômicos, escolhi, naqueles dias de 2018, trabalhar em temas microeconômicos, especialmente relacionados às indústrias de mineração, petróleo e gás natural, bem como extinção e privatização de estatais.

Realizei meu trabalho com sugestões de mudanças regulatórias, além de uma relação de empresas estatais que poderiam ser fechadas ou incluídas no programa de desestatização. Sobre o tema, fui avisado de antemão que seria vetado qualquer projeto envolvendo Petrobras, Banco do Brasil e Caixa, as "vacas sagradas" do novo Governo. E o passar do tempo mostrou que existiam muitas outras intocáveis.

Por exemplo, a Casa da Moeda, uma simples gráfica, se tornou uma "vaca sagrada" porque ministros militares acreditavam que era "estratégica" e não poderia ser privatizada. Quando não se tem argumentos, "estratégico" é a palavra mágica, multiuso, que serve para justificar qualquer coisa, mesmo barbaridades econômicas.

Depois da vitória de Bolsonaro no segundo turno das eleições presidenciais, fomos convocados para ir integrar o time de transição do governo. É um procedimento padrão em países democráticos para que as equipes do governo que está terminando passem informações para as do futuro, permitindo que a administração da máquina pública do país não sofra descontinuidade.

A Lei nº. 10.609/2002 prevê que o presidente eleito nomeie até cinquenta pessoas para cargos temporários com o fim específico de viabilizar a transição, num modelo semelhante ao adotado nos EUA. A equipe da qual fiz parte trabalhou no Centro Cultural Banco do Brasil (CCBB), um prédio em Brasília com muito espaço, próximo ao Palácio do Planalto. Ao longo de um extenso corredor, funcionava uma espécie de réplica em miniatura da Esplanada dos Ministérios, com os futuros ministros e suas equipes trabalhando nas muitas salas de reunião existentes. Por 24 horas, na porta de entrada do prédio, aglomeravam-se jornalistas de plantão em busca de informações que não possuíamos ou que não podíamos divulgar.

Interagi com vários futuros ministros, mas não tive oportunidade de conversar com o próprio presidente Bolsonaro, que se recuperava do atentado que sofreu. Vim a conhecê-lo somente depois de feita a indicação de meu nome para presidir a Petrobras, quando visitou uma das salas em que se reunia a equipe econômica.

Minha primeira impressão foi boa. Achei-o jovial e aberto a críticas. Quando o corrigi duas vezes por fazer comentários equivocados sobre mineração, ele aceitou e demonstrou interesse em aprender. Geralmente, parte das pessoas que ascendem a um cargo importante se julgam donas da verdade e conhecedoras de tudo, destituídas da humildade necessária para aceitar críticas. Outro fato que me impressionou foi a declaração de que governaria para as próximas gerações e não para as próximas eleições. Percebi que se tratava de alguém com uma formação intelectual fraca, porém humilde, disposto a aprender e munido de honestidade de propósito.

Certamente não era um liberal, nem tampouco tinha qualquer ideia sobre o funcionamento de uma economia. Ele aparentava ter muita confiança em Guedes, o que demonstrou ao concordar com a fusão de vários ministérios (Fazenda, Planejamento, Indústria e Comércio, Trabalho e Previdência Social) no Ministério da Economia, lhe concedendo teoricamente uma concentração de poder sobre a economia no Brasil, jamais vista desde o início do regime republicano.

Assim como a maioria daquele grupo, eu não admirava Bolsonaro. Todavia, ele era a esperança. Nosso objetivo era servir à Nação e viabilizar o ingresso da economia no caminho da prosperidade. Acreditávamos na capacidade de seu governo, especialmente ante a oportunidade de colocar em prática ideias que tínhamos em mente há décadas.

Obviamente, me enganei. Nossas expectativas se frustraram, não contamos com um líder político que desse o indispensável suporte às reformas. Ele perdeu-se na chamada "agenda de costumes" e sua elevada propensão a conflitos desnecessários.

Fazer reformas é uma empreitada complexa, pois os incumbentes, beneficiários do status quo, se organizam e buscam todas as maneiras para impedir que elas se materializem. É fundamental ter um líder convicto, planejamento, organização, persistência e coragem para vencer os desafios que nunca são triviais. Não podemos permitir que as dificuldades dominem nossas mentes. É crucial estarmos armados com uma vontade de ferro para alcançarmos nossos objetivos.

Ainda assim, eu confiava na convicção e poder de convencimento de Guedes e, consequentemente, na sua influência sobre o presidente da República, além de apostar na qualidade dos profissionais da equipe. Graças às suas liderança e persistência, a equipe econômica obteve resultados extraordinários, como a reforma da Previdência, a autonomia do Banco Central, o marco regulatório do saneamento, o marco das ferrovias, o fim do gigantismo do BNDES (e a venda de grande parte de sua carteira de ações), o renascimento do mercado de capitais, a Lei da Liberdade Econômica, uma nova Lei de Falências e a privatização da Eletrobras.

Em 2022, o controle de gastos públicos viabilizou o primeiro superávit primário estrutural (resultado menos receitas e despesas não recorrentes e a variação do ciclo econômico) desde 2012[35]. Pela primeira vez desde a redemocratização, o gasto caiu em um mandato presidencial, de 19,3% do PIB em 2018 para 18,0% em 2022.

---

35. De acordo com os dados da Instituição Fiscal Independente (IFI), disponíveis em www12.senado.leg.br/ifi.

Contudo, o programa de privatização, a abertura da economia para a competição global e as reformas administrativa e tributária, fundamentais para as finanças públicas, o crescimento da produtividade e o desenvolvimento econômico, não prosperaram.

Foi inaceitável o tratamento negacionista do governo à pandemia, a falta de compaixão com o sofrimento das pessoas, a má gestão da educação e da saúde. A gravidade desses erros eclipsou o reconhecimento público dos avanços conquistados na política econômica e seus efeitos sobre o crescimento do país.

## 3. Retornando para a Petrobras

Após algumas semanas de indefinição, no dia 19 de novembro de 2018, numa segunda feira pela manhã cedo, fui informado de que fora designado para assumir a Presidência da Petrobras em janeiro de 2019. A indicação de Guedes foi aceita pelo presidente Bolsonaro, em nova demonstração de poder do Ministro da Economia, uma vez que a empresa sequer pertencia à sua área de atuação.

Não entrei no grupo de economistas em agosto de 2018 com o objetivo de conseguir um cargo. Minha aspiração era tentar que as ideias pró-mercado e pró-desenvolvimento econômico fossem aplicadas pelo próximo governo. Não pretendi aceitar qualquer cargo em Brasília, na administração federal ou bancos públicos. Sempre achei que a capital não fosse um ambiente saudável, mas palco para intrigas e disputas políticas, totalmente desconectada do Brasil real.

Obviamente, fiquei feliz com a indicação: seria uma oportunidade para colocar em prática, naquela grande empresa cujas mazelas havia identificado no passado recente, os planos que tinha. Estava motivado a me dedicar a fundo nessa missão.

O fato de o titular do Ministério de Minas e Energia, supervisor da Petrobras, não haver sido escolhido ainda, me preocupava. Estaria exposto ao risco de o ocupante da pasta se insurgir contra minha indicação por não ter sido consultado previamente, ou de ser alguém que procurasse intervir em minha gestão.

Alguns dias depois, fui apresentado ao almirante Bento Albuquerque, futuro Ministro da Minas e Energia. Passei a admirá-lo por seu profissionalismo e espírito de equipe. Com ele, mantive excelente relacionamento. Nunca buscou interferir em minha administração. Na medida do possível, sempre procurou ajudar a Petrobras. Foi um notável parceiro.

Exceto pelos episódios finais de fevereiro de 2021, nunca fui convocado pelo governo para discutir nomes de pessoas, a estratégia da companhia ou sua execução. Tive liberdade para escolher diretores e gerentes e para gerir a companhia, prestando contas ao Conselho de Administração e aos acionistas com o máximo de transparência.

Meu entusiasmo pela oportunidade de dirigir a Petrobras contrastava com o pessimismo de amigos, que consideravam a carga demasiadamente pesada e que afirmavam que a minha vida se transformaria num inferno. Agradeço a genuína preocupação de todos com meu bem-estar.

O papel desempenhado pelo principal executivo de uma grande empresa é extraordinário e por isso mesmo suporta uma grande massa de responsabilidades. Diretores e assessores procuram ajudar e opinar, o CEO é um ente solitário no que toca às decisões. Ele se defronta com múltiplos desafios inesperados. Embora se acredite que está preparado para lidar de todos com sucesso, na realidade não está. Existem alguns para os quais não há preparo e vai ter que aprender vivendo. É por essa razão que tem gente que diz que "se aprende a ser CEO sendo CEO".

Carlos Ghosn, o lendário e controvertido ex-CEO da Renault e Nissan, disse que ser o chefe executivo de algumas empresas pode ser perigoso. Aquele que está disposto a reestruturar uma companhia vai ser antipatizado pelos que veem seus interesses contrariados; e isso é mais latente numa empresa estatal.

O assassinato de Detlev Rohwedder ilustra o risco apontado por Ghosn. Detlev, que havia realizado um fantástico trabalho na Hoesch, foi nomeado CEO da Treuhand, holding das empresas estatais da antiga Alemanha Oriental criada após a unificação.

Ele morreu dentro de sua residência alvejado por tiros disparados por opositores da privatização[36].

André de Ruyter foi CEO da Eskom, estatal sul-africana monopolista na geração e distribuição de energia elétrica, de janeiro de 2020 a fevereiro de 2023. Em seu livro "Truth to Power" (2023), narra a tentativa de envenenamento que sofreu e que determinou seu pedido de demissão.

Na manhã do dia 24 de dezembro de 2018, antes mesmo de tomar posse, fui sacar dinheiro num caixa eletrônico e encontrei um empregado aposentado da Petrobras, que conhecia apenas de cumprimentos. De repente, ele começou a protestar contra o procedimento do fundo de pensão da companhia, argumentando que estava sendo descontado em 30% de sua aposentadoria, que a Petrobras tinha uma grande dívida com os funcionários e seria ela quem deveria pagar, devolvendo dinheiro aos associados. Quando começou a alterar a voz para reclamar de uma possível venda de refinarias, virei as costas e embarquei num táxi que passava.

Em outras duas ocasiões, já como presidente, me deparei em locais públicos com indivíduos que me acusavam de estar "desmontando a empresa", mantra de alguns grupos. A cegueira ideológica, muito mais danosa do que a física, os levava a olvidar o verdadeiro desmonte de que a companhia fora alvo durante mais de uma década.

Quando ocorreu a greve contra o fechamento de uma subsidiária, a Araucária Nitrogenados S.A. (ANSA), recebi informações de que pessoas contrárias à nossa administração estavam organizando uma manifestação em frente ao prédio em que resido no Rio de Janeiro com o objetivo de constranger a mim e minha família. Detectamos alguns movimentos suspeitos, mas nada se concretizou.

Apesar de serem interações desagradáveis não sofri ameaças ou qualquer tipo de agressão.

Meu temperamento ajudou nas vezes em que fui convidado a prestar depoimento em comissões do Congresso Nacional. Muitos

---

36. O documentário alemão "Uma morte em vermelho" (1991) de Christian Beetz e Georg Tschurtschenthaler conta a história do assassinato de Detlev Rohwedder.

parlamentares eram gentis e educados, mesmo discordando de mim, e poucos se comportaram de forma agressiva. Tratei a todos com respeito, não me furtando a responder com fatos e dados ao que me foi perguntado. Um deputado mais veemente me chamou de "entreguista". Não pude resistir e, com bom humor, agradeci, observando que não ouvia aquela palavra desde os anos 50.

No Brasil, quem pretende vender um ativo estatal é sempre acusado de fazer venda "a preço de banana", em geral para favorecer americanos, num misto de nacionalismo barato e acusação velada de corrupção. É uma surrada tática de tentar desmoralizar a privatização. Um amigo comentou: "eles nem se dão ao trabalho de checar se a banana está cara ou barata".

Foi curioso observar que alguns parlamentares faziam discursos enérgicos e, quando eu ia responder às suas perguntas e acusações, já haviam se retirado. Enquanto falavam, eram filmados por algum assessor, decretando "missão cumprida". O vídeo seria exibido para seus eleitores, "demonstração" de trabalho.

As conversas mais sofríveis foram com parlamentares da Assembleia Legislativa do Rio de Janeiro. A maioria dos representantes não parecia preparada, usando um discurso populista retrógrado. O declínio econômico do Rio não é mero acidente, nem tampouco consequência da mudança da capital para Brasília.

Tive a oportunidade de conhecer e interagir com bons políticos, em particular governadores de diferentes partidos políticos e regiões.

Soube lidar bem com as pressões, mesmo naqueles momentos difíceis de solidão de um CEO, em que todas as responsabilidades de uma decisão difícil pesam nas costas.

Meu temperamento calmo tem me permitido, ao longo da vida, enfrentar situações complexas sem me deixar dominar por sensações de medo ou isolamento, como naturalmente acontece com muitos executivos em decorrência do tamanho de suas responsabilidades. Sou bastante transparente, sei aplaudir e criticar, por vezes ferozmente, mas sempre respeitando os meus interlocutores.

Sempre procurei celebrar e agradecer as realizações dos que trabalham em minha equipe. Creio que isso nos ajuda a ter sensações agradáveis, saborear as experiências de sucesso e a lidar com adversidades. Outra consequência é a criação do sentimento de pertencimento, estimulante da troca franca de ideias, do trabalho em equipe e do desejo de vencer.

Como parte do grupo de transição, portando um crachá de servidor público, tive liberdade para entrevistar alguns presidentes de estatais e secretários dos Ministérios da Fazenda e do Planejamento do governo Temer, que então se encerrava, sendo justo reconhecer que todos foram receptivos e transparentes.

Surpreendentemente, enfrentei dificuldades no acesso a informações justamente no lugar onde iria trabalhar: a Petrobras. Fui proibido de ter acesso ao edifício sede da empresa e, para permitirem a minha entrada, foram necessários um ofício da Subchefia de Assuntos Jurídicos da Presidência da República e um parecer da área jurídica explicitando o óbvio: eu estava legalmente habilitado a obter as informações que solicitasse. Na mídia, corriam boatos de que eu tinha um gabinete dentro do edifício, de onde já comandaria a empresa. Na verdade, apesar dos pareceres, eu só tive acesso a informações públicas e conversas com executivos.

A companhia aprovara, em dezembro de 2018, um Plano de Negócios e Gestão (PNG), como era conhecido, para o período 2019-2023, mesmo sabendo que haveria um novo presidente menos de um mês depois. Quando perguntado por um analista se eu havia sido consultado, o presidente do CA se limitou a dizer que o plano não era de uma pessoa, mas de quase duas centenas de empregados que trabalharam em sua elaboração. Esqueceu, talvez propositalmente, que o novo CEO – eu – seria o responsável por sua execução. Tive acesso somente a um resumo executivo do plano e isso foi o suficiente para verificar sua má qualidade e fraquezas.

Muitos Conselhos de Administração de companhias ao redor do mundo costumam aprovar planos semelhantes àquele da Petrobras. Afinal de contas, quando se debate uma estratégia, implicitamente discutem-se outros assuntos, principalmente egos e interesses pessoais. São jogadas várias partidas e o vilão costuma ser o lado social da estratégia[37].

Metas ousadas conviviam com ações tímidas, uma inconsistência que sinalizava falta de credibilidade. Não existiam indicações do modo e as metas só seriam atingidas quatro ou cinco anos depois, o que deixava margem para a postergação dos planos apresentados nos anos seguintes.

Essas projeções poderiam estar adiando um ajuste de contas. Talvez até funcionassem, porém havia dois riscos perturbadores: os conselheiros esquecerem as promessas e quem as fez sair da companhia, fugindo das consequências. Nessas situações, o que interessa é que todos fiquem felizes com uma apresentação em Power Point. Lamentavelmente, não é raro que o consenso acabe por ser o grande vencedor e os acionistas os grandes perdedores.

Quando examinei o orçamento para 2019, constatei que pouco diferia daquele de 2018, além de ser apenas um documento contábil. A contabilidade serve para registrar as transações resultantes dos negócios de uma companhia e não para orientar os negócios. É muito comum a confusão entre contabilidade e economia. Gerações de executivos se acostumaram a olhar para os números fornecidos sem qualquer ajuste para tomar decisões de negócios.

As agências de *rating* gostam do EBITDA (*Earnings Before Interest, Taxes, Depreciation, and Amortization* [Lucro Antes de Juros, Impostos, Depreciação e Amortização]) porque dá uma noção do fluxo de recursos da empresa. Todavia, trata-se de um erro considerá-lo um indicador de geração de caixa. O equívoco se origina em não atentar para o fato de receitas, custos e despesas serem computados em regime de competência e do EBITDA não levar em conta as saídas de caixa para investimentos e capital de giro.

Um investidor que conheço adquiriu uma companhia que o adotava como *proxy* para geração de caixa e indicador de

---

[37]. Veja, a esse respeito, "Strategy, Beyond the Hockey Stick: People, Probabilities, And Big Moves to Beat The Odds", de Chris Bradley, Martin Hirt e Sven Smit, publicado pela John Wiley & Sons em 2018.

desempenho para pagamento de remuneração variável aos seus executivos. Descobriu, depois, que algumas despesas correntes típicas eram lançadas na contabilidade como investimentos para inflar o EBITDA, o lucro líquido e, consequentemente, a premiação dos executivos.

A adoção desse conceito como meta de desempenho pode produzir outras distorções. Executivos podem ser estimulados a fazer investimentos que não criam valor para os acionistas, embora aumentem o EBITDA.

"Comprar" EBITDA não significa criar valor; pelo contrário, poderá destruí-lo. EBITDA não é métrica de valor.

Analistas de investimento de bancos concentram seus esforços em prevê-lo, bem como o lucro líquido do trimestre seguinte, variáveis que isoladamente pouco informam sobre criação de valor para o acionista, mas podem causar oscilações nos preços das ações no curto prazo.

Uma boa parcela de investidores é formada por *momentum traders*, que se caracterizam por explorar eventos de curto prazo como oportunidades para obter ganhos rápidos, comprando ou vendendo ações e seus derivativos. Para eles, as informações trimestrais dessas variáveis podem ter muito valor.

Como negociam ações com muito mais frequência do que os investidores de longo prazo, geram um grande volume de corretagem, o que vai influenciar a remuneração variável dos analistas de bancos. Daí o foco no curto prazo.

Alguns analistas tendem a avaliar o sucesso de uma fusão ou aquisição pela variação do lucro por ação após a junção das duas empresas, o que também é um engano.

Costumo dizer que levar o EBITDA a sério equivale a uma situação em que alguém, provavelmente seus pais ou um tio muito rico, lhe dá dinheiro para investir num negócio, garantindo não exigir remuneração pelo capital, e fecha acordos com eventuais credores e o Fisco para você não pagar juros e impostos. Você não precisará separar regularmente alguns recursos para reagir à depreciação dos ativos, bem como ignorará o investimento no capital de giro. Você estará no mundo da fantasia!

O emprego do EBITDA pode, como vimos, fornecer sinais equivocados para os gestores das empresas e investidores e estimular fraudes, viabilizando remuneração indevida de executivos e prejuízos para os acionistas. É surpreendente que algumas grandes companhias no Brasil ainda o adotem como indicador de desempenho e remunerem seus executivos com base nele.

A aplicação da máxima keynesiana[38] "a longo prazo todos estaremos mortos" é causadora de sérios equívocos, seja na macroeconomia ou na gestão de empresas. O longo prazo deve estar refletido nas decisões tomadas no curto prazo. Quando se discute a estratégia para os próximos cinco anos, devemos observar quão realmente importante é o orçamento do primeiro ano.

Se a empresa tem como objetivo atingir determinada meta em certo espaço de tempo, o correto é começar a trabalhar agora para que aquilo se materialize no futuro. O orçamento do próximo ano terá que refletir os esforços para alcançar essas metas.

O futuro começa hoje!

Por coincidência, voltei a encontrar a meta do ROCE de 10% (parecia um fetiche), novamente sem um caminho traçado para chegar até lá.

No documento do plano não existia o *outside view*: a comparação com o mundo externo, como a indústria do petróleo e mesmo outras empresas em diferentes indústrias. A visão externa é fundamental para checar a viabilidade da interna, que compreende a comparação restrita à performance da própria empresa em períodos anteriores.

Restringir-se à visão interna é o popular "olhar para o próprio umbigo". Olhar de fora para dentro é um exercício obrigatório para identificar nossas forças e fraquezas e gerar insumos para o planejamento estratégico. Embora os negócios sejam diferentes, observar o que estão fazendo empresas em indústrias diferentes também pode ser muito produtivo.

---

38. John Maynard Keynes foi um economista britânico liberal, de quem as ideias influenciaram os estudos da macroeconomia e intervenção governamental. KEYNES, John Maynard. The essential Keynes. Londres: Penguin Classics, 2015.

O israelense-americano vencedor do Nobel de Economia, Daniel Kahneman, explica em seu livro "Thinking Fast and Slow" (2013) como a realidade do mundo exterior pode desaparecer e ser substituída pela visão interna. Esta visão leva as pessoas a extrapolarem suas próprias experiências, mesmo quando estão tentando fazer algo que nunca realizaram antes.

Observamos diversos exemplos no cotidiano. Um dos mais comuns é do investidor que ganhou dinheiro com ações no passado e passou a se julgar um "gênio das finanças", acreditando que os lucros continuarão a fluir se mantiver a estratégia. Ele simplesmente não percebeu que as suas ações se valorizaram menos do que o índice da Bolsa e que o cenário mudou[39].

De qualquer maneira, eu já tinha alinhavado um plano estratégico, cujas linhas básicas seriam expostas em meu discurso de posse e às quais fui fiel até o último dia. Ninguém pôde me acusar de falta de transparência ou incoerência. Eu tinha plena consciência de que a agilidade na execução do plano seria fundamental, até porque dispunha de pouco tempo.

Para fazer as coisas funcionarem, todavia, uma boa equipe era imprescindível. Montá-la não seria tarefa trivial. Pessoas, e não empresas, geram valor. A descoberta de talentos é uma das principais funções de um CEO.

Lembro que, antes mesmo de assumir o cargo, opositores divulgaram que eu faria demissões em massa. Foi um dos boatos mais persistentes ao longo de minha passagem pela Petrobras, sempre desmentido pela realidade. O argumento de que "não ocorreu até agora, mas vai acontecer", na verdade nunca se provou.

No final de 2019, minha mulher e eu encontramos uma amiga que havia comparecido à cerimônia de posse na Presidência da Petrobras. Ela disse que, naquela ocasião, estava um pouco apreensiva, pois uma sobrinha, empregada da companhia, tinha lhe dito que eu promoveria centenas de demissões. Ela estava

---

39. Sugiro a leitura de "What Got You Here Won't Get you There", de Marsall Goldsmith, publicado pela Hachette Books em 2007.

temerosa de perder seu emprego. Limitei-me a perguntar se a sobrinha ainda estava trabalhando na Petrobras. A resposta foi positiva; não aconteceu nada do que propagavam.

Mentiras sempre têm pelo menos uma intenção. Essa, a meu ver, carregava um duplo objetivo. Criar um ambiente ruim e impor dificuldades para minha gestão era o mais óbvio. Mas, no fundo, havia aqueles que torciam para que efetivamente ocorresse a demissão em massa, que serviria de estopim para uma greve prolongada e, consequentemente, de ferramenta de desgaste e inviabilização da minha gestão.

Eu tinha que estar preparado para enfrentar uma guerra de narrativas e, portanto, era importante desenvolver uma comunicação bastante ativa, de qualidade, baseada em fatos e dados, e transparente. Enfrentaria muitas mentiras, uma das armas prediletas dos radicais, sejam de esquerda ou direita.

As notícias sobre o funcionamento do CA não eram positivas. Havia indicações de formação de um grupo de poder e consequente marginalização dos demais conselheiros, além de discriminação contra as mulheres conselheiras. As informações que obtive de um relatório de avaliação, elaborado por uma empresa de consultoria internacional de recursos humanos, não eram animadoras.

No ano de 2018, já havíamos realizado 58 reuniões, número muito superior aos de grandes empresas brasileiras e internacionais de petróleo. Não era só isso que chamava a atenção. O CA dedicava a maior parte de seu tempo a assuntos como conformidade e auditoria, e consequentemente, o foco na gestão e nos negócios era secundário. Existiam nove comitês de assessoramento ao CA, que se reuniram 231 vezes no ano.

Tudo isso implicava em enorme dispêndio de tempo de muitas pessoas, porque essas reuniões demandavam o comparecimento e a realização de apresentações por executivos e, consequentemente, a mobilização de seus subordinados. No início de 2019, um gerente me contou que estimava ter gastado 25% de seu tempo exclusivamente para atender às demandas de um comitê do CA.

Cada minuto dispendido com a discussão de assuntos pouco relevantes é um desperdício de recursos e elimina tempo que pode ser empregado em atividades capazes de gerar valor. O conceito de custo de oportunidade é chave na gestão de negócios e nunca deve ser abandonado.

Executivos costumam concentrar suas atenções no monitoramento de custos que resultam em desembolso de recursos, porém não é usual o cômputo do tempo gasto na execução de tarefas, uma séria omissão. Ele é o recurso mais escasso que temos e, com todas as inovações ao longo de séculos, seu fluxo não se alterou: 24 horas por dia, 7 dias por semana. As inovações, pelo contrário, o tornaram ainda mais escasso.

"A vida é muito curta para ser pequena"[40], disse Benjamin Disraeli, fundador do Partido Conservador inglês e Primeiro-Ministro da Grã-Bretanha no século XIX, numa espécie de alerta para ressaltar quão relevante é a alocação eficiente do tempo.

O custo do tempo é, sem dúvida alguma, uma variável extremamente relevante. Gary Becker, Prêmio Nobel em Economia, deixou isso bem claro em seu artigo "A Theory of Allocation of Time" (1965), um clássico da literatura econômica. É um componente a ser considerado nas decisões e a nossa obrigação como gestores é otimizá-lo, tornando cada vez mais ágil o processo decisório.

Estávamos diante de um problema claro de má alocação de recursos. Reformar o modelo de funcionamento do CA era algo extremamente necessário.

Outra preocupação naqueles dias que antecederam minha posse foi minimizar os riscos de uma nova greve de caminhoneiros que, em maio de 2018, praticamente paralisara a economia brasileira, causando um potente choque de oferta e aumento de gastos públicos.

O vilão era, e continuava a ser, a Petrobras porque cobrava em suas refinarias preços do mercado internacional, o que é a maneira correta de precificar combustíveis, assim como outras commodities.

---

40. WEINTRAUB, Stanley. Disraeli: A Biography. Dutton, 1993.

Ninguém presta atenção ao fato de os preços de combustíveis do Brasil serem relativamente baixos no cenário global, inferiores à média de muitas dezenas de países, mesmo se corrigido pela renda per capita. Esse é um detalhe frequentemente deixado de lado nos debates sobre o assunto, prevalecendo a narrativa de que combustíveis no Brasil são muito caros[41].

Considerei, entretanto, que no episódio de 2018 os reajustes diários irritaram os consumidores, que se voltaram contra o alvo mais frágil: a Petrobras. Procurei, então, as autoridades que seriam responsáveis pela infraestrutura no governo seguinte, com a sugestão de que os contratos de frete rodoviário deveriam ser indexados aos preços médios do diesel para viagens de longa distância, fórmula usada nos EUA há muitos anos. Então, por exemplo, se os preços do diesel subissem em uma viagem de 15 dias, o valor do frete aumentaria proporcionalmente e vice-versa. Como a principal reclamação dos caminhoneiros se referia à volatilidade de preços de combustíveis, esse sistema os protegeria automaticamente. Os donos das cargas, contratantes dos fretes, teriam algum aumento nos custos na alta de preços e se beneficiariam na baixa.

A conversa não prosperou diante do ceticismo do Governo. Minha preocupação não cessou e continuei a pensar em outras possíveis soluções.

Os caminhoneiros brasileiros, embora reunidos em múltiplas associações – e muito distantes da organização que possuíam os Teamsters, da América do Norte, em seu auge – demonstraram ter muito poder[42]. Antes da greve de 2018, capaz de produzir um potente choque de oferta, receberam concessões nas tarifas de pedágio e no peso máximo permitido para trafegar nas rodovias.

---

41. O site GlobalPetrolPrices.com publica semanalmente preços de combustíveis – gasolina e diesel – em dólares americanos em mais de cem países.
42. A International Brotherhood of Teamsters (IBT) é um sindicato formado por caminhoneiros americanos e canadenses. Atualmente, engloba várias outras categorias, desde secretárias a pilotos de linhas aéreas. Foi liderado por muitos anos por Jimmy Hoffa (1913-1982), famoso por seu envolvimento com a máfia.

Esperava-se, ante o apoio de Bolsonaro à greve e concentração de eleitores entre os grevistas, que recebessem ainda mais.

Diante do veto presidencial à ideia de privatizar a Petrobras, meu propósito era transformá-la numa empresa eficiente e com custos baixos, capaz de gerar valor para os acionistas. Eu me espelhava nos casos da Codelco e Equinor, mas como estágio intermediário para posterior privatização da Petrobras.

A Codelco, a maior produtora de cobre do mundo, tem 100% de seu capital de propriedade do Estado chileno. Possui boa governança, seus diretores têm mandato fixo e seu objetivo, determinado pelo acionista, é maximizar lucros. Compete com a iniciativa privada no Chile e no mercado global, sem gozar de privilégios.

A Equinor tem 67% de seu capital nas mãos do Estado norueguês; é uma boa empresa de petróleo e gás natural que concorre no mercado global com custos baixos e eficiência.

Ambas são exceções no mundo de estatais destruidoras de valor e cresceram em circunstâncias muito específicas. Ademais, seu modelo de gestão não merece ser imitado por empresas privadas em suas respectivas indústrias.

CAPÍTULO 4

# Um novo amanhecer

## 1. A visão estratégica

Após passar os dois primeiros dias do ano em Brasília para a posse do Presidente da República e dos Ministros da Economia e de Minas e Energia, tomei posse na Petrobras no dia 3 de janeiro de 2019.

Em lugar de um discurso simpático, repleto de amenidades e promessas vagas, como chegaram a me sugerir, fiz a opção por ser autêntico e fazer uma abordagem propositiva. Naquele instante, era extremamente importante revelar, para um auditório lotado, a razão de estar ali. Transparência e sinceridade seriam marcas de minha gestão.

Depois de discorrer sobre alguns assuntos gerais, declarei – parafraseando o famoso discurso que Ronald Reagan fez na convenção do Partido Republicano em 1984, quando lançou sua candidatura à reeleição no cargo de Presidente dos Estados Unidos – que era hora de um novo amanhecer para a Petrobras. Com efeito, não me restringiria a vender ativos para reduzir dívida, minha gestão não seria mera continuação da anterior.

Nossa firme intenção era a implantação de uma agenda transformacional baseada em novo posicionamento estratégico.

Nesta era de incerteza econômica global, considerando que a Petrobras ainda era uma empresa doente, a mudança tinha que ser mais profunda, englobando a transformação do portfólio de ativos, modelo de gestão, balanço, estrutura de custos, desenvolvimento de talentos e de uma estratégia digital de modo a criar resiliência diante das adversidades, mobilidade para crescer. Disciplina é fundamental na execução de uma estratégia. Devemos ser obstinados; flexibilizando apenas os detalhes.

Expressei, então, minha visão estratégica, resumida em cinco pilares, fácil de lembrar. Fui radicalmente fiel e monótono ao repeti-los exaustivamente.

## 1. *Gestão do portfólio*

O relevante é ser forte, não necessariamente o maior.

Nosso foco deveria estar nos ativos em que a Petrobras é a dona natural, aqueles em que é capaz de extrair o máximo de retorno possível, melhor do que outro operador.

A competência principal da companhia era na exploração e produção de petróleo em grandes campos de águas profundas e ultraprofundas. Sua liderança global era incontestada, atestada pelos números de descobertas, poços perfurados no Pré-sal e plataformas em operação. A mãe natureza e o trabalho persistente de profissionais altamente qualificados nos permitiram essa conquista.

Diante da preocupação com a mudança climática e a tendência à eletrificação, pretendíamos acelerar a produção de petróleo para que as nossas reservas tivessem o melhor aproveitamento possível.

Parcerias eram sempre bem-vindas, principalmente pela extraordinária oportunidade de troca de ideias e experiências.

A humildade é uma virtude. Temos que ser humildes para reconhecer nossos erros e aprender com a experiência. Ser simples é o máximo da sofisticação.

No gás natural, fonte relevante de energia limpa, ainda havia um caminho a percorrer.

A Petrobras era dominante na cadeia produtiva, desde a produção até a comercialização. Tal situação não era boa para a economia brasileira, tampouco para a companhia, justamente por ser excessivamente confortável.

Os interesses do Brasil e da Petrobras deviam ser conciliados por mudanças na estrutura legal e regulatória e a venda de ativos.

Assim atrairíamos investidores privados e, juntos, viabilizaríamos a construção de um mercado competitivo e vibrante.

A solidão nos mercados não é saudável e não faz bem.

Se a Petrobras era dona natural de ativos de petróleo e gás em águas profundas e ultraprofundas, isso não acontecia mais nos campos maduros terrestres e em águas rasas, o que também se aplicava ao *midstream* (logística) e ao *downstream* (atividades industriais e comerciais). Tais ativos deviam ser objeto de análise para inclusão no programa de gestão do portfólio da companhia com vistas ao desinvestimento.

A destinação prioritária dos recursos gerados por desinvestimentos seria o abatimento da dívida e o financiamento de investimentos em ativos onde somos donos naturais. Isso não bastava, entretanto. Como o capital era escasso, os projetos competiriam por ele, que seria alocado nos mais meritórios sob o ponto de vista de risco e retorno esperado, nunca por critérios vagos, tais como "é estratégico", "gera empregos" etc.

Ser estratégico é gerar valor.

Maus projetos podem até criar empregos em sua construção, mas o seu vício de concepção acaba transformando-os em ilusão, já que cedo ou tarde costumam levar tormenta e desesperança a milhares de lares.

## 2. Minimização do custo do capital

A indústria do petróleo é intensiva no uso de capital, demandando bilhões de dólares de investimento em cada ano. A diminuição do custo do capital se impõe na lista de prioridades de uma empresa que deseja competir para vencer.

A história nos lembra de quão voláteis podem ser os preços do petróleo. Seus efeitos são assimétricos. Como produtores, ficamos felizes com a alta, porém a baixa pode nos trazer muita preocupação. Para lidar com essa flutuação, é imperioso reduzir a dívida e alongar seu prazo para ter custos baixos e minimizar riscos de liquidez e refinanciamento. Portanto, o relacionamento amplo e transparente com a comunidade financeira global também seria importante.

## 3. Busca incessante por custos baixos e eficiência

Baixos custos operacionais são a principal linha de defesa da rentabilidade nos ciclos de baixa. Seríamos caçadores implacáveis de desperdícios.

Roberto Campos, um visionário, em sua luta contra a reserva de mercado no começo dos anos 1980, previa que a informática – nome empregado na época para a tecnologia da informação – era o futuro da economia. E era fundamental para a Petrobras a transformação digital e o emprego de inteligência artificial para diminuir custos e expandir a produtividade.

A transparência dos indicadores de desempenho numa base de unidades de negócios também concorreria para alcançarmos performance de classe mundial.

## 4. Meritocracia

Adotamos métricas para o estabelecimento de metas realistas, porém desafiadoras. Celebramos e premiamos as realizações, ao mesmo tempo em que tínhamos uma firme gestão de consequências.

## 5. Respeito pelas pessoas, segurança no trabalho e proteção do meio ambiente

O respeito pelas pessoas é um princípio inegociável. Se quisermos ser respeitados, temos que respeitar nossos semelhantes.

Não admitiríamos castas de privilegiados, seríamos firmes no combate a qualquer tipo de assédio e discriminação.

A preservação da vida humana possui valor extraordinário. É inaceitável que alguém saia para trabalhar e não retorne nunca mais. Zero fatalidade era meta prioritária a ser perseguida com obstinação. Também empregaríamos inovações tecnológicas para minimizar emissões de carbono.

Finalmente, atendendo a pedidos, reafirmei o óbvio ululante: preços de combustíveis deveriam obedecer à paridade internacional: um sonoro não aos subsídios, um sonoro não à exploração do poder de monopólio.

Em breve, não estaremos sozinhos na indústria do refino.

Uma empresa é feita de pessoas. São elas, mulheres e homens, colegas de trabalho na Petrobras a partir de então, das plataformas em alto mar aos que labutam nos escritórios, que convoquei para dedicar esforço e talento no rumo da transformação da empresa em exemplo global de excelência operacional e financeira e num dos melhores lugares para trabalhar.

Olharíamos para o futuro com gana de vencer!

*

Eu tinha consciência de que a execução da estratégia passava por uma longa e sinuosa estrada, cheia de obstáculos e armadilhas. Teríamos que ser fortes e ágeis para suplantar todos os desafios.

Não seria nada fácil empregar métodos da iniciativa privada numa empresa estatal com uma cultura bastante consolidada.

Você pode desenhar a melhor estratégia para uma empresa, mas a execução fracassará se esbarrar em sua cultura. Ela é poderosa, construída ao longo do tempo por hábitos e atitudes dentro de uma companhia. Mudá-la é missão extremamente difícil de cumprir, quase impossível. Entretanto, podemos transformá-la, valorizando seus aspectos positivos e procurando mudar os considerados negativos, introduzindo um propósito que tenha potencial para unir os empregados e acionistas no apoio à execução da estratégia.

A transformação cultural e a transformação digital, que interagem entre si, seriam iniciativas transversais e cruciais para a implementação dos pilares estratégicos.

A execução de uma estratégia se defronta com outros desafios. Requer várias decisões difíceis, que envolvem riscos de natureza diversa, sendo indispensável que o CEO tenha coragem para tomá-las. É fundamental que o Conselho de Administração seja convencido para prover o apoio às decisões da Diretoria.

Adotamos um modelo de gestão baseado em dez princípios:

1. Coragem, transparência e integridade;
2. Comunicação ampla e eficiente;
3. Foco em valor;

4. Consistência estratégica;
5. Agilidade, eficiência e decisões fundamentadas em dados;
6. Um só time;
7. Responsabilidade pelas decisões (*accountability*);
8. Confiança;
9. Humildade;
10. Meritocracia e valorização das pessoas.

Ao longo do tempo, ocorreram profundas mudanças no modelo de gestão das empresas. A administração tradicional, baseada na lógica da economia industrial de comando e controle, em que as pessoas eram secundárias e o chefe todo poderoso, apesar do sucesso no passado se tornou obsoleta porque não atende mais aos desafios de nossos tempos.

No contexto industrial, cabia ao empregado cumprir ordens, inexistindo espaço para a troca de ideias e, consequentemente, para um ambiente propício à inovação. A centralização das decisões e a inflexibilidade inviabilizam a navegação num mundo dinâmico.

Até nos detalhes, como a arquitetura dos escritórios, houve grandes alterações. No passado, eles eram caracterizados pela disposição de mesas em filas, numa tentativa de reprodução das linhas de produção industrial. Com a evolução ao longo do tempo, vieram as baias, que agora estão sendo substituídas por escritórios com estilo mais diversificado e maiores espaços para a interação entre pessoas.

Minha principal preocupação era forjar o nascimento de uma organização voltada saudavelmente para pessoas, ágil e digitalmente capacitada para vencer no ambiente cada vez mais complexo do século XXI.

Um CEO tem que estabelecer um propósito claro para a empresa e um diálogo transparente com os acionistas, empregados e todos aqueles com que ela se relaciona. Deve ser autêntico e humano, capaz de criar a segurança psicológica fundamental para o engajamento das pessoas que viabilize a colaboração num ambiente aberto e de livre troca de ideias. Os colaboradores devem saber com clareza o motivo de sua luta e gozar de liberdade para opinar e sugerir sem temer sanções por parte dos gestores.

Para a implantação da agenda transformacional, esperava travar pelo menos três grandes batalhas. A primeira, e mais óbvia, compreendia a precificação de combustíveis, dado o longo histórico de intervenção governamental, em flagrante desrespeito à Lei nº. 9.478 de 1997. Conhecida como a Lei do Petróleo, determinou a liberdade de preços a partir de 2002. Não me desviaria da aplicação de preços do mercado internacional. Essa questão era inegociável, mas certamente seria contestado e pressionado a mudar.

A segunda seria proveniente da oposição aos desinvestimentos de ativos e resultaria em disputas judiciais que não poderíamos perder. Privatizações no Brasil costumam ser judicializadas por seus opositores.

A terceira seria a ameaça de greves. Os sindicatos do setor são fortes, organizados com base na velha lógica industrial do trabalhador versus patrão e possuem experiência com movimentos grevistas.

Eu e minha equipe tínhamos de ter sempre em mente esses riscos, procurar proteger a empresa e saber como lidar no caso de se materializarem. Vencemos a segunda e a terceira batalha. Quanto aos preços, não cedemos em nada e isso me custou o cargo. Porém, caímos de pé. De qualquer maneira, essa batalha foi vencida de janeiro de 2019 a abril de 2021. Não nos rendemos, lutamos até o último minuto.

## 2. Lidando com os desafios

Apesar da posse ter ocorrido no edifício sede da Petrobras, meu escritório seria num lugar novo, entregue em 2016, com frentes para as ruas Henrique Valadares e o Senado (EDISEN). A construção daquele prédio fora polêmica. A garagem com seis andares subterrâneos abalara as estruturas dos prédios vizinhos, ameaçando até a Catedral do Rio de Janeiro.

Era excessivamente frio, os controles do ar-condicionado não funcionavam adequadamente e, quando se andava, era perceptível o deslocamento do assoalho de madeira. O layout é confuso. A vizinhança carece de lojas e de restaurantes razoáveis para os empregados fazerem refeições. A saída à noite era perigosa porque as ruas no entorno ficavam desertas e a redondeza não era considerada das mais seguras.

O pior de tudo é que, ali, eu estava afastado do coração da companhia. Algumas pessoas com quem desejava conversar pessoalmente eram obrigadas a se deslocar do EDISE, consumindo cerca de 25 a 30 minutos no trajeto. Alguns diretores ficaram separados de suas equipes, sendo frequentemente obrigados a passar pelo menos parte do dia fora de seus locais de trabalho.

Tínhamos planejado devolver o EDISEN para seus proprietários depois que fosse possível implantar o regime híbrido de trabalho, que liberaria muito espaço

Minha estada naquele prédio foi breve. Já nos primeiros dias de fevereiro de 2019, eu já estava trabalhando no EDISE. Este merecia uma boa reforma: há 45 anos, as instalações não passavam por obras de conservação. Existiam problemas hidráulicos, elétricos e a parte externa começava a apresentar falhas.

A Petrobras construíra, nos últimos 15 anos, diversos prédios de altíssimo custo em outras cidades, ao mesmo tempo em que deixou sua icônica sede se deteriorar.

Por duas vezes, estive nas instalações da Petrobras em Vitória, Espírito Santo, situado na Praia do Canto, o bairro com o metro quadrado mais caro da cidade. O edifício foi construído sobre uma rocha na encosta de um morro, muito provavelmente um elemento a encarecer bastante os custos. Vidros e metais abundavam numa construção moderna, em um terreno de 83,4 mil metros quadrados, alugado da Santa Casa de Misericórdia de Vitória, sua proprietária.

As janelas foram equipadas com vidros importados da Bélgica e as cortinas passaram a se mover automaticamente em resposta à radiação solar. Possui passarelas suspensas, que lembram galerias de modernos shopping centers, e um auditório para

450 pessoas no estado da arte da tecnologia, provido com dois camarins que viabilizam troca de roupa e maquiagem. Ocioso, era cedido eventualmente para eventos do governo local.

O custo da obra em terreno alheio foi financiado pela emissão de títulos de dívida de longo prazo. Tentamos negociar o pré-pagamento da dívida – com desconto, é claro –, porém os credores não aceitaram.

Em vários outros prédios novos, a situação era semelhante, inclusive a famosa Torre da Pituba, sobre a qual voltarei a comentar. Enquanto isso, o icônico prédio sede da Petrobras definhava.

A primeira estimativa de orçamento para reforma do EDISE montava a algumas centenas de milhões de reais. Decidi postergar por um ano para dar tempo ao programa de redução de custos começar a dar frutos, facilitando o início da obra.

Com a pandemia explodindo em março de 2020, o projeto – depois de aprovado – teve início postergado para o ano seguinte.

A despeito de tudo isso, comparada ao que deixei em abril de 2016, a Petrobras de janeiro de 2019 tinha melhorado bastante.

O acesso aos mercados financeiros era mais fácil, a dívida diminuíra: havia caído significativamente, de US$ 126 bilhões no fim do primeiro trimestre de 2016 para US$ 91 bilhões em 2018, alguns desinvestimentos foram realizados e outros programados. As mudanças na governança que introduzimos em 2015-2016 fora consolidada, normas de ética e integridade estavam implementadas. A Petrobras estava colaborando ativamente com o Ministério Público. Funcionários criminosos foram demitidos e processados pela Justiça.

Em 2018 foi concluído o acordo com o Departamento de Justiça dos Estados Unidos e a US Securities and Exchange Commission, reguladora do mercado de capitais americano, um marco importante pois eliminou uma nuvem de incerteza sobre a companhia.

As mudanças na governança, cuja maioria foi efetuada em 2015/2016, foram consolidadas no estatuto social da Petrobras e a Lei nº. 13.303 de 2016, a Lei das Estatais, concedeu proteção à companhia contra tentativas de ingerência política.

A precificação de combustíveis de acordo com a paridade com preços de importação, minha contínua demanda quando conselheiro em 2015-2016, tinha sido adotada. Todavia, a sistemática de reajustes diários não foi bem aceita pela população que apoiou a greve dos caminhoneiros em maio de 2018 e forçou seu final abrupto.

O PNG 2019-2023, apesar de criticado por mim, não continha propostas absurdas capazes de comprometer o futuro da companhia. Não havia mais elevador exclusivo e o número de recepcionistas era menor. Bons sinais.

Contudo, a Petrobras ainda possuía endividamento elevado, ao qual podiam ser acrescentados US$ 20 bilhões de arrendamentos, pendências judiciais bilionárias com potencial para afetar seriamente o fluxo de caixa e consideráveis passivos atuariais originados pelo plano de saúde e o fundo de pensão. Um plano para o equacionamento do déficit da Petros, alvo de uma torrente de ações judiciais, não foi bem sucedido.

Os sérios erros cometidos em aquisições e realização de projetos sugeriam a má alocação de capital, o que resultaria em significativos prejuízos econômicos. Não seria possível arcar com o custo do capital empregado[43]. Segundo Peter Drucker, o guru da administração, uma empresa que sistematicamente apresenta prejuízos econômicos tende a desaparecer.

Sem dúvida, isso reforçava a ideia de priorizar a alocação eficiente do capital para tentar reverter o jogo em que a Petrobras tinha sido perdedora sistemática.

Observei, entre outras coisas, o sentimento de que o esforço realizado em 2015-2017 havia sido suficiente. Aparentemente, em 2018, a companhia entrara em estado de semiparalisia, talvez influenciada pela crise da greve dos caminhoneiros no mês de maio, o que provocou um choque.

A reestruturação de uma grande empresa como a Petrobras não é uma corrida de 100 metros rasos, mas uma maratona. O

---

43. Lucro econômico refere-se ao lucro operacional líquido depois de impostos menos o custo do capital.

progresso conquistado simplesmente não bastava. Era necessário muito mais.

Steve Jobs apontou como um dos maiores riscos do sucesso a probabilidade de ele transformar os vencedores em pessoas preguiçosas e complacentes com o erro. É importante continuar a correr riscos e não parar de tentar fazer coisas novas. "Permaneça faminto por novas ideias e novas oportunidades" foi a recomendação do fundador de uma das mais valiosas companhias do mundo, a Apple.

Logo nos pareceu que inexistia um legado de gestão. Essa impressão foi se tornando cada vez mais forte ao nos aprofundarmos no conhecimento dos problemas e constatar ausência de vários pontos essenciais: meritocracia, integração entre áreas distintas, controles de transações e estoques, dados para o monitoramento adequado das atividades e tomada de decisões e até acesso aos prédios administrativos.

Se alguém tivesse um crachá que o ligasse à Petrobras, ou fosse terceirizado, empregado de empresa subsidiária ou coligada, aposentado ou sindicalista, teria livre acesso, sem declarar pelo menos para onde ia e o propósito de sua visita. Isso facilitou a invasão e ocupação de uma sala do EDISE durante a greve de fevereiro de 2020 contra o fechamento da ANSA.

A área de Comunicação havia sido reduzida, mas possuía um numeroso contingente de pessoal entre empregados próprios e terceirizados. Era passiva e muito fraca. O Portal Interno era dominado por narrativas enganosas e críticas agressivas à administração da companhia. A prática prevalecia, acredito, porque a comunicação da empresa era passiva. Pelo que observei, as pessoas julgavam que comunicação se resumia à publicidade. A comunicação interna, extremamente importante em qualquer empresa, era praticamente inexistente.

O relacionamento com investidores era muito tímido e trabalhava com baixa transparência. As apresentações eram elaboradas por alguém que trabalhava no refino e, de tempos em tempos, prestava ajuda.

A companhia estava diante de uma tendência crescente de furtos em dutos de combustíveis. Ao lado das perdas materiais derivadas do valor dos produtos roubados e dos custos de reparação da infraestrutura, havia riscos de acidentes graves com potencial para causar a morte de muitas pessoas, tal como acontecera antes em países como Nigéria e México.

A área de recursos humanos era restrita a um simples departamento de pessoal, acumulando a gestão do plano de saúde da companhia, feita de maneira ineficiente, com um custo administrativo elevado e campeã em reclamações à Ouvidoria.

A Universidade Petrobras operava com custos muito altos. Professores com dedicação em tempo integral ministravam menos de 50 horas de aula por ano e assuntos como conformidade e geopolítica dominavam a carga horária. O treinamento de empregados era desconectado da estratégia da companhia e não havia coordenação entre a Universidade e as unidades regionais que levavam a efeito seus próprios programas de treinamento.

A concessão de autorizações para bolsas de estudos no exterior era abundante, sem quaisquer critérios para a alocação de recursos. Aparentemente, a demanda partia do empregado e a aprovação era quase automática. Existia forte predileção por cursos de curta duração na Universidade de Harvard, provavelmente usados para enfeitar o currículo e pouco produtivos. Estava muito distante do que se conhece como universidade corporativa, resultando em desperdício de recursos.

Uma das impressões que tive ao assumir a Presidência foi a ausência de uma reflexão sobre onde estavam as vantagens competitivas da Petrobras, em que segmentos do mercado ela deveria se posicionar.

O desinvestimento de ativos era guiado somente pelo propósito de abater dívida, o que era capaz de causar erros estratégicos. Exemplo disso foi a venda de Carcará, um campo no Pré-sal, onde a companhia poderia extrair alto retorno. Prevalecia uma visão genérica, ainda com a crença de que Petrobras podia e devia ocupar todos os segmentos.

Estava sendo estudado um projeto que compreenderia a construção de uma refinaria no antigo Comperj, atual Gaslub. Uma empresa chinesa seria sócia minoritária e, em troca, a Petrobras venderia uma participação no campo de Marlim, numa aplicação do velho modelo de venda vinculada praticado por monopolistas.

Isso conflitava com nosso plano estratégico, que propunha vender refinarias e não construir ou comprar um negócio onde a Petrobras já detinha 98% da capacidade de produção. Minha estimativa era de que esse projeto seria economicamente inviável. Ademais, a venda de participações em um campo de petróleo teria que ser realizada num processo competitivo.

Com efeito, o estudo realizado por uma empresa de consultoria, contratada anteriormente, concluiu o que já se antecipava: o projeto não se pagava, era inviável. Dinheiro foi gasto para concluir o óbvio.

A BR Distribuidora e a Liquigás, duas subsidiárias operacionais, registravam mau desempenho de maneira sistemática. A BR, idealizada equivocadamente por alguns como "joia da Coroa", imagem baseada numa fantasia da realidade, tinha fluxo de caixa por metro cúbico de combustível vendido muito inferior ao de suas concorrentes, enquanto seus custos eram superiores, mesmo depois da abertura de capital quando passou a sofrer o escrutínio por parte de investidores privados minoritários.

Nos postos de serviço, os frentistas, cuja contratação é mandatória em nossa legislação trabalhista, eram passivos, dedicando-se unicamente a abastecer o tanque dos veículos, o que o motorista, com raras exceções, pode executar sem ajuda de terceiros. Em postos de outras bandeiras, esses profissionais costumam oferecer produtos da marca e serviços de cortesia. As lojas de conveniência eram relativamente poucas, representando desperdício de oportunidade para o aproveitamento rentável de espaço. A maioria dos banheiros que visitei eram sujos.

A empresa patrocinava patinetes elétricos. Perguntei ao presidente da BR a razão daquela iniciativa. Indaguei se tinha planos para instalar nos postos estações de carga de baterias de carros elétricos. Ele simplesmente não soube responder, dizendo que estavam estimulando a mobilidade urbana. Fiz uma reunião com os conselheiros de administração da BR. Para minha surpresa disseram que era a primeira vez que se reuniam com a Petrobras desde a abertura do capital, pois nunca alguém da companhia tinha lhes transmitido alguma orientação, ou pelo menos lhes procurado para conversar.

A Liquigás, distribuidora de GLP, uma distração cara, também perdia de goleada em performance para seus competidores.

Ao contrário do petróleo, os dados são recursos renováveis, pois nós mesmos podemos produzir. Existem indicações de que a década passada terminou com dezenas de vezes mais dados digitais do que existiam no fim da anterior. Com a aplicação da inteligência artificial (IA), teremos muito mais. A infraestrutura digital que apoia isso tudo é a nuvem. Quando observamos algo na tela de nosso celular, ele está puxando aquilo de um colossal data center.

A companhia lidava com a escassez de dados digitais, não acessava a nuvem e sua tecnologia da informação (TI) se encontrava atrasada em pelo menos dez anos, deixando de usufruir os benefícios que a revolução digital tem nos proporcionado.

O que não se consegue medir, não se controla.

Eu sempre professei o lema: "Em Deus nós confiamos. Os outros devem apresentar dados". A falta de dados de alta frequência me deixava angustiado. Minha sensação foi a de um piloto de jato supersônico desprovido de painel de instrumentos, nem um simples altímetro existia.

Exportávamos petróleo para a China, mas não era possível obter, com facilidade, informações sobre os preços do frete marítimo até os portos daquele país, deficiência absolutamente inaceitável. Para saber sobre a produção de petróleo era necessário abrir vários relatórios segmentados. A informação era dispersa e a diretoria não possuía um registro adequado para monitorar performance. Desse modo, não existia um diagnóstico integrado da companhia.

Uma das primeiras constatações que me chocaram foi deparar com um velho aplicativo de e-mail conhecido do passado, o Lotus Notes. A maioria das empresas o havia substituído e eu mesmo não o usava desde o início dos anos 2000. A companhia tinha adquirido o pacote de aplicativos Microsoft 365 (Office) em 2014, mas ninguém se dera ao trabalho de instalar cinco anos depois! Pedi urgência na substituição do Lotus pelo Outlook, o que veio a ocorrer somente seis meses depois. Tivemos que encomendar um novo sistema ERP (*Enterprise Resource Planning* [Planejamento de Recursos Empresariais], sigla para um sistema de informações que interliga todos os dados e processos de uma organização), o SAP S/4HANA, para substituir o velho e obsoleto SAP 2004.

A Petrobras não acessava a nuvem e a explicação foi a existência de uma suposta proibição do governo. Como era possível, se órgãos da administração pública federal, como o Banco Central e a Marinha do Brasil, a acessavam? Esse tabu foi rapidamente quebrado.

As empresas podem fortalecer seu poder de computação mais rapidamente, com custos muito menores, do que comprando, instalando e mantendo seus próprios servidores. A computação na nuvem ajuda a escalar novas soluções digitais com maior velocidade e agilidade e, consequentemente, a criar valor mais rapidamente.

Num mundo em que a revolução digital liberou um gigantesco campo de oportunidades, está presente também o risco dos ataques cibernéticos, cada vez mais comuns. No entanto, a Petrobras estava pouco protegida contra essa classe de risco[44]. A maturidade da segurança da informação era baixa relativamente ao mercado e tratamos de contratar profissionais com qualificação e experiência no assunto.

Obviamente, o chefe de TI foi substituído.

Em 16 de março de 2020, adotamos o regime de *home office* para proteger nosso pessoal da pandemia. Os analistas de TI comentavam que, se a migração para a nuvem não tivesse se iniciado em 2019, estaríamos de pernas quebradas. Sem as plataformas de videoconferência hospedadas nesse meio, todos teríamos continuado a trabalhar nos escritórios expostos aos riscos de contrair e transmitir a COVID-19.

---

44. Uma boa leitura sobre o assunto é "Tools and Weapons: The Promise And The Peril of The Digital Age", de Brad Smith and C. Browne, publicado pela Penguin Press em 2019.

A pandemia demonstrou que a transformação digital não poderia mais ser retardada e nada é mais crítico para esse movimento do que a computação na nuvem. Havia uma gerência dedicada a isso, mas o planejamento estratégico da companhia para 2019-2023 não apresentava nada específico.

Atualmente, a transformação digital precisa estar no centro da estratégia de uma companhia e é indispensável contar com o patrocínio ativo do CEO. Não é atribuição limitada à TI ou a um pequeno grupo de especialistas. A empresa toda precisa estar envolvida.

Estamos vivendo a Quarta Revolução Industrial – a 4IR ou Indústria 4.0 – a era da conectividade, inteligência artificial, analítica avançada, automação e tecnologia avançada de fabricação. Não é possível ignorar essa realidade.

Existiam vários projetos que compreendiam o emprego de IA. Mas eles eram espalhados pela companhia, sem nenhuma conexão ou conhecimento de outros ainda em desenvolvimento. Definitivamente, a infraestrutura de tecnologia da informação não estava preparada para tratar desses temas.

A capacidade de computação de alto desempenho (*high power computing*), imprescindível para a solução de algoritmos complexos e aplicação de inteligência artificial, era muito modesta, de apenas 3 PFLOS (petaflops)[45].

Uma das prioridades foi o investimento em supercomputadores para viabilizar o aprendizado de máquina e o emprego de IA. O tratamento de uma complexa e gigantesca quantidade de dados produzidos na Petrobras aumenta o potencial para o aprendizado de máquina, o que é viabilizado por uma grande capacidade de computação para a resolução de algoritmos complexos.

Em 2021, a capacidade de computação da companhia era vinte vezes superior à que encontramos quando chegamos e estávamos trabalhando em vários projetos inovadores com o auxílio da inteligência artificial.

---

45. A sigla FLOPS (*Floating Points Operation per Second* [Operações de Ponto Flutuante por Segundo]) refere-se à unidade de medida para mensurar a capacidade de processamento de um computador. Um petaflops corresponde à capacidade para realizar um quatrilhão de operações por segundo.

A nova diretoria de Transformação Digital e Inovação teve de se estruturar, pois faltavam muitas coisas. Procurou, desde o início, operar de forma bimodal, dedicando atenção ao básico e, simultaneamente, promovendo a modernização, preparando o futuro com inovações. Caminhamos rápido. No início de 2020, numa conversa com o CEO da Microsoft para a América Latina, ouvi dele que a Petrobras avançou anos em alguns meses. Fiquei feliz, porém não satisfeito. Ainda tínhamos muito a caminhar.

A transformação digital, em seus quatro domínios – analítica avançada, digitalização, automação e infraestrutura de captura, processamento e armazenagem de dados (sensores, drones, *datalakes*) – seria, juntamente com a cultural, transversal aos cinco pilares estratégicos. As duas transformações, a cultural e a digital, se entrelaçam.

A disponibilidade de uma boa infraestrutura de tecnologia da informação é uma condição necessária, mas não suficiente, para inovar. Não adianta ter uma Ferrari na garagem: é essencial gostar de veículos esportivos e saber dirigi-los com segurança.

A transformação digital, assim como outras iniciativas estratégicas, dependia de meu patrocínio como CEO para indicar o caminho e ajudar a mudar o pensamento das pessoas.

Vários centros de excelência foram criados, dedicados à metodologia ágil, analítica e inteligência artificial, robotização e digitalização de processos. Ao lado desses, formamos o Laboratório para Ecossistema de Inovação, destinado ao fomento das pesquisas por meio de série de ações como *hackatons* e *design thinking*[46].

Para estimular o empreendedorismo e a inovação, criamos um programa interno de startups denominado "Santo de Casa Faz Milagres". Contratamos também startups externas para a realização de tarefas inseridas numa atividade de inovação.

---

46. O *Hackaton* é um evento que reúne programadores, designers e outros profissionais de desenvolvimento de softwares para uma maratona de programação, cujo objetivo é encontrar uma solução tecnológica para um problema específico.
*Design Thinking* é um sistema focado na resolução de problemas para clientes que as organizações podem usar para responder a ambientes em rápida transformação e maximizar impacto.

A tecnologia é apenas uma parte da 4IR. Para ter sucesso, as empresas necessitam de gente bem treinada, o que se pode fazer através do *upskilling* (interno), retreinamento e realocação de profissionais entre áreas (*reskilling*) e a contratação de novos profissionais, o que, numa empresa como a Petrobras, é difícil. Criamos uma Academia de Transformação Digital e Inovação para o treinamento de pessoal para tentar mitigar a escassez de capital humano nessa área.

A despeito de contar com os recursos financeiros necessários, as ferramentas de gestão não eram apropriadas para acompanhar a operação.

Então, começamos com a produção de um informativo diário enviado por e-mail e mensagens de WhatsApp contendo preços de ações, títulos de dívida, fretes marítimos, combustíveis, petróleo e gás, taxas de juros e câmbio e o valor de mercado da Petrobras e das principais empresas de petróleo.

Sua divulgação era ampla. Praticamente todos tinham acesso, pois o objetivo maior era educar o pessoal a se acostumar a estar atento ao que acontecia nos mercados e pensar nas implicações para a organização.

Em abril de 2020 ficou pronto um aplicativo desenvolvido internamente com informações diárias sobre o que acontecia na companhia, cuja falta me incomodava desde o primeiro dia. Foi um fantástico trabalho dos times de Desempenho e Transformação Digital (TD), permitindo aos gestores terem acesso em seus celulares aos dados de alta frequência, como informações diárias sobre caixa, receitas, fluxo de caixa, dívida, produção de petróleo, gás e combustíveis, fator de utilização de cada refinaria, vendas, estoques, capital de giro, com boa granularidade. Agora, sim, estávamos vendo a máquina funcionar e tínhamos a oportunidade de correção imediata dos desvios.

Nas reuniões de diretoria, a discussão do conteúdo do programa e suas implicações – chamamos de painel – passou a ser parte obrigatória da agenda. A excelência do trabalho foi reconhecida interna e externamente e os analistas foram premiados pela Microsoft.

A pandemia nos impôs, entre outras consequências, a necessidade urgente de obter dados sobre a evolução das infecções por COVID na companhia. Rapidamente, foi construído um informativo diário com o número de doentes, recuperação, internações em hospitais e em UTIs, óbitos e posteriormente dados sobre vacinação, com bastante granularidade, o que nos ajudou na luta contra o vírus.

A transparência triunfava e estávamos construindo uma companhia orientada por decisões baseadas em dados. O "achismo" foi proibido e estava sendo eliminado.

Todavia, um problema do passado continuava presente. A Petrobras era um grande arquipélago, com ilhas que falavam idiomas diferentes e não interagiam. Faltava foco. As pessoas trabalhavam em equipe dentro de suas áreas, mas não existia a cooperação entre áreas e consequentemente a formação de equipes multidisciplinares para a solução de problemas da companhia.

O CENPES (Centro de Pesquisas Leopoldo Américo Miguez de Mello), o maior da América Latina, com centenas de doutores e mestres em ciência e grande potencial, parecia um órgão à parte com pouca ligação com a estratégia da companhia. Tinha 900 projetos, alguns em desenvolvimento há vários anos, sem informação de suas perspectivas de resultados. Sua capacidade estava subutilizada: era capaz de produzir muito mais do que estava sendo feito. Inexistia a preocupação com resultados e a principal meta era cumprir a exigência legal de investir 1% da receita em P&D. Gastava-se dinheiro em alguns projetos questionáveis, cujo objetivo era atender a essa obrigação.

A interferência externa nas decisões de investimento de uma empresa gerava distorções. Os gestores da Petros se queixavam de falta de acesso à área financeira da Petrobras, que talvez tenha se esquecido de que a companhia estava exposta ao risco do fundo de pensão, sem falar no aspecto da gestão de recursos humanos.

A Transpetro também era tratada à distância, como se não fosse uma subsidiária integral.

Sou muito atento a símbolos e sinais. Creio que sempre contêm uma mensagem importante a ser decodificada. Para mim, a expressão bastante frequente "Sistema Petrobras", além de démodé, simbolizava a analogia com a ideia do arquipélago. Em minha gestão ela foi abolida dos documentos da companhia e substituída por "Petrobras", que representava a ideia de unidade, independentemente do CNPJ. Assim, a hashtag #umsótime teve muito destaque em nosso programa de transformação cultural.

Como não havia espírito de equipe, os objetivos eram departamentais e, portanto, desconectados. Ao examinar vários projetos, o professor Nivio Ziviani, pesquisador internacionalmente reconhecido no mundo da transformação digital e membro do Conselho de Administração, usou a expressão "não dá cola", explicando, de forma didática e simples, essa desconexão.

A estrutura organizacional era verticalizada, caracterizada por um número excessivo de camadas gerenciais. Isso determinava o distanciamento da diretoria, encastelada, do ponto de ação. Ao mesmo tempo, afastava os empregados menos graduados, desconhecedores das razões que guiavam as iniciativas a serem executadas. Como a Petrobras atrai muitos profissionais qualificados e inteligentes, não havia escassez de ideias e de projetos. No entanto, boa parte disso não se concretizava, era engavetada.

Eu queria transformar o arquipélago numa única grande ilha de excelência, onde houvesse interação, trocas de ideias entre setores diferentes e agilidade na execução.

Não tenho vocação para cuidador, nem tampouco para ficar restrito a preservar o que foi conquistado. Meu desejo era avançar, mudar para valer o que precisava ser alterado.

Sem demora, compreendi que, para executar a estratégia anunciada por mim, seria crucial mergulhar no entendimento da cultura, dos valores, dos costumes, das crenças e das práticas colocadas em ação diariamente pelas pessoas, preservar os elementos valiosos e introduzir novos para estimular a aprendizagem e o crescimento conjuntos. Meu maior desafio seria a transformação cultural.

Na governança, acontecera um movimento pendular. A permissividade do passado foi eliminada. Porém, o excesso de rigor burocratizara e tornara demasiadamente lento o processo decisório.

A matriz de limites de atuação concentrava demasiadamente o poder de decisão no CA, mesmo em questões operacionais e burocráticas. As alçadas para aprovação de dispêndios da diretoria executiva eram mínimas.

O processo do qual eu tinha participado no início em 2015 fora ampliado, mesmo tendo a crise sido vencida. Brincando, comentei que o feitiço havia se voltado contra o feiticeiro, numa ironia do destino. As normas, em cuja elaboração eu ajudara quando era conselheiro, tinham se agigantado e agora dificultavam minha administração.

Por seu turno, os poucos poderes dos diretores executivos não eram compartilhados com seus gerentes. O efeito concentração se refletia nos escalões executivos.

O CA anterior se comportava como se a crise não estivesse debelada. Estava aí a explicação para tantas reuniões focadas em conformidade e auditoria e a operação de nove comitês de assessoramento.

A propósito, tinha sido criado um comitê bastante singular, que por alguma razão requeria a participação obrigatória de um conselheiro com formação em Direito. A função do comitê era discutir os valores dos lances a serem dados em leilões de campos de petróleo. Reunia-se somente na antiga caixa forte do EDISE. Parecia ser uma espécie de ritual, supostamente para preservar a confidencialidade. Esse comitê foi o primeiro a ser extinto.

O CA foi parcialmente renovado em 2019. Cinco conselheiros anteriores saíram por motivos diversos. O novo presidente, almirante Leal Ferreira, militar com formação sofisticada, muita experiência em liderança, equilibrado em suas opiniões, intelectualmente curioso e pró-mercado, e eu estabelecemos uma relação de confiança mútua. Concordávamos que a diretoria deveria ter mais liberdade de ação e responsabilidades. Seu apoio e liderança foram muito importantes para realizarmos as mudanças pretendidas.

Conseguimos proceder a uma pequena reforma administrativa, racionalizando a governança, devolvendo poder de decisão para a diretoria e eliminando comitês desnecessários.

Foram aprovadas pelos acionistas mudanças estatutárias para modernizar e tornar mais ágil o processo decisório; entre elas destaco a permissão de contratar diretores não brasileiros, sem descuidar de reforçar a governança. Num negócio global como o petróleo e numa economia globalizada, não fazia sentido escolher profissionais pela nacionalidade.

A diretoria delegou mais poderes para os gerentes e racionalizou o grupo de comitês internos. O processo decisório ficou bem mais ágil, economizamos muito no custo do tempo e a governança se manteve forte. Definitivamente, tentar controlar cada detalhe não se constitui uma boa prática.

Enfrentei resistência de alguns conservadores. Lembro que, para retirar a Petrobras de um Programa de Destaque de Governança de Estatais da Bolsa de São Paulo, a B3, sofri razoável oposição interna. Numa analogia com o futebol, nossa meta era competir na Champions League e não numa liga da segunda divisão com um punhado de estatais. Meus opositores afirmavam que eu queria destruir a governança, acusação absurda. Nós vencemos e o tal programa sem sentido foi descontinuado pela própria criadora no ano seguinte.

A qualidade do Conselho de Administração foi melhorada com a participação de pessoas com experiências de sucesso comprovado em negócios, como vários ex-CEOs de grandes empresas, e de um dos maiores especialistas em inteligência artificial no campo acadêmico e empreendedor de sucesso, com prática de lançamento exitoso de startups no campo da transformação digital.

À exceção de Leal Ferreira, não existiam membros indicados pelo governo nem disputas entre grupos de conselheiros.

Eu também desempenhei as funções de conselheiro, porém sem participar de comitês. Inicialmente contrário à ideia de o presidente da empresa ser também conselheiro, percebi a importância de minha presença no CA para proporcionar aos demais membros uma visão mais próxima e detalhada da execução da estratégia e dos desafios diante da companhia.

A transparência na divulgação de informações foi ampliada; a interação com participantes do mercado de capitais e com a mídia foi reforçada significativamente.

Em 2019, levamos investidores para visitar a FPSO P-68, cuja construção estava sendo finalizada no estaleiro Jurong, em Aracruz, Espírito Santo. Programada para operar no campo de Berbigão, tinha capacidade para produzir 150.000 mil bbl/d e 6 MMm$^3$/d de gás natural. O primeiro óleo ocorreu no quarto trimestre daquele ano. Foi a primeira vez que analistas e investidores tiveram acesso a uma plataforma de petróleo da companhia e puderam ter uma visão de seu funcionamento. Visitaram também o centro de operações, assistiram apresentações no ocioso auditório do edifício de Vitória e tiveram reuniões informais com diretores e gerentes.

No ano seguinte, a propagação da COVID não recomendou o evento. Em 2021, outro semelhante foi realizado, desta vez envolvendo uma visita virtual à plataforma P-67, operando em alto mar no campo de Búzios.

Tivemos conhecimento de que somente outra proposta desse tipo havia sido efetuada no passado, em 2018, no luxuoso auditório da McLaren, próximo a Londres. Um belo lugar, sem dúvida, mas qual a relação com a Petrobras? A única razão virá num relato que farei posteriormente.

Melhoramos a divulgação de preços de combustíveis nas refinarias, com a postagem das cotações em cada um dos 36 pontos de venda no território brasileiro. O Relatório de Produção e Vendas do segundo trimestre de 2019 foi o primeiro na história a ser divulgado publicamente.

Começamos também a publicar os custos de extração de petróleo por área a cada trimestre. Criamos o relatório fiscal, onde divulgávamos publicamente os valores dos impostos e contribuições pagos anualmente para as diversas esferas de governo.

Em minha gestão, fomos convidados a retornar ao Instituto Brasileiro de Governança Corporativa (IBGC), do qual a Petrobras tinha sido gentilmente convidada a se retirar em 2015.

Ganhamos vários prêmios de revistas internacionais especializadas na área, como "Institutional Investor" e "Latin Finance", pela excelência no relacionamento com investidores, e o Troféu Transparência, da Associação Nacional de Executivos (ANEFAC) pelas demonstrações financeiras.

Os padrões de governança devem ser um instrumento para geração de valor. O que foi instituído na fase posterior a 2014 teve o mérito de corrigir as consideráveis falhas do passado, mas sua rigidez acabou por restringir a criação de valor ao emperrar as decisões e ignorar a escassez do tempo. Ao lado da excessiva burocratização, havia sido criado um clima de desconfiança, um ambiente capaz de engessar a gestão de uma empresa ao criar o medo de conduzir qualquer iniciativa e de tomar decisões. Simplificadamente, ajuda a destruir uma organização.

Soube da agressividade dos interrogatórios das diversas Comissões de Investigação. As pessoas acusadas de supostos desvios não tinham o direito sequer a uma cópia de seus depoimentos. Conhecidas como CIAs, foram instaladas no passado e se prolongavam indefinidamente. Produziam estímulos para uma subcultura de denuncismo, o que piorava ainda mais a situação.

A maior parte dessas denúncias não possuía fundamento e, às vezes, procuravam atingir aqueles que eram promovidos. Foram muitos exemplos. Um empregado denunciado por ter deixado cair um prego na garagem do prédio; outro, alvo da acusação de ter montado um esquema criminoso (um esquema sem a evidência da prática de crimes?); outro, denunciado por falsidade ideológica por ter afirmado que o crescimento da dívida aumentava o custo do capital (o denunciante demonstrava completa ignorância de finanças) e assim por diante.

Destaco o caso de um diretor nomeado por mim, profissional altamente respeitado dentro e fora da organização, que vinha respondendo a um processo por algo ridículo. Em sua função anterior na companhia, para estimar o orçamento com vistas à contratação de uma empresa de consultoria internacional de estratégia, calculara o custo de homens-hora em dólares, procedimento correto, eis que é o tipo de serviço cotado na moeda norte-americana em qualquer lugar do mundo. Todavia, segundo seus acusadores, ele teria errado por não ter usado cotações em reais. Em resumo: tensão e desperdício de recursos e do tempo de um profissional altamente qualificado.

Na tentativa de destruir reputações, eliminavam-se estímulos à produtividade. Paradoxalmente, o denuncismo contrastava com a inibição de empregados em expressar livremente suas opiniões, dando sugestões, questionando seus chefes ou fazendo críticas ao trabalho de colegas à luz do dia numa discussão absolutamente normal. Essa era uma das características da cultura da Petrobras, evidenciando uma espécie de fraqueza psicológica.

A Diretoria de Governança e Conformidade atuava como órgão de polícia dentro da organização, maculando a imagem da direção e, sobretudo, desrespeitando gestores e empregados.

Funcionários vinham sendo investigados há muitos meses sem qualquer esclarecimento da companhia, minando seu orgulho de fazer parte dela e o comprometimento com resultados.

Fiz questão de escrever uma carta pessoal pedindo desculpas para cada um dos quase dois mil empregados que foram investigados e absolvidos, e que, até aquele momento, não haviam recebido qualquer satisfação da administração. Como presidente, me senti envergonhado diante do grave desrespeito aos colegas de trabalho.

Um dia, ao chegar ao EDISE, o elevador parou em determinado andar e vi uma placa onde estava escrito "apuração de denúncias" (em letras maiúsculas bem visíveis). Minha sensação foi de que estava numa instituição policial e não numa empresa de petróleo. Naquele andar, localizava-se a temida Gerência Geral de Apuração de Denúncias (APD). Vários indivíduos que não obtiveram sucesso em suas carreiras na empresa aproveitavam as novas posições para exercer poder sobre os demais empregados, muitas vezes em um acerto de contas sobre algo ocorrido no passado em que se julgaram prejudicados.

Ao chegar ao meu escritório providenciei para que aquela placa fosse removida imediatamente e trocado o nome da gerência. Numa alusão à fase do terror da revolução francesa de 1789, afirmei em várias ocasiões que não admitiria "ações de jacobinos", "não seria complacente com os Robespierres".

Deixo bem claro que devemos ser intolerantes à corrupção, por menores que sejam as quantias envolvidas. A integridade é um valor absolutamente inegociável, caminho fundamental para a condução dos negócios. Mas a meta era que o sistema de justiça da companhia evoluísse de forma correta, com respeito à lei e às pessoas, algo distinto do que ameaçava se tornar.

A integridade mitiga riscos, proporciona segurança ao processo decisório e contribui para a recuperação da imagem da companhia. O que começou com excelentes intenções e resultados acabou descambando para satisfazer instintos mesquinhos de alguns poucos indivíduos, colocando em risco a empresa. Eu jamais poderia permanecer passivo diante daquilo. Era fundamental corrigir o rumo.

O Diretor de Governança e Conformidade, percebendo que seria demitido pelo CA, se adiantou e pediu demissão. O novo titular fez uma reforma nas diretrizes e, entre as medidas adotadas, foram afastados os "Robespierres".

Em nossa gestão, a Petrobras também foi convidada a retornar ao Partnering Against Corruption Initiative (PACI) criado em 2004 pelo World Economic Forum. A companhia tinha sido excluída em 2015.

Os sinais de tentativas de infantilização das pessoas eram evidentes. Em visita ao prédio da Universidade Corporativa da Petrobras notei que os vãos nos andares eram defendidos por redes de proteção, iguais às usadas em janelas e varandas de apartamentos onde residem crianças. As portas de acesso aos bonitos jardins do EDISE, obra de Roberto Burle Marx, eram trancadas, impedindo que os empregados se beneficiassem daquele ambiente bonito e agradável.

Foi explicado para mim o propósito daquelas restrições: evitar suicídios. Soou como uma paranoia. No exame médico de admissão de funcionários, o candidato era entrevistado por um psiquiatra que perguntava se havia tentado o suicídio alguma vez, ou pensado em se suicidar. O mais surpreendente era o fato de os indicadores de suicídios de colaboradores da Petrobras serem sistematicamente inferiores à média nacional por boa margem. Não existia qualquer evidência de tendências suicidas.

Essa "cautela" ridícula, típica do autoritarismo, foi logo combatida. Se alguém realmente desejasse dar cabo de sua vida, encontraria um amplo menu de opções fora dos prédios. Não hesitei em determinar que fossem retiradas as redes e abertas as portas dos belos jardins.

Diferentemente da maioria das empresas, na Petrobras, os cartões corporativos eram concedidos exclusivamente para a diretoria. Os demais recebiam dinheiro vivo retirado na caixa de um banco para financiar suas despesas de viagem a trabalho. Era, no mínimo, arcaico. Ao pagar despesas de hospedagem em dinheiro, algo raro no século XXI, o executivo se expunha ao risco de ser visto com suspeição. Num mundo em que a utilização de papel moeda é baixa e decrescente, mesmo pré-Pix, aqueles que honram suas dívidas com espécie geralmente são os criminosos que procuram esconder suas movimentações financeiras. Nossa diretora financeira buscou saber a razão daquela regra. A explicação fazia sentido naquele contexto de falta de confiança: se o gerente tivesse um cartão corporativo, poderia usá-lo para despesas pessoais. Implicitamente, lia-se: somente os diretores eram pessoas honestas e responsáveis. A resposta foi direta: "Se fizerem isso, serão demitidos. Simples assim". Estendemos os cartões corporativos para todos os executivos.

No penúltimo andar do EDISE existia um salão, com vista privilegiada para a cidade do Rio de Janeiro, e três mesas redondas razoavelmente grandes. O local funcionava como restaurante executivo, com acesso exclusivo do presidente, diretores e conselheiros. O almoço servido, de qualidade sofrível, era de graça para os comensais, mas custava para a companhia entre R$ 200 e R$ 250 por pessoa, valor bem superior ao cobrado em restaurantes da vizinhança, que, aliás, ofereciam refeições com melhor qualidade que as servidas em nossa "torre de marfim". O privilégio era inaceitável sob vários aspectos: desperdício de um espaço caro, refeições supervalorizadas de qualidade lastimável, separação da diretoria do resto dos funcionários como se fosse uma casta superior.

Assim, pedi ao responsável para que criasse, naquele salão, um restaurante que fosse acessível a todos. Encontrei muita relutância com diversos argumentos contrários. Sou paciente, mas persistente. Por semanas continuei cobrando uma solução e o diretor apresentou, como alegação final, a previsão de que essa iniciativa estava fadada ao prejuízo, pois seriam raras as pessoas que frequentariam o restaurante.

Fui bastante assertivo. Sustentei que, para promover a integração, o financiamento do restaurante seria o único caso em que estava disposto a perder dinheiro. Um selfservice foi instalado. Rapidamente, chegamos a servir 130 almoços por dia, antes da pandemia. A concessionária, animada com o progresso, resolveu ampliar os serviços, oferecendo também café da manhã e lanche no meio da tarde, tendo solicitado expansão da área para colocar mais mesas. Frente ao lucro, a Petrobras não perdeu um centavo e os empregados gostaram.

Eu almoçava lá duas ou três vezes por semana, acomodado entre vários empregados com quem conversava. Nesses diálogos, tomava conhecimento de muitas coisas que não chegavam a mim pelos canais oficiais e ouvia algumas boas sugestões. Diante da boa receptividade, confidenciavam que, em 20 ou 30 anos na companhia, nunca tinham conversado com um membro da alta administração ou sequer apertado sua mão. O presidente e os diretores não eram mais figuras difíceis encerradas numa torre, mas pessoas comuns que almoçavam com seus colegas, trocavam ideias com eles e ouviam suas reclamações e sugestões.

Num mundo em rápida transformação, tornou-se imperioso o diálogo contínuo com os empregados, que demandam crescentemente mais flexibilidade e conectividade. Renunciar a isso é abandonar a exploração do potencial de importantes oportunidades para a geração de valor. Com o benefício do avanço na tecnologia de videoconferências, procuramos explorar ao máximo esse canal.

A transformação cultural, enfim, começava.

## 3. As mudanças na estrutura organizacional

A formação de um time de qualidade e a interação entre seus membros são fatores essenciais para o êxito de uma organização. A tolerância com a mediocridade deve ser zero. Não podemos cometer o erro de selecionar pessoas sem qualificações para compor uma equipe. O "mais ou menos" acaba contaminando o restante do time e, no final, concorre para afastar os competentes e atrair os incompetentes, fórmula incontestável para o fracasso.

O mesmo rigor que aplicamos à alocação eficiente do capital físico e financeiro deve ser empregado com relação ao capital humano.

Construir uma equipe de executivos na Petrobras foi como o desafio enfrentado por um dirigente de futebol ao formar um time campeão, com recursos financeiros limitados e investindo em inteligência de mercado.

Devemos encontrar a posição certa para cada um dos jogadores. É essencial descobrir as complementaridades técnicas entre eles e promover o balanceamento do time. Já vi técnicos extraordinários fracassarem como executivos, enquanto técnicos medianos alcançaram sucesso. Outra regra de ouro é não permitir rivalidades pessoais ou desequilíbrios, tais como ter um excelente ataque e uma defesa fraca.

Como a Petrobras não havia preparado um programa de sucessão de executivos, eu dispunha de pouca informação sobre talentos internos. Além disso, o conhecimento que adquiri quando conselheiro em 2015-2016 era limitado àqueles com quem tive contato naquela época.

A escala de remuneração da Petrobras possuía pequena inclinação. Se pensarmos num gráfico, é uma curva quase paralela ao eixo horizontal. Neste, é plotada a gradação hierárquica; no eixo vertical, a total. Sem dúvida, uma figura muito diferente da que se observa em empresas privadas, onde as curvas exibem normalmente boa inclinação positiva.

Até os cargos de gerência, observa-se uma remuneração elevada relativamente ao mercado, com pouca diferenciação na escala hierárquica. Por outro lado, a remuneração de diretores, apesar dos comentários negativos de políticos e da mídia, é bastante inferior com relação às grandes empresas brasileiras e, principalmente, às companhias globais de petróleo e gás. Evidentemente essa estrutura dificulta a atração de bons executivos da iniciativa privada, bem como a promoção interna de gerentes executivos. Para estes, o prêmio oferecido pela assunção de responsabilidades muito maiores pode não ser compensador. Muito dependerá da parte não monetária.

Os empregados mais jovens tendem a resistir a esses cargos. Dada a politização da Petrobras, ficam temerosos com a possibilidade de, após passarem pela diretoria, ser relegados a posições muito inferiores ou forçados a se "exilar", transferidos para alguma subsidiária fora do Brasil onde ficarão esquecidos por alguns anos. Assim, preferem se preservar para almejar cargos no topo da companhia somente quando estão mais próximos da aposentadoria.

Outra dificuldade é a frequente rotatividade da alta administração. Como já mencionei anteriormente, a duração média efetiva do mandato de presidente é curta. Dados históricos revelam que a média é de cerca de 20 meses, contrastando com a iniciativa privada, onde os mandatos variam em grande parte de 5 a 10 anos. Na América, a demissão de um CEO com apenas 2 anos na posição – como a de Bob Chapek, da Disney, em 2022 – é uma exceção.

Na Petrobras, essa rotatividade não se restringe à Presidência; é transmitida para os demais cargos executivos, diretores e gerentes.

Quem tem uma boa posição numa empresa reluta em mudar para outra onde prevalece a instabilidade do alto escalão independentemente da performance profissional; nestas as substituições são determinadas em grande parte por questões de natureza política. Poucos empregados percebem que, depois de uma experiência bem-sucedida como diretor executivo de uma grande empresa como a Petrobras, podem abrir muitas portas no mercado.

A impressão é de que tudo se encontra cuidadosamente elaborado com o propósito de eliminar incentivos à produtividade. E isso não acontece apenas na Petrobras, como em muitas outras estatais.

Independentemente de todas as dificuldades, uma de minhas primeiras missões era atrair profissionais competentes, confiáveis e que estivessem dispostos a ir para o *extra mile*, dar o máximo de si para entregar as promessas.

Outro ponto era estar sempre alerta para o risco de captura pela corporação. As estatais dispõem de uma habilidade natural para seduzir e cooptar as pessoas que vêm da iniciativa privada para se comportar de acordo com seus interesses, e não os da empresa.

Eu tinha plena consciência de que, sem o apoio de um time no qual confiasse, minha capacidade de implementação do plano seria muito pequena. Necessitava de uma equipe de excelência composta por bons empregados da Petrobras e por especialistas oriundos da iniciativa privada.

Estava certo de que deveria mudar muita coisa, desde as secretárias da Presidência até a diretoria. Por outro lado, não considerava apropriado efetuar mudanças bruscas num curto período.

A primeira razão era a escassez relativa de substitutos no curto prazo; a segunda, mitigar o risco da precipitação de uma forte reação interna em meus primeiros dias na companhia, o que poderia atrapalhar a execução de todo o projeto.

A calibragem da velocidade era essencial. Os chineses recomendam que, ao atravessar um rio, caminhemos cautelosamente, sentindo todas as pedras de seu leito. Agilidade não é pressa, mas a capacidade de realizar movimentos rápidos, mudando de direção após cuidadosa reflexão para evitar tropeços e retrocessos.

Convidei pessoas para integrar o nosso time, argumentando que não estava oferecendo um emprego, mas um projeto no qual acreditava. Em caso de sucesso, não seria apenas muito bom para os acionistas da Petrobras, mas também para os executivos que teriam adquirido uma rica experiência, pessoal e profissional, e se valorizariam no mercado.

Eu sabia que alguns membros da diretoria anterior, os quais eu já conhecia dos tempos de conselheiro em 2015-2016, não seriam um time a fazer as coisas acontecerem. Optei por substituir todos, providenciando mudanças para que a estrutura organizacional se adaptasse melhor à operação da companhia.

Dois diretores da gestão anterior já haviam me comunicado, no fim de 2018, sua decisão de sair. Na entrevista que fiz com os demais, um deles descreveu os pontos de destaque do que fazia, mas candidamente confessou que faltava planejamento e controle. Foi o suficiente para antecipar sua substituição.

Decidi mudar a diretora de E&P (Exploração e Produção), um cargo muito importante numa companhia de petróleo. A anterior era uma boa engenheira, mas liderava pelo autoritarismo. Tinha dificuldade de trabalhar em equipe com a diretoria de desenvolvimento da produção e a parceria entre as duas áreas é fundamental para a produção de petróleo. Percebi também que não estava alinhada com a agenda que pretendíamos executar. Segundo um conselheiro, ela era a única pessoa na empresa que conhecia o regime de cessão onerosa. Contudo, com tantos bons técnicos, era muito improvável que o conhecimento permanecesse restrito a uma única pessoa. E, de fato, eu tinha razão.

Nunca mais tivemos o problema que perseguiu a Petrobras durante um bom tempo: a tradição de não entregar a produção de petróleo e gás prometida. Isso foi definitivamente encerrado, às vezes surpreendíamos até entregando mais; menos, nunca.

Procurei atrair profissionais com quem já havia trabalhado, confiáveis e independentes. O primeiro deles foi Marcelo Klujska, que nos assessorou, em 2015, no CA e tinha sido demitido por Aldemir Bendine, em seguida à renúncia do presidente do Conselho da época. A ele, se juntaram Rafael Santos, Claudia Rodrigues e Bruno Dellalibera e, mais tarde, Bruno Martins, jovens doutores em economia muito bem treinados e com vivência profissional.

Eles me ajudaram a coletar e analisar as informações. Depois, contribuíram para o treinamento do pessoal interno, desempenhando funções nas áreas corporativas da companhia onde, diferente das operações, via deficiências de pessoal qualificado. Os economistas foram particularmente importantes para eliminar o achismo ao realizar análises de várias questões com o emprego de estatística e econometria.

Recrutei Ângela Freitas para ser a minha assistente. Ela foi minha contemporânea na Vale, com grande experiência como secretária de diretores e do presidente. Essa é uma posição importante que requer competência, confiança e discrição, qualidades que ela tinha de sobra.

Finalmente, descobri Roberto Ardenghy, diplomata de carreira que alcançara a posição de ministro e ocupava o cargo de Cônsul Comercial do Brasil em Nova Iorque. Ardenghy conhecia bem a indústria do petróleo, pois tinha servido em Houston e trabalhado na ANP e na BG, companhia inglesa de gás natural posteriormente adquirida pela Shell.

O estafe com que lidaria diretamente no dia a dia estava praticamente completo.

Decidi que seria melhor eliminar a Diretoria de Estratégia por vários motivos. A linha de ação corporativa já estava definida e o diretor teria de cuidar também de um pot-pourri de temas que não conversavam entre si. Coloquei o gerente executivo da área se reportando diretamente a mim e, em lugar dessa diretoria, criei uma nova, Relações Institucionais.

A Petrobras possui interações com múltiplos atores nos diversos níveis de governo, associações empresariais e comunidades. O papel de relacionamento institucional era fragmentado, sem nenhuma coordenação, havendo um pequeno grupo em Brasília, praticamente independente do resto da companhia.

Mais tarde, a Diretoria de Relações Institucionais ficou responsável também pela comunicação, segurança corporativa e inteligência.

*

O refino era uma das áreas problemáticas da companhia. Destruía valor, mesmo com preços alinhados ao mercado. Em 2018, segundo cálculos internos, tinha registrado prejuízo econômico de US$ 6 bilhões.

A exploração e produção de petróleo, tal como a mineração, o *upstream* no jargão da indústria, é uma atividade de retornos esperados elevados para compensar os maiores riscos. Defronta-se com vasta gama de possibilidades e exige muito conhecimento geológico, inovações tecnológicas e, no caso da Petrobras, domínio de engenharia submarina.

A companhia é capaz de extrair alta rentabilidade nas operações de águas ultraprofundas dado o amplo conhecimento, a qualidade de seu capital humano e a posse de tecnologia sofisticada, o que permite também a minimização de riscos e uma combinação retorno-risco bastante favorável.

O refino é um negócio de transformação industrial, menos arriscado e tecnologicamente menos dinâmico. Portanto, oferece rentabilidade mais modesta. Demanda, em particular, custos de capital e operacionais baixos além de alta eficiência, justamente o que não oferecíamos.

Um episódio relacionado ao suprimento de combustíveis me deixou chocado e constrangido. Numa manhã de sábado, recebi um telefonema do ministro Bento Albuquerque me dizendo que havia recebido reclamações de falta de gasolina de aviação (GAV), combustível que abastece pequenas aeronaves, muito utilizadas no campo. Tive grande dificuldade em confirmar internamente o que ouvi dele. Não porque fosse inverídico, mas porque praticamente ninguém sabia explicar, algo simplesmente inacreditável e inaceitável.

A GAV era produzida numa única planta localizada na Refinaria Presidente Bernardes, em São Paulo. Ela estava parada para reforma e a Petrobras era quase o único importador. Tinha acontecido um problema na logística de importação e o suprimento de vários aeroportos simplesmente parou.

Como era um produto com consumo pequeno em relação aos demais combustíveis, e consequentemente com baixa participação nas receitas da companhia, ninguém prestava atenção. Era uma verdadeira bagunça. Reagimos imediatamente, organizando controles e fluxos adequados de informação.

Aquele episódio ilustrou quão nocivo para a economia pode ser quando o mercado depende de uma única empresa para o suprimento de um produto. Para a Petrobras, era um braço irrelevante que não recebia a devida atenção; para os clientes, um combustível essencial para suas atividades.

Desloquei o diretor financeiro da Petrobras para a Presidência da BR Distribuidora, que pretendíamos privatizar. Contratamos do mercado externo uma profissional com ampla experiência em finanças para assumir a posição na Diretoria.

Reforçamos o controle das operações e reestruturamos o perfil de endividamento da companhia que, além de menor, passou a ter vencimentos mais longos. A maturidade média da dívida se aproximou de doze anos, situação muito diferente da que encontrei em 2015, com somente cinco anos.

Ao lado da redução e alongamento da dívida, tínhamos como objetivo diversificar o grupo de credores e eliminar a exposição ao BNDES.

Não era saudável a concentração do endividamento num credor. O China Development Bank detinha aproximadamente 20% da dívida, US$ 18 bilhões, e conseguimos diminuir nosso saldo devedor pela metade, apesar da relutância do credor.

Eu disse para Joaquim Levy, presidente do BNDES, cuja sede fica num prédio vizinho ao EDISE, que teria muito prazer em receber visitas suas, mas em caráter pessoal. Não desejávamos manter relação de negócios com seu banco. Apreciaríamos bastante também se o BNDES vendesse as ações da Petrobras em seu portfólio, o que veio a acontecer em fevereiro de 2020, quando Gustavo Montezano o substituiu.

Como recursos são escassos, ao tomar crédito do BNDES, a Petrobras, que dispõe de amplo acesso a fontes de financiamento no Brasil e no resto do mundo, está tomando espaço de empresas menores, configurando o *crowding out* da iniciativa privada. Não faz sentido uma empresa controlada pelo Estado tomar dinheiro emprestado de um banco estatal de fomento.

Na área financeira, criamos um departamento de desempenho que englobou toda a empresa e teve papel muito importante, inclusive durante a crise da pandemia. Com a centralização da análise de performance ganhamos a visão de toda a empresa, com mais transparência e menos pessoas, liberando pessoal para outras atividades.

Entre outras premiações, recebemos o "The Best Corporate Liability Management Program" da revista Latin Finance, assim como outros prêmios da Institutional Investor pela excelência no relacionamento com investidores.

A política de remuneração aos acionistas da Petrobras se resumia a seguir o que dita a Lei das S.A., estabelecendo dividendo anual mínimo obrigatório de 25% do lucro do ano anterior. A norma talvez fizesse sentido quando a lei foi aprovada em 1976. É algo ultrapassado, incompatível com um mercado de capitais moderno e se configura como intromissão indevida do Estado numa decisão empresarial.

O Brasil é um dos pouquíssimos países do mundo a fixar, por lei, o pagamento de um dividendo mínimo, o que caracteriza intervenção do Estado no mercado de capitais. Nem por isso as empresas brasileiras de capital aberto se destacam por pagar mais do que em outros países. Embora existam investidores que têm preferência por dividendos, outros estão em busca somente de ganhos de capital com a valorização das ações. A liberdade de escolha do investidor é fundamental. Ele vai alocar sua poupança de acordo com suas preferências e expectativas de retorno.

Várias empresas fora do Brasil, inclusive de grande porte, passam anos sem distribuir dividendos e nem por isso possuem má governança ou se desvalorizam no mercado. A trilionária Alphabet, dona da Google, declarou seu primeiro dividendo por ocasião da divulgação do desempenho do primeiro trimestre de 2024. Seu valor de mercado quadruplicou desde 2015, atingindo US$ 2,137 trilhões.

O dividendo mínimo a ser pago no Brasil é referenciado ao lucro líquido, uma variável contábil. Ao criar uma assimetria desnecessária, a lei gerou mais uma distorção: dividendos são pagos com caixa e o lucro apurado com base no regime de competência.

Em 2019, o Conselho de Administração aprovou uma nova política de dividendos para a Petrobras, estabelecendo que, para um nível de endividamento bruto menor do que US$ 60 bilhões, a companhia pagaria remuneração aos acionistas igual a 60% do fluxo de caixa livre (fluxo de caixa gerado pelas operações menos os investimentos aprovados para o ano corrente). Enquanto a dívida fosse maior, seguiríamos com a remuneração obrigatória.

O diretor de Governança e Conformidade pediu demissão em julho e foi substituído.

Foi lançado um novo Código de Ética, um programa de capacitação em direitos humanos para 100% dos empregados e a obrigação de *due diligence* de direitos humanos em todas as operações da companhia.

Instituímos, também, a Diretoria de Transformação Digital e Inovação.

Transferimos o CENPES para a nova diretoria, pois além das sinergias, era imperioso reestruturá-lo e alinhá-lo às diretrizes estratégicas da organização. Juliano Dantas, um jovem muito promissor, foi escolhido para dirigir o CENPES.

A transformação digital e a inovação passaram a receber atenção especial. Um instrumento inovador importante se constituiu na formação e atuação de equipes ativas. A metodologia ágil, que foi sendo gradualmente implementada, é uma forma de trabalhar sempre alinhada com os fluxos de mudanças inevitáveis, impostas pelo dinamismo dos negócios.

Organizações tradicionais preferem um ambiente estático, com silos e rígida hierarquia. Por isso operam com a lentidão de paquidermes e costumam apresentar desempenho medíocre.

Organizações ágeis são muito diferentes, estruturadas para aprendizagem e mudanças rápidas. Trabalham com equipes pequenas, multidisciplinares, que interagem entre si e possuem altos padrões de alinhamento, conhecimento, responsabilidade, transparência e colaboração. Seus ciclos são curtos, com entregas parciais para receber o *feedback* dos usuários e facilitar a adoção de adaptações e melhorias.

Num mundo em contínua mudança e repleto de desafios, a melhor maneira de os enfrentar é acompanhar rapidamente as transformações decorrentes das inovações tecnológicas.

Resolvemos extinguir a Diretoria de Assuntos Corporativos, que abrangia uma variedade de atividades com pouca sinergia entre si. Ademais, o desempenho das gerências executivas a ela subordinadas, com exceção de Saúde e Meio Ambiente, era muito fraco. Em seu lugar, estabelecemos a Diretoria de Logística e Comercialização para desempenhar um papel importante. A logística da companhia era segmentada e cada um cuidava de seu quintal. Não havia estratégia, faltavam informações e a tão propalada integração vertical entre produção de óleo e refino era inexistente na prática, dada a baixa interação entre áreas.

Fazia todo o sentido separar a atividade industrial (refino e processamento de gás natural) das atividades de serviços (logística e comercialização). Numa companhia de petróleo que possui refinarias, uma das mais importantes decisões operacionais é a alocação do petróleo. A nova diretoria passou a atuar como espécie de maestro e, com isso, ganhamos mais flexibilidade, agilidade e produtividade.

Agregamos às funções dessa diretoria a atividade de gestão de estoques. Até então era uma caixa preta. Nunca sabíamos o quanto havia realmente guardado. Comprava-se em excesso ao que era consumido e, anos depois, vendia-se com desconto, através de leilões, os itens remanescentes.

Era uma dupla perda, determinada pelo custo de carregamento de estoques excessivos e o prejuízo na venda nos leilões. Para fechar aquele duto por onde vazavam recursos da companhia foi essencial a construção de um banco de dados confiável e uma boa programação de compras, aderente às necessidades.

Havia um número excessivo de armazéns, alguns em mau estado de conservação, com goteiras no teto e sem acesso wi-fi. A propósito, me foi mostrada uma foto impactante. Em plena era da revolução digital, num armazém da companhia aparecia um grupo de empregados sentados no chão, contando manualmente itens de determinado material.

A produtividade do trabalho, apesar de sua enorme relevância, era assunto fora de cogitação.

Em troca da transferência da Comunicação e da Inteligência e Segurança Corporativa para a Diretoria de Relações Institucionais, algumas gerências importantes passaram a ter reporte direto ao presidente. A primeira delas foi a Gestão de Portfólio.

Era fundamental sinalizar, para o restante da companhia, a prioridade estratégica e viabilizar o apoio direto do CEO aos processos de desinvestimento. O meu papel era cobrar agilidade, respeitadas a governança e as determinações do TCU.

Tenho como princípio obedecer sempre à regra básica "quem decide não negocia", aprendida com o Departamento de Polícia de Nova Iorque (NYPD) – pioneiro na elaboração de técnicas, que inspirou a introdução de cursos de negociação no currículo das escolas de negócios.

Assim, nunca me envolvi em transações de ativos. Eles eram avaliados pela área financeira com base nos insumos fornecidos pelos setores operacionais e suas estimativas eram confrontadas com opiniões independentes de empresas especializadas.

A negociação da venda era supervisionada por uma comissão de negociação formada por gerentes. Uma vez aprovada pela comissão, a transação era submetida ao Comitê Técnico Estatutário, criado em 2016 como parte da reforma da governança da companhia e composto por gerentes executivos de várias áreas.

Caso aprovada nessa instância, a operação era submetida à Diretoria Executiva e posteriormente a um comitê de assessoramento do Conselho de Administração e ao próprio Conselho.

O processo coordenado pela Gestão de Portfólio, em linha com as diretrizes do TCU, compreendia o envio de um aviso para dezenas – em alguns casos, centenas – de investidores potenciais, acompanhado simultaneamente por um comunicado público da Petrobras. Os que revelassem interesse, assinavam um compromisso de confidencialidade para terem acesso a informações sobre o ativo. Terminado esse estágio, a companhia estabelecia uma data para a apresentação de ofertas não vinculantes. Recebidas as propostas, eram selecionadas as de maior preço e seus responsáveis convocados para a fase de apresentação de ofertas vinculantes, em cujo final era declarado o vencedor da licitação.

Em resumo, o processo de desinvestimento passava por todos os degraus da governança da Petrobras e obedecia aos princípios de impessoalidade e transparência. Não houve transações realizadas "de afogadilho", obscuras ou sob a influência de uma única pessoa, quem quer que fosse, e muito menos "a preço de banana" ou "abaixo do preço de mercado", conforme afirmações levianas de alguns indivíduos.

A administração do portfólio de ativos de uma companhia é processo fundamental para a eficiência na alocação do capital. Uma gestão ativa viabiliza a busca pela maximização de valor para o acionista, que compreende identificar aqueles nos quais a empresa deixou de ter capacidade de extrair o maior retorno possível e desinvestir, aplicando em outros com elevados retornos esperados.

Um estudo da McKinsey com 200 grandes empresas americanas durante dez anos, revelou que a atitude passiva na gestão do portfólio é negativa, resultando em desempenho inferior com relação às ativas[47].

Em nossas conversas com os empregados, mostrávamos a relevância da gestão do portfólio para uma empresa, inclusive entre grandes companhias de petróleo que, nas duas últimas décadas, venderam cerca de 30% de sua capacidade de refino. Nos últimos 12 meses, por exemplo, as transações de M&A envolvendo companhias americanas de petróleo somou US$ 200 bilhões.

Da mesma forma, a gestão do portfólio é praticada por pessoas físicas para atender aos seus objetivos de valorização do patrimônio. Exemplos simples, como a venda de ações para aplicação num fundo de investimento de renda fixa ou para a compra de um imóvel, são movimentos naturais, que não podem ser caracterizados a priori como "desmonte" do patrimônio – como enfatizado pela narrativa antiprivatização.

O conceito de "dono natural" é dinâmico, dependendo do estágio de vida de um ativo ou de uma empresa. O fundador de uma companhia pode ser o seu dono natural hoje, porém, no futuro, é possível que deixe de ser e o melhor seja um fundo de *private equity*, empresa de capital pulverizado com ações negociadas em bolsa de valores ou, em seu estágio final, uma

---

47. Veja a obra de Jay Brandimarte, William Fallon e Robert McNish, "Trading The Corporate Portfolio", publicada pela McKinsey Quarterly em 2001.

companhia de capital fechado. A Petrobras foi a dona natural de campos terrestres de petróleo. Hoje, deixou de ser. Empresas de pequeno porte, com custo muito baixo e atividades focadas na recuperação daqueles ativos, assumiram seu lugar.

Um dos maiores adversários da gestão de portfólio e da geração de valor para os acionistas é o apego sentimental a ativos.

A alocação do capital é um dos desafios mais importantes do CEO, e não se restringe à gestão ativa do portfólio. Compreende também criar competição interna pelo capital, recurso escasso, de modo que novos projetos sejam aprovados unicamente por seus próprios méritos.

Outra gerência executiva transferida para minha supervisão foi a de Recursos Humanos. É uma área extraordinariamente importante, que tinha permanecido disfuncional e fora de sintonia com as exigências da economia moderna por muitos anos.

A ausência de meritocracia viabilizava o "clube de amigos": situação em que as pessoas alcançam grandes posições por suas conexões e não por seus méritos. A gestão de talentos é o futuro de uma companhia. A formação de sucessores, o estabelecimento de critérios profissionais para avaliação do desempenho individual e de um regime de incentivos à produtividade são elementos indispensáveis. Nada disso tinha sido observado.

A gerência executiva do Jurídico já estava sob a supervisão direta do CEO e assim foi mantida. A equipe era excessivamente grande, mas, se considerarmos o número de pendências judiciais da Petrobras e as dificuldades para contratação de escritórios externos impostas pelas regras incidentes sobre as estatais, seu gigantismo era parcial.

A transformação digital foi capaz de diminuir muitas posições ocupadas por profissionais terceirizados, o que, em conjunto com a adesão de muitos aos programas de demissão voluntária, ajudou a diminuir o excesso de contingente, inclusive no Jurídico.

O relevante é que a equipe era guerreira, não desistia jamais de perseguir seus objetivos e foi ganhadora de muitas causas importantes, que pouparam o dispêndio de considerável volume de recursos para o contencioso da companhia.

Em resumo, ficamos com oito diretores, sendo três empregados da Petrobras, quatro provenientes da iniciativa privada e um da magistratura (Governança e Conformidade).

As modificações não se restringiram às diretorias. Todos os gerentes executivos de Refino e Gás Natural foram trocados e aconteceram alterações significativas na liderança com a escolha de pessoas mais jovens com potencial para serem diretores no futuro.

Diferentemente do que ocorria nas áreas operacionais – nas quais a Petrobras contava com profissionais extraordinários e a excelência operacional e a segurança eram marcas registradas – nas áreas corporativas existiam algumas deficiências, valendo a pena a contratação de profissionais de fora da companhia. Contratamo-los para a liderança da Comunicação, Responsabilidade Social, Relações com Investidores, Comercialização Externa, Suprimentos, Tecnologia da Informação, Segurança da Informação, Transformação Digital, Auditoria Interna, Ouvidoria, Recursos Humanos, Serviços Compartilhados, Riscos, Desenvolvimento de Negócios de Logística e Inteligência e Segurança Corporativa. Essas gerências executivas, 15 num total de 45, compreendiam funções corporativas.

Vários outros foram recrutados como assessores e, na prática, se dedicaram a exercer funções nas várias áreas corporativas.

Aqueles que se enquadravam em regime especial foram escolhidos através de processo com a ajuda de *headhunters* e fizemos um filtro interno através de entrevistas com vários executivos da companhia. Todos possuíam experiências bem-sucedidas em suas respectivas áreas de atuação.

Não houve nomeação por indicação política, fidelidade ou amizade pessoal e não hesitei em demitir os que não atenderam às expectativas.

Ao deixar o cargo, exonerei todos os assessores por julgar que eram pessoas de minha confiança e não de meu sucessor e todos estavam cientes disso quando ingressaram na companhia. As únicas exceções foram as duas assessoras de imprensa e um de segurança, pois avaliei que o novo presidente precisaria dos serviços desses profissionais no curto prazo até formar sua equipe.

Mudamos também a Presidência e a Diretoria da Transpetro, subsidiária da Petrobras e encarregada da operação de dutos e embarcações. Na Petros, o fundo de pensão da companhia, efetuamos uma revisão no pacote de remuneração de acordo com parâmetros de mercado e, com a assessoria de *headhunters*, conseguimos atrair bons profissionais. As adequações alcançaram também outras subsidiárias da Petrobras, dando ênfase aos conselheiros independentes dos CAs. A escolha profissional eliminou a nomeação de apaniguados para cargos na gestão dessas empresas.

Essas modificações foram muito positivas para a gestão, pois passamos a contar com maior diversidade na liderança, dado o aumento da participação feminina e de pessoas com experiências diversas oriundas da iniciativa privada. O número de gerentes executivas mais do que dobrou; as mulheres passaram a representar 25% do total de diretores, mérito exclusivo de suas competências e capacitações.

A Petrobras possui muitos talentos escondidos no meio da multidão e era fundamental descobri-los para que fossem bons dirigentes da companhia. Vários talentos jovens foram alocados em posições executivas. Um deles foi Rodrigo Costa, promovido no final de dezembro de 2020. No programa de sucessão, dois jovens, Rodrigo Araújo e Juliano Dantas, foram promovidos com a saída dos executivos em 2021 e, atualmente, ocupam posições de diretoria em empresas privadas.

Em diversas áreas da companhia, operacionais e administrativas, outros talentos foram identificados e promovidos para cargos de gerência. Todos, fossem empregados de carreira ou não, podiam estar certos de terem sido escolhidos pelos seus próprios méritos. Não deviam seus cargos a indicações de amigos, nem a qualquer simpatia pessoal que eu tivesse.

Na Petrobras, a admissão de empregados de carreira é realizada através de concurso público, como é recomendável numa empresa controlada pelo Estado para evitar nomeações políticas. Todavia, esse método nos diz apenas que o indivíduo, naquele momento, possui os conhecimentos teóricos necessários.

Capital humano, tal como o físico, está sujeito à depreciação com o passar do tempo. Se não houver investimentos posteriores, seja em treinamento formal ou pelo menos na aprendizagem no trabalho, os conhecimentos demonstrados naquele concurso podem se tornar obsoletos com o passar dos anos.

Há também o descompasso entre conhecimento técnico e comportamento. Acontece com alguma frequência de alguém possuir boas qualidades técnicas, mas apresentar mau desempenho por razões comportamentais. Numa companhia em que a meritocracia não era popular, também inexistia um programa de remuneração variável, guiado por métricas de produtividade. Se, de um lado, não havia um sistema de premiação por mérito, por outro era muito difícil punir alguém com a demissão. Como já expusemos anteriormente, parece um modelo desenhado para asfixiar a produtividade do trabalho.

Apesar dos empregados da Petrobras serem contratados sob o regime da CLT, uma decisão do STF em 2024 os transformou, na prática, em empregados quase vitalícios, dada a subjetividade do critério para a aceitação da demissão. Antes disso, a Justiça Trabalhista costumava mandar reintegrar a maior parte dos demitidos, mesmo em casos cujos processos fossem bem fundamentados.

Na iniciativa privada, os funcionários passam por escrutínio constante. Os que não desempenham bem as suas funções têm remuneração menor e tendem a perder seus empregos. O mercado criou um sistema que, se bem administrado, poucas vezes falha.

A estabilidade no emprego é a maior inimiga da produtividade do trabalho e não pode ser justificativa para estagnação e ineficiência.

CAPÍTULO 5
# A agenda transformacional em movimento

## 1. O início de uma transformação cultural

Peter Drucker afirmou, com razão, que "a cultura de uma empresa engole o plano estratégico no café da manhã". De fato, se a organização não o aceitar, o plano está fadado a naufragar independentemente da competência de quem for implementá-lo. Um dos principais motivos reside em questões emocionais, culturais e pessoais.

Executar mudanças técnicas pode ser relativamente fácil. Contudo, alterar a forma de pensar das pessoas é muito difícil e, se não lograrmos êxito, há um grande risco de os avanços serem revertidos.

O ser humano tende a ser avesso a risco, preferindo a permanência na zona de conforto, sentimento mais profundo numa empresa estatal madura com uma cultura consolidada durante décadas.

Antes de começar o nosso programa de transformação cultural, era essencial receber um diagnóstico da cultura da companhia. Felizmente, repousava esquecido numa gaveta um diagnóstico muito bom, elaborado pela Walk the Talk, empresa de consultoria contratada pela Petrobras que concluíra um extenso relatório elaborado em 2018.

Comissionamos uma equipe multidisciplinar, formada por empregados de carreira e outros contratados no mercado, para discutir o material e conversar com os colaboradores.

Em agosto de 2019, realizamos uma reunião em Itaipava com um grupo composto por trinta executivos da Petrobras e os consultores da Walk the Talk, que se hospedou em um hotel durante três dias para discutir e planejar. Foram encontros intensos e, no segundo dia, chegou a emergir a postura "nós contra eles" – empregados versus contratados – exatamente o único dia em que eu propositalmente não participei. Alguns se recusavam a aceitar críticas ao comportamento de colegas de longa data, feitas por pessoas consideradas "estranhas à organização". Como previ, a minha ausência foi boa para eliminar a desinibição das falas e permitir avanço nas conclusões.

No dia seguinte, quando voltei, o ambiente estava pacificado, com todos unidos em torno do objetivo de transformação e aproveitamento de seus bons componentes, com a eliminação dos males da organização. Rever hábitos arraigados, adquirir novas competências e, simultaneamente, preservar e fortalecer os aspectos valiosos da cultura, como o orgulho de trabalhar na Petrobras e a capacidade de superar desafios, eram medidas imperiosas. Julgamos fundamental convencê-los a abandonar falsos mitos e se concentrar em produzir com excelência operacional e custos baixos, bem como desenvolver o costume de pensar com dados e fatos.

A Petrobras possuía raízes culturais claras, sólidas e uniformes. Várias distorções, porém, fizeram com que algumas nuances adoecessem ao longo do tempo.

As pessoas tinham muito orgulho, mas muitas olhavam para fora: valorizavam comportamentos que extrapolavam as fronteiras, como o impacto das ações da empresa sobre o Brasil e não sobre a organização para a qual trabalhavam, que os remunerava. Eram conservadas crenças fundamentadas em dogmas do nacionalismo dos anos 1950, evidentemente impróprias para o funcionamento de uma companhia no século XXI.

Em consequência, alguns empregados revelaram preferência por encomendas de navios e equipamentos fabricados no Brasil, exigidos pelas regras de conteúdo local, fechando os olhos aos preços absurdos, não atentando para o equívoco desse modelo de desenvolvimento, que não fazia bem para a Petrobras, para a indústria e para a economia brasileira. Os únicos beneficiários são pequenos grupos de fornecedores que gozam do poder de monopólio.

Se a empresa fosse o motor do desenvolvimento econômico do Brasil, como os empregados foram induzidos a acreditar, havia realizado um trabalho muito ruim: a nossa economia pouco cresceu nos últimos 40 anos.

Essas crenças não brotaram do nada. Em minha interpretação, são derivadas de doutrinação por nacionalistas que passaram pela companhia. Em última instância, originaram-se de atitudes de governantes que procuraram usar a Petrobras como instrumento político, atribuindo a missão de ser instrumento de estímulo a outros setores da economia brasileira.

É bastante improvável que o Estado seja capaz de descobrir boas ideias para investir e tenha a agilidade para executar corretamente planos de investimento.

O serviço de *delivery* de refeições cresceu exponencialmente nos últimos anos, com impacto positivo sobre o emprego de mão de obra de baixa qualificação. A expansão se deu porque empresários descobriram que era uma oportunidade rentável para investir e não porque o Estado viu como opção para induzir o aumento do emprego. Pelo contrário, ao tentar regular a atividade, o Poder Público pode acabar reduzindo a oferta no setor.

Havia algo de muito errado nas concepções transmitidas e cristalizadas nas mentes dos empregados da Petrobras. Muitos deles não percebiam que o Estado é mau empresário e todo monopólio é condenável.

Os verdadeiros motores do crescimento econômico no longo prazo são todas as empresas do País, independentemente de seu tamanho, e não uma única empresa. Um pequeno negócio que se torna mais produtivo e próspero, gerando mais lucros, contratando mais empregados e investindo, está concorrendo para o crescimento econômico.

O aumento sustentado da produtividade é o elemento crítico a impulsionar o desenvolvimento econômico de qualquer país.

A inovação e a melhor alocação de capital são as principais fontes dos ganhos de produtividade dentro das firmas. A livre transferência de recursos entre elas, das menos para as mais eficientes, e a maior fluidez da entrada e saída de empresas do mercado também se constituem alavancas da produtividade e, consequentemente, da prosperidade de uma nação. Discursos ufanistas, privilégios, barreiras à competição, subsídios, só resultam em atraso.

Uma cultura de alto desempenho conduz ao crescimento pessoal e contribui para a prosperidade do indivíduo, da empresa e do País.

Soberania nacional não é conquistada pela autossuficiência no petróleo. Um exemplo foi a Guerra do Golfo, iniciada com a invasão do Kuwait – grande produtor e exportador de petróleo – pelo Iraque, em 1991.

Conforme os questionários respondidos pelos próprios empregados, destacavam-se características como "cultura de bombeiro" – resolver os problemas conforme aparecem, apagar incêndios propagados pela lentidão de suas decisões – excesso de burocracia, falta de clareza dos objetivos, desperdício, baixa responsabilização, dominância do clube dos amigos e a politicagem.

O trabalho em time existia, porém em compartimentos estanques. Não havia interação entre as diferentes áreas.

Embora compreendessem a urgência das medidas de recuperação em 2016-2018, não havia confiança na liderança. Apontavam a ausência de uma visão de futuro inspiradora, enquanto prevalecia a sensação de insegurança e medo. Parte disso talvez se devesse a falhas de comunicação interna, em oposição às narrativas dos críticos e ao foco exclusivo na redução do endividamento.

O relatório da Walk the Talk confirmou, em parte, algumas impressões que eu tinha colhido quando conselheiro e mesmo em poucos meses como presidente.

Um caso emblemático ocorreu com operações financeiras fora do Brasil, que revelou claramente um dos aspectos negativos da cultura. Em 2020, a diretora descobriu uma perda de US$ 33 milhões provocada por operações de *trading* de petróleo com uma empresa chinesa, realizadas com incompetência e claro desrespeito às normas internas. Investigado o caso, o comitê recomendou a demissão do operador e uma suspensão branda para o gerente que supervisionou e autorizou as transações.

Alegou-se que era somente um interino e, desse modo, suas responsabilidades seriam menores. Discordei radicalmente desse argumento. O gerente foi demitido. Se alguém ocupa um cargo executivo, mesmo interinamente, não pode fugir de suas responsabilidades. Caso tivesse receio, ou por outro motivo se julgasse incapacitado, não deveria ter aceitado a posição de gerência, mesmo que interinamente.

Esse episódio evidenciou um aspecto característico da cultura. As falhas da gestão de consequências e sua seletividade, restrita somente aos escalões inferiores da estrutura hierárquica.

Abrindo um parêntese, descobriu-se também que quem controlava as operações de *trading* eram os mesmos que as executavam. Ademais, até certo limite de valor era permitido que a companhia tivesse posições especulativas, fazendo apostas unidirecionais de preços. Estruturamos imediatamente uma área de controle dessas operações na diretoria financeira e proibimos qualquer posição especulativa. A Petrobras é uma companhia produtora, não uma *trading* de commodities. Querer ser as duas coisas ao mesmo tempo pode resultar em desastres. Várias empresas industriais de boa qualidade já quebraram ou pelo menos tiveram sérias dificuldades por se envolverem em operações financeiras especulativas.

Desarmamos uma bomba com potencial para explodir a qualquer momento.

Na reunião de Itaipava, designamos embaixadores culturais que atuariam para divulgar nossas mensagens. Estabelecemos prioridade para o fortalecimento da comunicação interna, realçando a importância de manter um diálogo claro e franco, e foi definido um propósito: melhorar e aprofundar a comunicação interna era crítico. Só se conquista credibilidade através do diálogo franco.

Adotamos um aplicativo – Facebook WorkPlace – que funciona em celulares fora da rede corporativa. Passei a ser um participante ativo, incentivando os diretores a fazerem o mesmo. Foi uma ferramenta que trouxe agilidade e capacidade de geração de diálogos.

Formaram-se também grupos de discussão de questões técnicas, propiciando um ambiente saudável, muito distinto do poluído Portal Interno.

A responsável por mídias digitais foi premiada pelo Facebook tal o sucesso do aplicativo entre nós. As mídias digitais começaram a ser utilizadas, intensamente e com competência, para realizar a comunicação interna e externa.

Organizamos o trabalho em espaços abertos, de forma semelhante ao que já existia para os diretores, eliminando salas de gerentes e criamos instalações para *coworking*. O objetivo foi fortalecer as condições para a troca de ideias, fundamental tanto para a transformação cultural quanto para a inovação.

Passamos a realizar reuniões frequentes com os empregados, sempre priorizando a transparência e a verdade.

Decidimos que o nosso propósito seria transformar a Petrobras na melhor companhia de petróleo e gás do mundo em termos de geração de valor para os acionistas, com respeito às pessoas e ao meio ambiente e foco na segurança de nossas operações. Essa seria nossa estrela guia – a North Star, como chamam os americanos – que nos remetia a um objetivo extremamente desafiador.

Era um projeto extremamente ousado, particularmente para uma empresa controlada pelo Estado, mas seria imperioso pensar grande para catalisar o apoio de todos a um propósito do qual se orgulhassem e desse modo agissem para sua concretização.

Outra ideia gestada na reunião de Itaipava foi a adoção e difusão do hashtag #umsótime, em estreita cooperação e troca de ideias entre as diferentes áreas de atividade da organização, eliminando o problema do arquipélago de ilhas que não interagiam.

A implementação da metodologia ágil na transformação digital concorreu para a inovação, a quebra de silos e a prática efetiva da união do time.

Como já descrevemos, é um modelo de negócios que depende da ação multidisciplinar de forma acelerada, livre da burocracia normal, e que hoje já se encontra incorporada à corrente principal da administração de empresas. Dedicada à solução de problemas, é baseada em entregas incrementais, o que reduz riscos e torna mais ágil o processo de inovação.

Digitais nativos, como Amazon, Netflix e Spotify, sempre empregaram métodos ágeis em seu amplo espectro de atividades inovadoras. Em menos de 2 anos, contávamos com 370 grupos e alguns milhares de empregados treinados na metodologia ágil.

Valorizar os que trabalham e contribuem para a geração de valor é imprescindível. Mandei instalar dois grandes telões no lobby do EDISE, o edifício sede da companhia, que reportavam notícias sobre as atividades da Petrobras e celebravam as conquistas das equipes, exibindo suas fotos e elogiando as conquistas realizadas.

Numa empresa séria, não há lugar para politicagem e militância política, seja de direita ou de esquerda. Todos são livres para ter suas opiniões e inclinações pessoais, que devem ser deixadas fora de seu local de trabalho.

Instituímos o Dia da Família no mês de dezembro para estimular a criação de um ambiente amigável e ajudar a eliminar o clima de desconfiança. Os empregados puderam trazer suas crianças para ver o Papai Noel, que distribuía presentes, e para assistir aos shows destinados ao público infantil.

Estávamos combatendo o denuncismo, que, como já comentei anteriormente, produz desconfiança, concorre para a formação de um ambiente corrosivo, retira a motivação para o trabalho, impede o desenvolvimento de talentos e transforma profissionais competentes em seres inseguros e defensivos.

Uma de minhas atribuições como CEO era ser um pregador da transformação, iluminar o caminho que estávamos trilhando. Com a pandemia, passamos a utilizar as videoconferências para audiências que chegavam a ultrapassar 15.000 empregados, em que falávamos e respondíamos com sinceridade às perguntas em sessões que duravam em média 2 horas.

Quando percebi que as mensagens não estavam sendo bem transmitidas ao pessoal da operação, tomei a iniciativa de incluir reuniões virtuais regulares, destinadas exclusivamente para os supervisores. Eles desempenham um papel semelhante ao de sargentos numa tropa militar, o que possui muito valor. Afinal de contas, estão na frente operacional, executando o que é planejado dentro do conforto de escritórios refrigerados.

Quanto maior o conhecimento dos colaboradores sobre a estratégia da organização, não só sobre os objetivos, mas sobre os motivos das diferentes iniciativas, maior a probabilidade que ela seja executada de acordo com o pretendido.

Uma das razões para o fracasso das tropas russas em conquistar rapidamente a Ucrânia, país com poderio militar muito inferior, foi não saber por que estavam combatendo. Seus opositores, os ucranianos, eram plenamente conscientes das razões de sua missão e foram capazes de oferecer tenaz resistência, surpreendendo e provocando dezenas de milhares de baixas entre os invasores, frustrando seu objetivo de tomar a capital, Kiev.

Fazia lives com todos os empregados e com grupos em separado, como os gerentes executivos e os supervisores.

A comunicação franca é uma boa alavanca para mover a transformação cultural, particularmente numa organização em que empregados com muitos anos de experiência nunca tinham sequer chegado perto do presidente. Comigo, o contato foi muito além das selfies. Passaram a ter a oportunidade de dialogar e até me criticar; nas vezes em que considerei justa a crítica, não tive dúvida em reconhecer erros.

Soube que circulava uma notícia de que eu mandaria fechar as bibliotecas da companhia. Imediatamente, fui visitar a biblioteca do EDISE para afirmar que jamais o faria, dado o meu histórico acadêmico e prazer pela leitura. Pelo contrário, minha intenção era digitalizar a biblioteca para permitir que todos, independentemente da localidade em que estivessem, pudessem ter acesso às publicações disponíveis. Aquela mentira deixou de circular logo após minha visita, que surpreendeu até mesmo a bibliotecária

Na batalha da comunicação, estavam engajadas a assessoria de imprensa, relações com investidores e comunicação atuando com competência, em sintonia e estreita interação.

Em geral, funcionários de uma grande empresa tendem a se concentrar unicamente no que se passa nela, ignorando o mundo exterior. Na Petrobras não era diferente.

Era essencial que nossos colaboradores tivessem contato com um mundo em transformação em alta velocidade e onde a interdependência entre os negócios aumenta drasticamente. Esse contato era especial para aposentar as velhas crenças e para coloca-los em contato com novas ideias e modelos de negócios, demonstrando que não estávamos querendo inventar algo absurdo.

Havia, na Petrobras, um desafio semelhante ao enfrentado por Satya Nadella na Microsoft: transformar a cultura do *know it all* – sabemos tudo, somos os melhores, não temos nada a aprender com os outros – para o *learn it all* – caracterizada pela humildade em reconhecer que podemos aprender muito com a experiência de outros e que o aprendizado deve ser contínuo e perene.

Com esse fim, organizamos um programa, os "Diálogos do Conhecimento", que consistiu numa série de palestras e discussões com executivos de empresas, propositalmente a maioria de fora da indústria de óleo e gás, e profissionais de várias áreas.

Entre junho de 2019 e março de 2021, foram 29 sessões com assuntos e palestrantes diversos, nas quais abordou-se uma variedade de temas – combate à COVID, petróleo e gás natural, inteligência artificial, transformação digital, gestão de talentos, privatização, estratégia e geopolítica, o pensamento e funcionamento de outras empresas.

CEOs de empresas como Microsoft, Ab Inbev, Egon Zhender, SAP, Exxon Mobil, XP, Banco Santander, Localiza, iFood, Hospital Albert Einstein, Hospital Copa Star, Stern Value, New Development Bank, Banco Central do Brasil, World Economic Forum e Embrapa, e profissionais de sucesso em suas respectivas áreas, como Salim

Mattar, Nivio Ziviani, Parag Khanna, Claudio Domenico, Vicente Assis, da McKinsey, Evaristo Miranda, da Embrapa, José Júlio Senna e Fernando Veloso, da FGV, dedicaram seu tempo para conversar com nossos colaboradores.

Os "Diálogos do Conhecimento", coordenados por Pedro Brancante, despertaram muito interesse. No período pré-pandemia, o auditório do EDISE lotava, com 150 a 200 pessoas. Depois, as videoconferências reuniam dez vezes mais essa audiência.

Outras iniciativas foram relevantes para o esforço de promover a transformação cultural.

A primeira foi a introdução de um programa de remuneração variável baseado em métricas. O conceito de criação de valor é antigo, articulado originalmente por Alfred Marshall em 1890 e persistido ao longo do tempo[48]. Mas, na Petrobras, os empregados estavam acostumados há muitos anos a ter somente metas de volumes. Falar em "geração de valor" é quase uma mini revolução.

Suas mentes estavam distantes do que efetivamente conta para os acionistas. Portanto, não foram surpresa os resultados extremamente negativos e a consequente sistemática destruição de valor, pelo menos para mim.

Durante anos, o bônus era a participação nos lucros: todos ganhavam, em uma socialização de benefícios. Os empregados com salário mais baixo recebiam um bônus bem mais generoso, independentemente de seu desempenho. Como havia pessoas que defendiam a mesma remuneração para todos, a participação nos lucros era uma forma de reduzir a desigualdade ao invés de estimular a produtividade.

O emprego da remuneração variável para fins distributivos constituía uma séria distorção ao desprezar os fins para os quais o mundo corporativo a instituiu.

Apesar do progresso, restaram radicais adeptos das velhas ideias, que se voltaram contra o pagamento do prêmio por performance. Curiosamente, recebi uma carta de um empregado afirmando que só aceitava o bônus por estar endividado. Escreveu

---

48. MARSHALL, A. Principles of Economics. Nova York: Macmillan, 1890.

que tinha nojo daquele dinheiro gerado, segundo ele, pela especulação. Realmente a cegueira ideológica é um problema seríssimo.

Outra dificuldade para a implementação da remuneração variável foi a SEST, Secretaria de Governança e Coordenação das Estatais do Ministério da Economia. Alegando obediência às leis, buscavam interferir na gestão de uma empresa de capital aberto. Boa parte do que afirmavam ser determinação legal era estabelecido por normas internas da própria Secretaria. Insistiam, por exemplo, que na avaliação dos executivos da Petrobras se considerasse a pontualidade na remessa de relatórios como indicador de produtividade. Sem dúvida, trata-se de algo sem sentido e até ridículo numa empresa.

Conforme a determinação da Secretaria, propostas de negociação do acordo coletivo de trabalho deveriam lhe ser submetidas previamente para aprovação, dentro de até 60 dias.

Eram exigências desprovidas de sensatez. Acabamos por não atender à determinação referente à negociação sindical porque, se atendêssemos, estaríamos expostos ao risco de greve.

Muitos em Brasília não entendem a diferença entre Estado e governo, entre uma sociedade de economia mista de capital aberto e de grande porte, com centenas de milhares de acionistas privados, e uma estatal, com 100% do capital possuído pelo Estado. Compreensão era tudo o que demandávamos.

A SEST é inquestionavelmente importante para a governança de estatais, mas daquelas claramente sujeitas à interferência direta de interesses políticos, com 100% de capital estatal e principalmente para as dependentes do Tesouro Nacional, incapazes de se financiarem.

No tocante às sociedades de economia mista, a Secretaria desconhece a governança, querendo passar por cima de seus Conselhos de Administração, escolhido em assembleia de acionistas, nas quais o Estado está representado.

Em certas pautas era necessário, depois da aprovação do CA, a concordância da SEST. E se a SEST não estivesse de acordo? O Conselho de Administração, órgão máximo da governança de uma empresa, seria desautorizado.

Em assembleias de acionistas, quem representa o Estado é a Procuradoria Geral da Fazenda Nacional (PGFN), órgão do Ministério da Economia que, em seus votos, se baseia em pareceres da SEST. Existe então o risco de o voto da PGFN, por recomendação da SEST, conflitar com a aprovação de um assunto pelo CA, inclusive por conselheiros indicados pela União.

No final de 2019, a SEST chegou a exigir que o CA fizesse uma reunião extraordinária para aprovar formalmente o que já fora decidido pelo mesmo Conselho, o conjunto de metas de remuneração variável dos diretores. Em função da reestruturação organizacional que mudou a composição da Diretoria Executiva, se tratava somente da redistribuição entre as diversas diretorias do valor aprovado anteriormente, não havendo evidentemente alteração do montante total.

Salim Mattar, quando exercia o cargo de Secretário Especial de Desestatização, estudou e preparou uma versão preliminar de regulamento específico para as sociedades de economia mista, mas pediu demissão antes que seu projeto avançasse. Lamentavelmente, ele foi descontinuado. Burocratas costumam ser adversários da meritocracia e da produtividade.

Na Petrobras, as avaliações qualitativas de empregados refletiam um lado ruim da cultura: a falta de gestão de consequências e o desprezo pelos estímulos à produtividade. A avaliação seguia o modelo "Marquês de Sapucaí", em que todos recebem dos julgadores notas muito altas com diferenças mínimas entre elas.

A avaliação dos empregados era executada com o objetivo de não provocar ruídos.

Estabelecemos o modelo 9 Box, uma das ferramentas mais conhecidas para a avaliação subjetiva de desempenho, para ser componente do indicador para efeito de premiação. Trata-se de matriz 3x3, na qual se escolhe em duas dimensões, como conhecimento e desempenho. As notas atribuídas são refletidas nos elementos contidos em cada uma das três linhas e três colunas. Quanto mais à direita da origem no eixo horizontal e mais acima no eixo vertical melhor será a avaliação do empregado.

Ao avaliar seus subordinados, um executivo colocou-os todos na caixa superior, representativa de notas máximas para as duas dimensões, 3x3. Como sabia que ele era um aficionado do futebol, comentei que seu campeonato terminara empatado e com todas as equipes invictas. Sendo assim, teria de ser disputado novamente até surgirem vencedores e vencidos. Diante da mensagem clara, acabou revendo sua avaliação e aquilo serviu de exemplo para os demais.

Foi muito importante a implementação do EVA (*Economic Value Added* [Valor Econômico Adicionado]), sistema de gestão desenvolvido por Benneth Stewart e Joel Stern, adotado com sucesso por muitas empresas no mundo. Numa infeliz coincidência, na semana seguinte à brilhante apresentação que fez para nossos gerentes, Joel Stern faleceu nos EUA.

O EVA, medido pelo retorno sobre o capital empregado menos o custo do capital, não constitui somente métrica, é algo bastante mais abrangente. É um sistema para tomada de decisões sobre investimento dentro de um modelo de disciplina na alocação do capital, permitindo a identificação de oportunidades específicas de melhoria de desempenho e atuando como instrumento para estimular os empregados a se tornarem mais produtivos, tendo também a função de medida de performance.

Os empregados se sentem no papel de empreendedores, responsáveis em suas posições pela gestão de uma espécie de pequena empresa que busca gerar lucros econômicos, com a clara noção da obrigação de remunerar o capital e pagar impostos. Tal como a metodologia ágil, o EVA democratiza o processo decisório.

Um dos resultados do emprego do EVA é concorrer para o florescimento de uma cultura de valor, uma de nossas aspirações.

Com assessoria da Stern Value, treinamos centenas de empregados durante dez meses e implementamos gradualmente o EVA em 2020, quando foi instaurada a realização mensal das reuniões que batizamos de "Fórum de Valor". Durante algumas horas, discutíamos a performance da companhia e de suas diversas áreas, os avanços e as questões por serem resolvidas. A abordagem era cada vez mais granular, procurando abranger cada bacia de petróleo assim como as refinarias individualmente.

Fiquei muito feliz ao verificar o entusiasmo de boa parte dos empregados, que se familiarizaram rapidamente com as árvores de valor e buscaram identificar onde poderiam extrair mais.

No primeiro ano de sua aplicação, em 2020, conseguimos obter um aumento do EVA de US$ 2,3 bilhões.

O caso da Petrobras foi um projeto muito bem sucedido de implementação do EVA. Tornou-se referência para a Stern, devido ao tamanho e a complexidade da empresa[49].

Estava ocorrendo mudança extraordinária. Rapidamente, a preocupação com criação de valor passou a ganhar destaque num terreno onde era ignorada. Fiquei muito feliz em 2023, dois anos após minha saída da Petrobras, ao assistir uma apresentação de um projeto da empresa contendo estimativa do aumento esperado de EVA.

Avalio a efetivação do EVA como das principais conquistas nos tempos em que dirigi a Petrobras.

Apesar de o programa de remuneração variável, baseado em métricas bastante transparentes e com alta correlação com a geração de valor ao longo do tempo, ter sido algo muito positivo, havia uma deficiência que não pudemos contornar.

O negócio de petróleo e gás natural possui um horizonte de longo prazo. Decisões tomadas hoje vão repercutir dentro de 5 a 10 anos. O programa não contemplava uma componente de incentivo de longo prazo e nem poderia. Essa impossibilidade é mais uma distorção provocada pela alta rotatividade da diretoria da Petrobras, imposta por seu acionista controlador. Não poderíamos prometer remunerar ninguém dentro de anos, pois muito provavelmente, ao final desse período, essa pessoa não ocuparia mais um cargo executivo. Sem descuidar de metas de longo prazo, a solução foi remunerar executivos pelo curto prazo, assegurando o planejamento geral.

---

49. Veja o artigo de Martin Schwarz e Pedro Tavares no "Journal of Applied Corporate Finance", volume 35, número 4, páginas 49 a 52, em 2023, intitulado "A Change Toward Value-based Corporate Culture in Petrobras".

## 2. A criação de valor para o acionista versus ESG

Nos últimos 40 anos, o capitalismo retirou da extrema pobreza cerca de dois bilhões de pessoas. Parcela significativa desse contingente é composta por chineses e indianos, cujos países abriram suas economias para as forças de mercado logrando abandonar a letargia típica dos regimes socialistas, onde a atividade econômica é comandada pelo Estado.

Entretanto, a exemplo do que ocorreu em situações passadas, as fundações do capitalismo estão sendo questionadas, em papel atribuído às empresas envolvendo a maximização de valor para os acionistas (*shareholder capitalism*).

Desafios como a globalização, a mudança climática, a desigualdade de renda, a pandemia e o poder das gigantes de tecnologia têm abalado a confiança do público, facilitando a tarefa de críticos que atribuem ao capitalismo a culpa de todos os males.

A visão de Milton Friedman sobre responsabilidade social das empresas, expressa em seu famoso artigo na New York Times Magazine em 1970, "The social responsibility of business is to increase profits", passou a ser alvo de contestação e críticas[50].

Em agosto de 2019, o Business Roundtable, uma associação de CEOs de grandes companhias globais, lançou um manifesto afirmando que elas têm a responsabilidade de atender a compromissos com clientes, empregados, fornecedores, comunidades, o meio ambiente e os acionistas, o chamado *stakeholder capitalism*, o que deu origem ao ESG (meio ambiente, social e governança). Muitas pessoas interpretaram aquilo como a condenação à morte do *shareholder capitalism*.

---

50. FRIEDMAN, Milton. The Social Responsibility of Business is to Increase Profits. *In* Corporate ethics and corporate governance. Heidelberg: Springer Berlin Heidelberg, 2007. p. 173-178.
Para uma discussão sobre essas ideias, veja "Milton Friedman 50 Years Later", de Luigi Zingales, Jana Kasperkevic e Asher Shechter (eds.), publicado pelo Stingler Center da University of Chicago Booth School of Business em 2020.
Para críticas a Friedman veja, por exemplo, "Power and Progress: Our Thousand-year Struggle Over Technology and Prosperity", de Daron Acemoglu e Simon Johnson, publicado pela Hachette UK em 2023.

Contudo, a sabedoria contida no artigo escrito por Milton Friedman há mais de 50 anos tem sido influente, produtiva e permanece verdadeira em nossos dias.

As coisas não costumam ir bem para companhias que priorizam os "stakeholders" em detrimento dos acionistas, pois tendem a investir menos e a operar com ineficiência.

Temos observado alguns exemplos no Brasil, mas o clássico nesse tema é o da indústria automobilística americana. Nos anos 1960 e 1970 o foco das montadoras americanas era cultivar o relacionamento com um *stakeholder*, os sindicatos, enquanto a criação de valor para os acionistas ficava no banco traseiro dos veículos. Acabou sendo devastada pelos japoneses.

Não podemos nos concentrar unicamente no atendimento de outros objetivos sem avaliar seus custos e benefícios, tal como as empresas fazem normalmente em seus projetos de investimento.

O apoio de investidores às decisões de empresas europeias de petróleo de reduzir a produção tem enfraquecido, provavelmente porque perceberam que estavam se distanciando do objetivo de criação de valor para os acionistas. De acordo com dados do Sustainable Investments Institute, o apoio às propostas em favor do Meio Ambiente, Social e Governança (ESG) vem declinando desde 2021 – de quase 35% para pouco mais de 20% em 2023. Nesse ano, na Exxon Mobil somente 11% dos acionistas votaram a favor de uma petição para diminuir as metas de redução de emissões com base no acordo de Paris, contra 28% em 2022.

A administração de algumas empresas às vezes despreza aspectos fundamentais da criação de valor em troca do "curto--prazismo", que acabou levando ao malogro aquelas que diziam ter como meta a maximização de lucros para os acionistas, porém não possuíam uma boa noção de seu significado.

A discriminação contra diferentes grupos sociais na contratação de empregados implica abrir mão voluntariamente de potenciais talentos em troca de preferências não-econômicas. Deixa-se de perseguir a formação de uma força de trabalho mais produtiva, resultando em perda para os acionistas, além de ser fonte de distorção geradora de perdas para a sociedade. Por outro lado, quem discrimina causa custos a si mesmo.

Se uma empresa limita o treinamento profissional ou a promoção para vagas em sua estrutura a determinado grupo, discriminará e desestimulará os excluídos. Não se deve permitir que o legítimo interesse em promover a diversidade provoque discriminação e/ou abandono da meritocracia.

Recentemente, o Judiciário brasileiro estabeleceu critérios diferenciados para o concurso de juiz, considerando certos grupos. Enquanto é requerido dos demais o acerto de no mínimo 70% das questões formuladas, para os sub-representados o sarrafo é mais baixo, bastando ter sucesso em 50%. Mas uma questão pertinente se impõe: será que essa medida concorre para termos grupos de juízes despreparados nos tribunais de justiça do país?

Em minha opinião, são funções do Estado fortalecer a legislação contra qualquer tipo de discriminação e melhorar consideravelmente as escolas públicas para garantir efetivas oportunidades de ascensão social e econômica aos filhos de famílias mais pobres. O correto é a promoção da igualdade de oportunidades e não o artificialismo da igualdade de resultados.

Alguns acidentes ocorridos nas últimas décadas, principalmente em companhias de petróleo e de mineração, demonstram que descuidar da proteção ao meio ambiente e da segurança das operações em troca de uma suposta maximização de lucros no curto prazo tem potencial para causar gigantescos prejuízos para seus acionistas.

O entendimento de Milton Friedman era que o compromisso deve ser com a criação de valor para os acionistas no longo prazo. Nesse contexto, é preciso atender naturalmente ao que o Business Roundtable propôs pois, do contrário, naufragarão ao longo do tempo.

O fato de o objetivo de maximizar valor para o acionista ter obtido muito sucesso está em harmonia com a entrega para os *stakeholders*. Apple e Microsoft são empresas que têm agregado valor não apenas para os acionistas, mas também para seus clientes, empregados e fornecedores.

Na Petrobras, a ênfase dada para a maximização de valor para os acionistas não significou deixar de lado preocupações com a mudança climática, os aspectos sociais e a governança. Entre as métricas de avaliação dos empregados, ao lado do EVA estavam outros indicadores, como, por exemplo, a emissão de carbono.

Apesar de todas as iniciativas colocadas em marcha na jornada de dois anos de transformação cultural, ela constitui um processo contínuo e permanente, como me disse Satya Nadella, que há dez anos lidera a Microsoft.

Avançamos, mas a transformação cultural estava apenas começando, e eu sabia muito bem que o meu mandato seria curto.

## 3. Liderança pelo exemplo

Em uma companhia produtora de commodities, como óleo, gás e combustíveis, manter custos baixos é fundamental.

São mercados nos quais raramente uma empresa possui poder para determinar preços, seus produtos são expostos aos ciclos econômicos e, consequentemente, à volatilidade de mercados, o que se reflete em significativas oscilações do fluxo de caixa. Uma companhia com custos elevados consegue até ganhar dinheiro nos ciclos de alta, mas a situação se torna delicada quando os preços caem. Nesses casos, costumo dizer que a única opção é ir para a igreja, a sinagoga, o templo evangélico ou a um terreiro de candomblé, enfim, rogar ao Deus em quem você acredita para que faça os preços se recuperarem.

Neste século, ocorreram três choques de queda do petróleo: dois de demanda (2008-2009 e 2020) e um de oferta (2015-2016). Todos eles provocaram forte volatilidade de baixa com substanciais quedas de preços.

Para não ficar na dependência divina, o melhor é fazer o dever de casa e ser radicalmente intolerante com custos excessivos. A melhor época para fazer isso é no ciclo de alta dos preços. Consertar o telhado enquanto o sol está brilhando, mantendo-se sempre consciente de que a permanente vigilância é crucial.

Algumas vezes, as empresas acabam prisioneiras do que se chama de ciclo CRIC (*Crisis, Reaction, Improvement and Complacency* [Crise, Reação, Melhoria Complacência]). A complacência pode eliminar toda a economia obtida com o programa de corte de custos. Já vi casos de companhias acabarem com custos superiores aos de antes de terem começado o programa de cortes.

O foco em mudança de processos é um instrumento importante para a diminuição permanente de custos, ao lado do contínuo monitoramento para impedir que novas fontes de aumento prosperem.

Discordo da visão de que um programa de corte de custos aparentemente deve se concentrar somente nos grandes itens.

Tolerância zero a todo excesso, seja qual for a magnitude, é imprescindível para a consolidação de uma cultura de valor. O exemplo de austeridade tem de vir da alta administração. Caso contrário, a credibilidade se esfumaça. Não se pode também ignorar que o somatório de muitos pequenos itens pode resultar numa quantia significativa.

Concordo plenamente com a frase do general Colin Powell, um grande estrategista militar e o primeiro negro americano a exercer o cargo de Secretário de Estado dos EUA: "Se você deseja atingir excelência nas coisas grandes, desenvolva o hábito nas pequenas. Excelência não é uma exceção, deve ser a atitude predominante"[51].

Entre os pilares estratégicos, um dizia "busca incessante por custos baixos". Isso deve começar com o presidente, estabelecendo um modelo para a organização. Pequenas ações, como as descritas nos exemplos a seguir, são relevantes exatamente porque ajudam na transformação cultural. Iniciativas tomadas pelo principal executivo de uma empresa tendem naturalmente a ecoar por toda a organização.

Confesso ter sido surpreendido pelo que havia ao meu redor.

Encontrei o escritório da Presidência com três secretárias, remuneradas com salários acima do mercado, e somente uma delas

---

51. HARARI, Oren; RYAN, Chris. The leadership secrets of Colin Powell. Nova York: McGraw-Hill, 2002.

sabia falar inglês. Cada uma era equipada com uma impressora além da minha. A situação mudou. Passei a ter apenas duas secretárias, adotei a remuneração de mercado e exigi inglês fluente. Em lugar das quatro impressoras, passamos a ter somente uma.

Todos os que trabalhavam no gabinete da Presidência recebiam um adicional de salário. Desse modo, a diminuição já eliminava custos, mesmo sem demissões.

Havia uma assessora para tomar notas nas reuniões do presidente e, eventualmente, preparar apresentações em Power Point. Função evidentemente desnecessária, a colaboradora, que não pertencia aos quadros da Petrobras, foi dispensada.

Em um salão com 22 empregados, o exagero era semelhante. Em uma verdadeira caça ao desperdício nas áreas administrativas, eliminamos um número bastante expressivo de equipamentos.

Dois assessores eram dedicados a analisar temas constantes da pauta a ser discutida na próxima reunião de diretoria. Preparavam um relatório, o qual deveria ser apresentado a mim uma hora antes da reunião para evitar – segundo eles – que eu fosse surpreendido. Considerei isso perfeitamente dispensável e só tivemos um encontro desses. O papel passou a ser desempenhado pelo chefe de gabinete, que me enviava algumas anotações, num processo rápido e eficaz.

Cada diretor dispunha de duas secretárias e de dois assessores para lhes ajudar na preparação para a reunião semanal da diretoria. Reduzimos essa equipe para um de cada. Para cobrir eventuais ausências, foi criado um pool de secretárias.

A Diretoria e o Conselho de Administração passaram também por uma boa redução, com eliminação da maior parte dos cargos comissionados. João Gabriel, o excelente Secretário Geral da companhia, se acostumou rapidamente a trabalhar com equipes pequenas.

Nas assembleias gerais de acionistas, abolimos flores e lanches – mais um símbolo da austeridade nos gastos– e passamos a servir apenas água e café.

Existiam seis automóveis blindados a serviço da Presidência, 24 horas por dia, 7 dias por semana, juntamente com equipes de motoristas e seguranças; dois veículos em cada cidade – Rio de Janeiro, São Paulo e Brasília. Decidi abolir tudo aquilo e andar de Uber, lembrando do CEO de uma grande companhia italiana que optou por dirigir seu próprio carro, sem o aparato tradicional que acompanha pessoas nesse cargo. Por razões de segurança, fui demovido da ideia. Ainda assim, passamos a ter o serviço permanente apenas no Rio. Nas outras cidades, quando necessário, alugávamos um carro de menor porte.

Outra gordura localizada era o cerimonial da Presidência, composto por dez pessoas. Até então, eu acreditava que aquilo só existia na Presidência da República e no Itamaraty. Foi eliminado.

Na primeira reunião de Conselho de Administração, alguém propôs um aumento de remuneração para a Diretoria Executiva como recomposição do valor real devido à inflação passada. Recusei imediatamente. Como eu poderia pedir "sangue, suor e lágrimas" aos colaboradores se eu mesmo começaria recebendo um aumento salarial?

Numa apresentação do Gerente Executivo de Comunicação – no início de minha gestão, se reportavam diretamente à Presidência – tomei conhecimento de que a Petrobras havia celebrado, em 2018, contratos de patrocínio e desenvolvimento tecnológico por seis anos com uma equipe de Fórmula 1, a McLaren, que compreendiam o desenvolvimento de uma gasolina especial para abastecer os veículos e nos obrigavam a gastar cerca de R$ 700 milhões à taxa de câmbio real/libra da época.

Definitivamente, o contrato de patrocínio assinado em 2018 não fazia sentido por várias razões.

Petrobras é uma das marcas mais conhecidas no Brasil há décadas, dispensando publicidade para a fixação entre consumidores. O melhor a ser feito era trabalhar para se tornar uma empresa lucrativa com foco na proteção do meio ambiente, no respeito pelas pessoas e na segurança de suas operações; entre outras implicações, melhoraria sua reputação.

A Petrobras não possuía operações globais de varejo. Como varejista de combustíveis, suas atividades se limitavam a alguns países da América do Sul, tinham escala modesta e estavam sendo vendidas.

A BR Distribuidora, naquela época ainda subsidiária da Petrobras com participação minoritária de investidores privados, possuía operações de varejo de porte significativo no Brasil, com mais de 8.000 postos de serviço e não se manifestou para assumir o contrato em lugar da Petrobras.

Privatizada, a BR (atual Vibra Energia), tem investido em publicidade, mas não optou por patrocinar a Fórmula 1, restringindo-se ao mercado doméstico, onde concorre com outras distribuidoras de combustíveis.

Para piorar, um fabricante de cigarros ingressara no grupo de patrocinadores da McLaren e não gostaríamos de ver a nossa marca associada a um produto reconhecidamente prejudicial à saúde.

Em última instância, a Petrobras ainda era uma companhia muito endividada e de custo elevado e patrocinar uma equipe de F1 era uma distração dispendiosa.

Havia interesse no desenvolvimento tecnológico, na medida em que poderia viabilizar a colocação no mercado de um novo produto; entretanto, os testes não evoluíram de acordo com o esperado e optamos por rescindir o contrato.

Encarreguei o Marcelo Klujska, o MK, de liderar a equipe que negociaria o distrato com a McLaren, missão que se mostrou desafiadora. A empresa automobilística adotou uma postura muito dura. Quando a reunião começou, o pessoal da McLaren disse que sabia que o MK fora a pessoa a ordenar a suspensão do desembolso da parcela do contrato que vencia naquela data. De fato, havia sido ele, atendendo à minha deliberação, que adotara uma postura que forçaria a McLaren a ir para a mesa de negociação. Mas a questão é que o episódio evidenciou que algum empregado da Petrobras havia repassado informações internas para outra empresa.

A McLaren não queria nem ouvir falar em cancelamento de contrato. Para aspirar pódios, uma equipe necessita de pelo menos US$ 400 milhões por ano em patrocínios. Para tornar a novela mais atraente, o assunto havia vazado para a mídia e a McLaren nos acusava de estar prejudicando a sua imagem, o que não era a nossa intenção e tampouco correspondia à realidade.

Finalmente, depois uma conversa franca com Zak Brown, CEO da McLaren, as coisas se acalmaram. MK pôde avançar nas negociações e, em outubro de 2019, fechamos um acordo para o término do contrato[52].

A Petrobras assinara um contrato com vigência de 6 anos sem cláusula de saída. Certamente um erro grosseiro que nos deixou numa posição de fragilidade. Isso nos levou a pagar uma compensação de £ 20 milhões para o encerramento prematuro.

No Grande Prêmio Brasil de F1, realizado no mês seguinte, os carros da McLaren não usavam mais a marca da Petrobras.

Entre outras providências, cabia à companhia devolver um protótipo de F1 que lhe fora confiado para expor a marca da McLaren. O problema é que ninguém sabia onde estava o carro. Curiosamente, depois de quase uma semana de busca, foi encontrado numa garagem usada pela Petrobras em Belford Roxo, na Baixada Fluminense e, enfim, embarcado para Londres.

Esse episódio expôs uma grande incoerência. Se o objetivo era fazer publicidade, a companhia utilizou pouco o potencial do contrato. Uma evidência disso foi o carro ter ficado perdido na Baixada Fluminense.

Havia muito dinheiro sendo gasto com artistas famosos, que não precisavam de patrocínios para seus shows, financiamento de filmes de qualidade questionável e outros fins. Citamos, entre outras, uma contribuição anual de R$ 4,5 milhões para uma academia de dança na Zona Sul do Rio de Janeiro, frequentada por pessoas de alta renda, sem qualquer benefício para a empresa.

Era um programa de gastos com ausência de definição estratégica que o guiasse.

Cortei a maioria dos patrocínios e fui acusado de "adversário da cultura". Pelo contrário, sou um consumidor de cultura, apreciador de artes visuais, cinema e música. Mantivemos as contribuições para instituições como o Teatro Municipal, Sala

---

52. Findo o caso, ele contou que, na sede da McLaren, estava exposto o carro de F1 que tinha sido pilotado por Ayrton Senna (1960-1994). Embora fã do automobilismo e de Senna, teve que controlar seu impulso de aproveitar a oportunidade para sentar-se no *cockpit*.

Cecília Meirelles e Museu de Arte Moderna, ícones da cultura na cidade do Rio de Janeiro, que necessitam e merecem o apoio das empresas. Seguimos patrocinando a Orquestra Sinfônica Petrobras, mas seu foco foi redirecionado para escolas da rede pública de ensino básico e médio. Para crianças, patrocinamos concursos de literatura e peças de teatro infantil. Nos esportes mantivemos e renovamos o apoio aos atletas olímpicos do Brasil.

A educação é essencial para o desenvolvimento econômico de qualquer país. O atraso educacional está diretamente associado ao subdesenvolvimento, à baixa produtividade e à pobreza. Há uma célebre colocação de Nelson Mandela, um dos maiores estadistas do mundo no século XX, com a qual concordo: "A educação é a mais poderosa arma para mudar o mundo"

Acredito, baseado em estudos e vasta evidência empírica, no poder do investimento em capital humano para promover a mobilidade social e econômica e ajudar a retirar pessoas da pobreza.

Minha tese de doutorado "Crescimento Acelerado e o Mercado de Trabalho", apresentada em 1977 à Escola de Pós-Graduação em Economia da Fundação Getúlio Vargas, abordava o papel do investimento em educação e treinamento no trabalho sobre o comportamento dos salários na economia brasileira.

Num país como o nosso, onde a educação apresenta grandes deficiências, especialmente entre as famílias de renda mais baixa, optamos por realocar recursos do patrocínio de atividades culturais e supostamente culturais para programas educacionais.

"Investir em educação na primeira infância é um investimento eficiente e eficaz para o desenvolvimento econômico e da força de trabalho. Quanto mais cedo for o investimento, maior o retorno do investimento", disse James Heckman, professor da Universidade de Chicago e Prêmio Nobel de Economia 2000.

O Brasil gasta, em educação, percentual do PIB semelhante ao de países desenvolvidos, mas o resultado é pobre, evidenciado no fraco desempenho de nossos estudantes nos exames do PISA. Nosso problema não é a falta de recursos, como em economias africanas, nas quais 30% das crianças estão fora da escola e não há disponibilidade de professores. Temos várias fraquezas, como a má alocação de recursos, como o investimento por aluno do ensino superior sendo o triplo do ensino básico, como as deficiências no treinamento de professores e a ausência dos incentivos adequados para melhorar a sua performance.

A verdade é que o Brasil educa mal. Consequentemente, o aumento de escolaridade não consegue se traduzir em aumento de produtividade.

Nossa estratégia foi concentrar recursos no investimento de programas voltados para a primeira infância e o nível básico da educação. Esse foco é extremamente importante, dado o impacto significativo sobre a capacidade cognitiva e não cognitiva dos alunos. A evidência empírica aponta para taxas de retorno social mais elevadas nos estágios iniciais do processo educacional do que as geradas pelo investimento em cursos superiores.

Acredito firmemente que tomamos a decisão correta. Os programas da Petrobras passaram a assistir 25.000 crianças de famílias de baixa renda com peças de teatro e literatura infantil, contação de histórias e outras atividades.

O economista Flavio Cunha, professor da Rice University, nos EUA, um especialista premiado em educação infantil, nos ajudou gratuitamente na formulação de programas. Eu sou pessoalmente agradecido por sua contribuição. Entretanto, a pandemia impediu a implementação dos planos que fizemos.

No ano seguinte, a pandemia de COVID deixou evidente o quão importante é a inclusão digital. Era simplesmente doloroso ver crianças dividindo o celular com o pai ou a mãe para ter acesso a aulas virtuais; muitas delas, nem isso. Decidimos criar o programa "Janelas para o Amanhã", que previa a doação de até 15.000 computadores para escolas públicas em localidades carentes próximas às nossas operações, acesso à internet e treinamento digital para professores do ensino básico e alunos do nível médio. Infelizmente, eu saí antes do programa deslanchar.

Responsabilidade social é combater a pobreza e promover condições para viabilizar a mobilidade social e econômica. Definitivamente, não é subsidiar preços de combustíveis debilitando a galinha de ovos de ouro e estimulando a emissão de $CO_2$. Isso é puro populismo.

Não se combate a pobreza com preços de combustíveis artificialmente baixos. Se fosse assim, a Venezuela teria exterminado a miséria e não estaria sofrendo um processo de emigração em massa, estimado pela ACNUR (Alto Comissariado das Nações Unidas para Refugiados) da ONU em sete milhões de pessoas.

Administrar bem a Petrobras e gerar recursos para o pagamento de dividendos dá ao Estado condições para que financie programas sociais.

O gerente executivo de Comunicação, que havia firmado o contrato de patrocínio da F1, me apresentou um orçamento de dispêndios para 2019 com considerável aumento em relação ao ano anterior, apesar da recomendação anterior de corte de gastos. Sua alegação foi que 2018 tinha sido ano eleitoral e, por isso, menos dispendioso. Entretanto, não se administram os gastos de uma empresa em função de ciclos eleitorais.

Dei a ordem para que fosse zerada a publicidade em televisão responsável por boa parte do orçamento inflado. Ficaríamos somente com o emprego da mídia digital, mais barata e, a meu ver, bem eficaz. Ele sentiu que sua situação era desconfortável e se antecipou pedindo demissão.

A Comunicação não tinha um plano estratégico e sim um compilado de 220 projetos desconectados no tempo e em objetivos. Não existiam métricas para avaliação de resultados. A área era tratada como um instrumento auxiliar, reagindo a demandas específicas, como o atendimento diário da mídia.

Houve uma completa reestruturação no setor com a contratação de uma nova gerente executiva. A Comunicação passou a desempenhar um papel ativo e estratégico. Entre suas diversas iniciativas destaco o programa "Encontro com a Diretoria", que aproximou muito a administração dos empregados em reuniões virtuais.

As ações da Petrobras eram listadas para negociação na Bolsa de Buenos Aires. Não havia nenhuma dúvida de que isso não era uma boa ideia. O custo era irrelevante, mas implicava perda de tempo com a elaboração de relatórios em espanhol e, é claro, o desconforto com uma situação despropositada. O mercado de capitais da Argentina é muito pequeno e, se os argentinos desejassem negociar ações da companhia, poderiam fazê-lo em São Paulo, situada no mesmo fuso horário de Buenos Aires.

Um dia, no início de minha gestão, um assessor meu visitou o subsolo do EDISE, onde existiam acomodações para prestadores de serviços. Relatou sua perplexidade com a sujeira, as condições precárias do refeitório, a geladeira consumida por ferrugem, a pia e o micro-ondas quebrados e um vestiário de mulheres sem nenhuma ventilação.

Pedi que elaborasse um relatório e anexasse fotos. Isto feito, apresentei ao diretor responsável e disse que teria uma semana no máximo para corrigir aquela situação.

Aquele era mais um caso de desrespeito com o qual não poderia transigir. Devemos respeito e consideração a todos os que nos prestam serviços, do mais graduado ao mais humilde, sem exceção. Esse era um de nossos pilares estratégicos e compreendia também o combate à discriminação, ao assédio moral e sexual.

Sempre adotei, como princípio de minha vida profissional, a necessidade de respeitar as pessoas. Nunca gritei e/ou destratei alguém que trabalhasse comigo. Se há algo que um verdadeiro líder não deve fazer nunca é assediar moralmente os seus liderados.

Lamentavelmente, em algumas ocasiões a Justiça brasileira acaba por proteger transgressores da lei.

Após um processo, decidimos demitir um empregado que assediara sexualmente dez advogadas, suas colegas de trabalho. Menos de dois meses após sua demissão, o indivíduo retornou para a Petrobras munido de ordem judicial para reintegrá-lo. A justificativa do magistrado para a decisão foi o atestado de um psiquiatra de que o cidadão estava sob tratamento. Frente a isso, nossa conclusão foi que, tal qual James Bond, no cinema, possui "licença de sua Majestade para matar", no mundo real o assediador tinha adquirido licença judicial para assediar quantas mulheres desejasse.

Decisões como essa são revoltantes. Mas não devemos desanimar no combate a violências. É triste, mas em indústrias como mineração e petróleo ainda se evidenciam o machismo e, em menor escala, o assédio sexual. Na Petrobras, somente 16% dos empregados são mulheres, talvez pelo fato de o trabalho operacional ser longe das grandes cidades e envolver riscos de acidentes, o que contém potencial desestímulo ao ingresso na companhia.

No Peru, há uma lenda do tempo dos incas de que a mina é uma mulher ciumenta de seus mineiros e, quando percebe a presença de outras mulheres, provoca desastres para expressar seu desagrado e punir as pessoas. Por incrível que pareça, até há pouco tempo essa lenda fazia com que as empresas relutassem em contratar mulheres para a execução de tarefas operacionais nas minas. Era também uma boa desculpa para discriminar contra o emprego feminino.

Na Petrobras, o trabalho confinado durante duas semanas nas plataformas em alto mar tende a criar um ambiente que pode favorecer o assédio sexual.

Não fomos capazes de detectar os casos de assédio sexual nas plataformas da companhia que recentemente foram denunciados pelas vítimas. O assédio à mulher evidencia o desrespeito ao ser humano, o emprego de violência e a imposição de barreiras para evitar que as vítimas realizem o potencial de seus talentos e colham os benefícios, prejudicando também a empresa.

Logo após a posse, convidei os gerentes executivos para a primeira conversa de minha gestão. Agendaram a reunião para um ambiente conhecido como "salão nobre" e alugaram cadeiras para os participantes. Além disso, queriam contratar uma outra empresa para transportar as cinquenta cadeiras da garagem para o andar da reunião. Minha secretária participara da discussão e veio me relatar, bastante irritada, que chegou a se oferecer para que ela própria as trouxesse pelo elevador.

Era um detalhe, embora outro sintoma de falta de zelo com os custos, algo intolerável. Alugar cadeiras era inaceitável, da mesma forma como a contratação de um dia de trabalho de uma empresa para subir e descer as referidas cadeiras pelos elevadores do prédio. Dada a nossa reação, episódio semelhante àquele não se repetiu.

Outro destaque é a contratação de um empregado exclusivamente para conduzir o elevador. Ao ser perguntado o que estava fazendo lá, ele me disse que havia sido convocado para aquela tarefa pois a Petrobras receberia visitantes. Pedi que se retirasse, destacando que o seu trabalho ali era totalmente dispensável e proibi que aquilo se repetisse. Fosse quem fosse o visitante, o presidente da República ou o Papa, não haveria cabineiro.

No andar acima do meu escritório, havia uma academia de ginástica muito bem equipada, de qualidade superior às melhores academias do Rio de Janeiro. Tomei conhecimento também da existência de outras em diferentes prédios da Petrobras. Cuidar da saúde dos empregados é uma obrigação da empresa. Nesse contexto, incentivar a prática de exercícios físicos é algo altamente recomendável. No entanto, como gestores, temos a obrigação de escolher a melhor opção entre as disponíveis para satisfazer um objetivo. Certamente ser dona de academias de ginástica não era a melhor escolha para a Petrobras. Os números demostraram o esperado. Seria muito mais barato pagar as mensalidades do mercado, principalmente dado o custo do capital imobilizado em espaço e aparelhamento. Doamos uma boa quantidade de equipamentos para entidades públicas, obedecendo, obviamente, a todos os trâmites exigidos pela governança.

A reação inicial dos empregados foi negativa, esboçaram um protesto fora do EDISE, o esperado quando privados de uma comodidade. Contudo, logo se convenceram de que a mudança era o melhor para todos, pois teriam acesso a um amplo leque de academias para se exercitar em todo o Brasil.

Nas empresas privadas, um gerente removido de seu cargo por má performance na maior parte das vezes também perde o emprego. Dificilmente, ela ou ele ocupará uma outra gerência ou conseguirá um cargo de assessor ou consultor dentro da organização. Uma providência tomada nos primeiros dias foi acabar com uma espécie de "seguro-desemprego". O usual era descobrir e conseguir imediatamente um cargo comissionado para alguém que tivesse sido destituído de uma posição. Os amigos se movimentavam e tratavam de encontrar um abrigo para evitar que ficasse ao relento. Evidentemente, tal prática era incompatível com o objetivo estratégico de implementar a meritocracia. Era o predomínio do "clube de amigos". Conseguimos, pelo menos, evitar que alguém que perdeu um cargo comissionado fosse agraciado com outro para compensar a perda.

## 4. A guerra aos custos elevados

"Seremos caçadores implacáveis dos desperdícios" foi a minha promessa no primeiro dia de Petrobras e não era uma frase para agradar quem foi à minha posse. Eu tinha essa convicção, a qual estava firmemente disposto a cumprir.

Como abordei anteriormente, desde cedo identificamos muitas fontes de elevação de custos. Fomos persistentes, vasculhando todas as oportunidades que conseguimos identificar, desde as que produziam pequenas economias até as grandes. Cada conquista, por menor que fosse, era comemorada. O compromisso permanente com a redução de custos foi um dos pilares estratégicos anunciados.

Um componente relevante dos custos da Petrobras é representado pelas despesas com pessoal. Apesar dos programas de demissão voluntária incentivada, lançados em 2015, o contingente de empregados era ainda excessivo. Surpreendentemente, o valor total da folha de pagamentos manteve-se mais ou menos constante. Foi como tentar enxugar gelo. Com menos empregados, a companhia continuou a gastar aproximadamente o mesmo valor.

Os reajustes nos dissídios coletivos e aumentos automáticos, previstos em acordos coletivos, foram os principais responsáveis, com muitos benefícios incorporados até 2014. Adicionais de todo tipo – como por tempo de serviço, extinto em empresas estatais e para permanência no estado do Amazonas – contribuíam para inchar a folha de pagamento.

As horas extras eram pagas com base em 100% da hora trabalhada na jornada regular, o dobro do adicional fixado na CLT e do adotado em todas as outras estatais.

O regime de trabalho embarcado – 21 dias de folga a cada 14 dias trabalhados –, único no mundo do petróleo offshore, inflaciona o custo operacional de uma plataforma. Vários empregados possuíam negócios próprios que administravam durante as três semanas de folga.

Fora dos acordos coletivos, havia um valor a mais para aquele que fosse transferido de cidade, além de ter custeada sua mudança: um adicional à sua remuneração mensal durante quatro anos. Eliminamos o custo e, em troca, instituímos uma ajuda de custo no ato da transferência, o que proporcionou uma boa redução de despesas.

Nos acordos coletivos de 2019 e 2020, conseguimos que o reajuste salarial fosse zero. Obtivemos, entre outros ganhos, a eliminação do adicional de permanência no Amazonas e a criação de banco de horas nas áreas operacionais para diminuir o número de extras. O controle passou a ser realizado de maneira rigorosa para evitar anomalias, como a super-remuneração pelo trabalho em horário fora do expediente normal.

A empresa possuía uma ferramenta para gerenciar o quadro de pessoal, partindo da premissa que o contingente no presente era o adequado. Um modelo de previsão planejava quantos funcionários seriam necessários acrescentar nos próximos cinco anos. A recomendação era sempre a expansão do número de colaboradores, o que simplesmente não fazia sentido.

Adotamos um procedimento mais racional. Cada gestor deveria dimensionar seu quadro, atender metas de produtividade fixadas para cada uma das atividades e submeter sua proposta à diretoria, após discussão com o grupo que liderava a implantação do projeto.

O primeiro exercício apontou a necessidade de um corte de 10% no número de colaboradores, entre empregados próprios e terceirizados. Apesar de significativo, ainda se mostrava modesto diante da realidade da companhia e do que realizamos efetivamente.

Em 2019, iniciamos uma família de PDVs que foi sendo lançada ao longo de 2019 e 2020. O primeiro deles era direcionado para aposentados que continuavam a trabalhar. Vários já estavam cansados, à espera de uma oportunidade para sair e sem o brilho nos olhos de jovens merecedores de promoções que, no entanto, tinham sua progressão limitada.

No ano em que começou a pandemia, resolvemos aumentar a atratividade tendo em vista a baixa adesão em 2019. Com tantos benefícios, subestimamos a capacidade de retenção da Petrobras. Desse modo, elevamos o prêmio em termos de número de salários a serem pagos para aqueles que pedissem demissão e os valores máximo e mínimo a serem recebidos. A recuperação seria um pouco mais lenta, mas seu retorno continuava a ser compensador.

O incentivo de preço mostrou-se eficaz, em linha com nossa previsão. No total, cerca de 11.000 pessoas aderiram aos PDVs, aproximadamente 20% do contingente total. A Transpetro seguiu o mesmo modelo, conseguindo diminuir sua folha de pagamentos. Entre empregados e terceirizados, reduzimos os custos. Ao final de 2021, tínhamos 45,5 mil contra os 63,3 mil de 2018 e os 78 mil de 2014. A companhia produzia mais e melhor.

A demissão voluntária incentivada é mais cara do que a efetuada pelo empregador e possui o defeito de a empresa não poder selecionar quem vai sair. Mas era impossível, no ecossistema que vive a Petrobras, efetuar cortes consideráveis no quadro de empregados na magnitude do que foram as adesões aos PDVs.

Procuramos contornar a falta de seletividade no processo de duas formas.

Fizemos acordos com gerentes considerados importantes para as operações, que haviam aderido aos PDVs, para deixar a empresa somente um ou dois anos depois do previsto. Precisávamos desse tempo para que os sucessores fossem preparados, uma vez que, até 2019, a companhia não tinha programas de sucessão.

Outro problema que se apresentou foi o desequilíbrio entre áreas, pois algumas teriam déficit de pessoal, enquanto outras permaneceriam inchadas.

Para viabilizar a mobilidade, a solução adotada foi o aproveitamento de empregados de setores com excesso de gente, treinando-os nas novas funções que assumiriam. Houve pressões para a realização de concurso público para admissão de novos empregados, com o que não concordamos. A realocação de pessoal era a melhor solução[53]. A pandemia nos EUA provocou forte aumento na realocação de mão de obra entre empresas e setores da atividade econômica.

A falta de flexibilidade é uma das distorções derivadas da estabilidade no emprego, mesmo que seja concedida por decisões judiciais. A sociedade de economia mista é obrigada a manter empregados que ela sabe não serem produtivos e a ter limitações para renovar seus quadros.

A transformação digital e a mudança de processos viabilizaram a eliminação de muitos contratos compreendendo pessoal terceirizado, o que, apesar do custo per capita inferior ao relativo a empregados, concorreu para a diminuição de gastos. Revendo contratos com fornecedores, conseguimos obter um corte no número de terceirizados de aproximadamente 20.000.

Simultaneamente, suprimimos cerca de 1.500 posições comissionadas, particularmente de especialistas e consultores, pois havia um número excessivo desses cargos.

Aprovamos, no Conselho de Administração, uma nova política de remuneração, tendo como referência o terceiro quartil de uma amostra de empresas de óleo e gás. Entretanto, estima-se que a implementação dessa política demore mais de uma década, pois muitas das práticas da companhia estão previstas em acordo coletivo de trabalho e, conforme a reforma trabalhista de 2017, o que é acordado se sobrepõe ao legislado.

Outro foco foi na gestão do plano de saúde. Administrado pelo próprio departamento de recursos humanos da Petrobras, era deficitário, responsável por considerável passivo atuarial e campeão de reclamações dos empregados.

Foi estimado que o custo administrativo por vida coberta era superior ao de várias estatais, sem falar da comparação com empresas privadas com contingentes de magnitude semelhante. Salários relativamente elevados de empregados próprios, sem

---

53. Veja, a respeito, "COVID-19 Is Also a Job Reallocation Shock", de José Maria Barrero, Nicholas Bloom e Steven Davis, publicado pelo National Bureau of Economic Research em 2020.

conhecimento específico de gestão de planos de saúde, e um quadro de pessoal inchado eram alguns dos fatores que contribuíam para o alto custo administrativo.

Constatamos deficiências de tecnologia da informação, com bases de dados espalhadas por diversas plataformas dificultando a gestão eficiente, problemas de conformidade e auditoria de procedimentos médicos falha.

Identificamos diversas irregularidades. Podemos citar, entre elas, a negociação com uma das maiores redes hospitalares do Brasil conduzida por uma única pessoa, em total desacordo com as regras da companhia, pagamentos anuais consideráveis para dentistas do Nordeste por implantes dentários desnecessários e a manutenção do atendimento do plano de saúde a ex-empregados presos condenados por corrupção. Um deles chegou a gastar mais de R$ 400 mil em 2019.

Não houve evidência de corrupção, mas a administração do plano era uma verdadeira bagunça,

A relação de custeio do plano era de 70% da empresa patrocinadora e 30% dos beneficiários. Porém, somente em 2019 se passou a cobrar a diferença entre a parte da empresa e dos beneficiários que, em 2017/2018, concorrera para ampliar o déficit. Quando começamos a cobrança, houve gritaria, mesmo que os 70/30 estivessem previstos no acordo coletivo.

O descontrole era grande.

Mudanças vinham sendo discutidas desde 2015. Estudos realizados em nossa gestão levaram à criação da Associação Petrobras de Saúde (APS), uma instituição privada sem fins lucrativos. O projeto envolveu várias múltiplas áreas – jurídico, finanças, riscos, tributário, recursos humanos, conformidade, governança – e foram obedecidos todos os trâmites da governança da Petrobras. A ANS aprovou a criação da nova entidade e autorizou a migração de todas as vidas para gestão operacional do plano de saúde. O Conselho de Administração, que havia acompanhado todas as etapas do processo, deu sua aprovação final.

As informações sobre a APS eram submetidas trimestralmente ao Comitê de Auditoria Estatutário do Conselho de

Administração da Petrobras. Nenhum benefício foi retirado dos empregados e seus dependentes. Pelo contrário, receberam maior eficiência e melhor qualidade.

Segundo a ANS, em 2022 a Associação Petrobras de Saúde ficou em segundo lugar entre as operadoras de planos de saúde de autogestão de grande porte, num ranking do Índice de Desempenho da Saúde Suplementar (IDSS).

A diretoria da Associação foi parcialmente composta por profissionais contratados no mercado e com experiência em saúde complementar, como o presidente e o diretor médico. Seu quadro era consideravelmente menor do que o do antigo plano e seus empregados foram contratados com salários de mercado inferiores aos pagos pela Petrobras.

Com algum esforço, foi gerada uma base de dados robusta, confiável e com acesso restrito, em função do cumprimento da Lei Geral de Proteção de Dados.

Logo no primeiro mês, o custo administrativo do plano caiu substancialmente.

A mudança na relação de custeio (de 70/30 para 60/40 em 2021, e 50/50 em 2022) foi negociada, como aliás estava previsto na Resolução 23 da CGPAR (Comissão Interministerial de Governança Corporativa e de Administração de Participações Societárias da União) e a SEST nos cobrava. Mais tarde, o Congresso Nacional aprovou a revogação da CGPAR e a proporção de custeio, que passaria para 50/50, permaneceu em 60/40 (60% para a empresa, 40% para os empregados).

Como consequência, conseguimos uma redução adicional no custo do plano de saúde, cujo desequilíbrio estrutural entre despesas e receitas se convertera em considerável passivo atuarial.

O montante de pendências judiciais, fiscais, ambientais e trabalhistas era fonte de grande preocupação. As áreas jurídica e de finanças foram encarregadas de liderar um processo de negociação para conseguir abater parte desses passivos em valores que nos beneficiassem. Os resultados foram muito bons, pois conseguimos fechar, com sucesso, negociações importantes com a Receita Federal e vários Estados, entre outras entidades. Foram encerrados litígios que perduravam por vários anos, influenciavam negativamente a reputação da companhia e ameaçavam desabar futuramente sobre seu caixa.

Entretanto, restaram muitas pendências e as divergências com o Fisco eram maiores. A complexa legislação tributária brasileira é responsável por muitas obrigações tributárias.

A racionalização de custos envolveu também espaço físico e estoques. Vários prédios administrativos foram desocupados. No início de 2019, a companhia ocupava 23 imóveis. Evoluímos para 14 no final do primeiro trimestre de 2021, proporcionando poupança avaliada em aproximadamente US$ 30 milhões por ano. A desocupação foi viabilizada pela diminuição do contingente de empregados e terceirizados e pela otimização do uso do espaço imobiliário. O primeiro a ser devolvido para seus proprietários foi o da Avenida Paulista, em São Paulo, que ostentava um dos custos mais altos por estação de trabalho.

A desocupação da Torre da Pituba, em Salvador, mais conhecida no passado pelas acusações de corrupção em sua construção, se defrontou com sérias barreiras. Trata-se de um conjunto imobiliário composto por um prédio de 22 andares, dois anexos e um edifício garagem capaz de abrigar 2.700 carros. Na época, era o maior estacionamento de Salvador.

A construção foi concebida para ter escritórios capazes de receber até 5.000 funcionários. Por si só foi um absurdo, pois era conhecido que a fronteira de expansão da Petrobras seria o Pré-sal, localizado em alto mar na região Sudeste, entre o sul do Espírito Santo e o norte de São Paulo, longe dali. No futuro, a nova fronteira deve ser a Margem Equatorial, também distante de Salvador.

Além disso, a produção de petróleo na Bahia era pequena e declinante, cerca de 1% da produção total de óleo e gás da companhia e não existiam perspectivas de surgirem novos campos que viabilizassem a reversão dessa tendência. Depois, com o início do desinvestimento dos campos maduros, a tendência de redução da presença da Petrobras na Bahia se tornou mais acentuada.

A Refinaria de Mataripe, situada do outro lado da Baía de Todos os Santos, estava sendo desinvestida. A fábrica de fertilizantes, localizada em Camaçari, Bahia, encontrava-se em estado de hibernação, aguardando a finalização do processo de arrendamento.

A Torre é um monumento ao desperdício.

A construção da Pituba foi financiada com recursos da Petros, sua proprietária. O prédio foi alugado para a Petrobras mediante contrato de 30 anos. Caso a companhia desejasse encerrá-lo antes do prazo previsto teria que reembolsar a Petros do valor corrigido do custo de construção, que apresentava nível semelhante ao preço de prédios classe A na valorizada Avenida Faria Lima, centro financeiro de São Paulo e do Brasil.

O aluguel está regido por um contrato da modalidade *built to suit*, ou seja, construído para servir. O locador, no caso a Petros, assumiu o compromisso de arcar com os custos de construção, enquanto o locatário, a Petrobras, de absorver esses custos nos pagamentos mensais referentes aos aluguéis.

Programamos a desocupação. Em alguns meses, parte dos empregados seriam transferidos para um prédio em Taquipe, a pouco mais de uma hora de Salvador. O restante iria para outras unidades da Petrobras fora da Bahia. Ninguém seria demitido.

Todavia, houve uma espécie de rebelião, com ameaças de suicídio e denúncias de assédio moral ao Ministério Público do Trabalho (MPT), que muito me lembraram das ameaças de suicídio feitas por empregados de estatais da antiga Alemanha Oriental na tentativa de evitar a privatização.

Diversos empregados que trabalhavam na Torre da Pituba alegavam algum motivo importante que os impediria de deixar de morar e trabalhar em Salvador e mesmo de deixar de trabalhar no polêmico imóvel. O MPT nos pressionou bastante. Embora considerássemos um contrassenso – quando contratado, o empregado aceita trabalhar no local de interesse da empresa – decidimos que um acordo seria melhor do que o litígio judicial. A desocupação total ficou para o início de 2021, frustrando nosso plano inicial. O objetivo foi alcançado sem que se concretizassem os suicídios prometidos.

Em acordo com a Petros, obtivemos uma economia estimada de aproximadamente R$ 35 milhões anuais.

O elevado custo de construção da Torre da Pituba se tornou um problema difícil de resolver. Para se ver livre do elefante branco, a Petrobras tem que pagar seu custo corrigido, descontado dos aluguéis mensais pagos desde 2016, que também são caros devido à associação a um custo de construção inflado artificialmente.

Que utilização a Petrobras pode dar para algo que não tem necessidade e está presa num contrato desfavorável?

Comprar e depois vender implica muito provavelmente em realizar uma perda de capital considerável. Será muito difícil atrair alguém para adquirir um conjunto de prédios na Bahia a preço semelhante aos localizados, por exemplo, na Avenida Faria Lima no centro financeiro do Brasil.

A Petrobras possuía escritórios em quase todo o mundo, nas Américas, Europa, África e Asia, num total de 18. Não havia comando claro. Cada um apresentava estruturas organizacionais e reportes diferentes, o que gerava ineficiência.

Os expatriados compunham a maioria do contingente de colaboradores dos escritórios, o que destoava das práticas regulares de empresas globais, que procuram maximizar o número de empregados locais e minimizar o contingente de expatriados. Em alguns casos, o custo de um expatriado chegava a ser cinco vezes maior do que o de um empregado local, o que era explicado por benefícios excessivos e a dupla tributação do imposto de renda. Decidimos fazer um ajuste no número de escritórios, mudar drasticamente a relação empregado local/expatriado e revisar a remuneração total.

Dos dezoito escritórios, restaram três com finalidade comercial: Houston, Rotterdam e Singapura. Os demais, ligados a operações, foram também fechados, exceto o da Bolívia, país no qual pretendíamos encerrar as atividades.

O número de expatriados sofreu considerável redução, da ordem de 70%. Em adição a custos mais baixos, com o aumento de empregados locais ganhamos maior diversidade cultural e de experiências profissionais, pontos relevantes para a organização.

Nos Estados Unidos, existiam dois escritórios, em Houston e Nova Iorque. Optamos pelo fechamento do segundo – pequeno, mas perfeitamente dispensável – que consumia US$ 1 milhão por ano. Seu objetivo não se justificava. Foi um dos primeiros a ter as portas cerradas.

O escritório de Houston já estava em processo de redução desde a gestão anterior. O que fizemos foi acelerar. Ocupava cinco andares de um prédio, passou para apenas meio andar, ao custo anual inferior a US$ 500.000,00.

Na Europa, apesar da relevância de Londres, decidimos concentrar as atividades em Rotterdam, opção bem mais barata, inclusive pela eliminação de duplicidade de atividades operacionais.

O escritório em Beijing tinha o objetivo de relacionamento institucional. As atividades de marketing e vendas para a Ásia eram baseadas em Tóquio e Singapura. Fechamos os de Beijing e Tóquio, centralizando tudo em Singapura.

Apenas o corte na quantidade de escritórios permitiu uma economia anual estimada em US$ 13,5 milhões.

A Petrobras é uma grande proprietária de imóveis, desde terrenos a apartamentos residenciais. Colocamos à venda 550 destes com a ajuda de assessoria especializada. Como prevíamos, particularmente dada a necessidade de regularizar a situação de muitos deles, não conseguimos obter progresso significativo até abril de 2021. Poucas vendas foram concretizadas.

Com a transformação digital e mudanças de processos, cortamos custos com armazenagem, operações aéreas com helicópteros, marítimas e portuárias, consideráveis na Petrobras, dada a importância da logística no negócio de petróleo e gás.

A criação da Diretoria de Logística e Comercialização, encarregada também da gestão de estoques, facilitou a exploração de fontes adicionais de redução de custos.

Partimos de um ponto em que simplesmente não existia o conhecimento do volume e valor dos estoques para sua medição regular e adequação às necessidades das operações da companhia.

Existiam 35 armazéns. Com a reestruturação, mantivemos somente 25.

A gestão da logística colocou em marcha um plano para o decréscimo no número de terminais aquaviários (de 23 para 10 em 2025) e de terminais terrestres (de 23 para 15 em 2025).

A companhia havia arrendado tanques no porto de Shandong, na China, com capacidade de estocagem de até um milhão de barris. A intenção era expandir vendas para pequenos clientes com margens maiores. Contudo, um detalhe foi deixado de lado: diferentemente do óleo combustível e do *bunker oil* (para o abastecimento de navios), petróleos de tipos distintos não podem ser misturados, sob pena de perda de integridade do produto.

Em lugar do aumento de margens, foram promovidas ineficiências e ociosidade nos tanques. Em consequência, o custo de logística se elevava porque o contrato de arrendamento previa uma utilização mínima por mês. Caso não alcançada, a Petrobras teria que pagar pelo uso. Desse modo, encerramos o contrato e não houve nenhum efeito sobre nossas vendas, exceto a redução de custos.

A coordenação de processos entre a Logística e o E&P proporcionou a operação com estoques de petróleo abaixo dos níveis pré-pandemia em vários milhões de barris, mesmo com a recuperação da atividade nas refinarias. A melhoria na gestão de estoques de bens fez com que fechássemos 2020 com o menor volume desde 2011. Isso aconteceu a despeito da produção de petróleo e gás da companha ter sido recorde, 20% maior.

Na luta contínua, descobrimos substancial volume de sucata de dezenas de milhares de toneladas, que logo foi posto à venda. Fomos obrigados a entrar no mercado de sucata!

Depois de ter deixado a empresa, recebi de um gerente, orgulhoso da missão cumprida, uma foto do pátio de uma refinaria, anteriormente entulhado, completamente limpo.

Nas refinarias, pusemos em andamento uma iniciativa para melhorar a eficiência energética. Muito era desperdiçado na operação das refinarias, o que elevava os custos e as emissões de Gases de Efeito Estufa (GEE).

Desde 2016, havia se manifestado uma tendência de crescimento do furto de combustíveis, conhecidos internamente como "derivações clandestinas", com impacto nos custos da companhia e riscos de acidentes de grandes proporções.

Um programa de proteção foi desenvolvido em conjunto com a Transpetro, responsável pela operação dos dutos da Petrobras. Criamos o Centro de Controle de Proteção de Dutos, cujas atribuições eram a detecção, localização e mitigação de ocorrências de derivações clandestinas, por meio de sistemas de monitoramento, emprego das melhores práticas de rastreamento e acionamento das equipes de proteção com atuação local.

Realizamos periodicamente campanhas de esclarecimento em localidades onde se registravam maiores números de ocorrências estimulando, inclusive, o uso do telefone 168, uma espécie de disque-denúncia. Rio e São Paulo concentravam quase 90% dos furtos, que em grande maioria se davam em zonas rurais.

Para viabilizar a repressão efetiva ao furto, foi importante firmar convênios com Secretarias de Segurança de alguns estados e os Ministérios Públicos do Rio e São Paulo. A manutenção de intercâmbio com operadoras de dutos de outros países nos deu uma boa visão das lições aprendidas nas experiências com o combate ao furto de combustíveis.

O esforço resultou em significativa queda das derivações clandestinas. Depois de um pico em 2018, elas ingressaram numa tendência declinante de quase 70% em dois anos. A redução mais substancial foi no Rio, enquanto em São Paulo, onde os furtos eram perpetrados por quadrilhas mais sofisticadas, o declínio foi mais lento. O volume extraído ilegalmente dos dutos da Transpetro caiu para cerca de 10% do registrado em 2018.

A velocidade do crescimento da produção de óleo e gás do Pré-sal nos ajudou a reduzir o custo de extração, dando contribuição relevante para o corte total dos números. Ao lado da introdução de inovações, esses fatores fizeram com que o custo de extração médio por barril caísse para um pouco menos da metade, de US$ 11,00 em 2018 para US$ 5,0 em 2021.

Foi desenvolvida e testada com sucesso uma nova tecnologia para a construção de poços no Pós-sal, que concorreu para reduzir pela metade os custos de perfuração e completação. No Pré-sal, os valores de construção e interligação de poços continuaram a diminuir.

Fizemos o que foi possível em 2 anos e 3 meses. Dado o período relativamente curto, não fomos capazes de executar todas as medidas para redução de custos e de identificar fontes adicionais com potencial. Trata-se um exercício diário e permanente, algo sobre o que uma gestão responsável não deve relaxar. A Petrobras de 2021 era mais eficiente e possuía custos muito inferiores à de antes. Acredito, porém, que há muito ainda por fazer. É sempre possível fazer mais.

## 5. A cabeça de ponte

A economia brasileira combina dois aspectos que influenciam fortemente a demanda por fertilizantes.

O Brasil é um dos maiores produtores agrícolas do mundo, com sua produção crescendo em ritmo acelerado nos últimos anos. Entretanto, a maior parte de nossos solos é ácida e pobre em nutrientes para o plantio de diversas culturas. Desse modo, requer a aplicação de insumos, fertilizantes e corretivos para atender às necessidades nutricionais das culturas.

Precisamos satisfazer a maior parcela do consumo doméstico através de grande volume de importações, cujo valor chega a US$ 25 bilhões por ano. Caso tivéssemos vantagens comparativas na produção, atrairíamos investimentos consideráveis de empresas privadas para a substituição de importações.

A Petrobras possui duas plantas, uma na Bahia e outra em Sergipe, e é acionista controladora da Araucária Nitrogenados S.A. (ANSA), empresa adquirida da Vale em 2013 que, por sua vez, a comprara da Fosfértil poucos anos antes.

Além disso, possui a UFN-III, nome do projeto de uma fábrica de fertilizantes nitrogenados em Três Lagoas, no Mato Grosso do Sul, cuja construção foi paralisada em 2015 por falta de recursos diante da crise financeira sofrida pela companhia.

Em 2017, o CA da Petrobras decidiu que a empresa deixaria o negócio. O desinvestimento das três unidades – na Bahia, Sergipe e Paraná – e do projeto UFN-III foi tentado sem sucesso durante muito tempo. Não surgiram interessados em sua aquisição.

Decidimos, então, paralisar a operação das plantas de Sergipe e Bahia, ativos operacionais da Petrobras, enquanto buscávamos interessados no arrendamento de ambas. Em novembro de 2019, fechamos um contrato de arrendamento por dez anos.

No caso da Araucária Nitrogenados S.A. (ANSA), no Paraná, todas as opções se esgotaram, venda e arrendamento. A única alternativa que nos restou foi o fechamento da empresa.

Tratava-se de neutralizar uma das fontes de sangria do dinheiro dos acionistas, entre as várias encontradas. Continuar a operar essas plantas implicava em pagar para produzir, o que é inaceitável. Com a regularidade de um relógio suíço, a ANSA registrava prejuízos todos os anos desde sua aquisição da Vale em 2013, realizada no contexto da política governamental que priorizava investimentos a todo custo na indústria de transformação.

No período pré-pandemia, enfrentamos uma greve iniciada no final de janeiro de 2020 que se estendeu por 20 dias, a mais longa desde 1995, quando houve paralisação contra a perda do monopólio legal do petróleo pela Petrobras. Tratava-se de um componente do plano para nos forçar a voltar atrás na decisão de encerrar as atividades da fábrica de fertilizantes.

A subsidiária possuía um quadro próprio de 394 empregados, que não eram petroleiros, mas o sindicato resolveu tomar sua defesa e lutar para impedir o encerramento das atividades e a demissão do pessoal. Percebemos que poderia existir um objetivo bem mais amplo do que a simples preservação dos empregos. Nossa determinação poderia estar sendo testada com uma greve abrangendo toda a Petrobras.

A ANSA era uma espécie de cabeça de ponte para um ataque ao coração da estratégia da companhia, a eficiência na alocação do capital e o desinvestimento de ativos destruidores de valor. Embora fosse relativamente pequena, vencer a batalha da ANSA era fundamental. Uma derrota faria nosso programa de desinvestimentos ruir como um castelo de cartas.

O movimento começou com a ocupação de uma sala do edifício sede, o EDISE, por pessoas que lá permaneceram acampados enquanto perdurou a greve. Aproveitando da falta de controles no acesso ao prédio, os indivíduos entraram pela portaria com malas e colchonetes e invadiram e ocuparam uma sala no quarto andar, onde funcionava a gerência executiva de Recursos Humanos.

Peticionamos à Justiça pedindo a expedição de ordem para a desocupação da sala, mas nosso pedido, apesar de justo e bem fundamentado, não foi acolhido. Recorremos à instância superior e nosso advogado pediu uma audiência com a desembargadora responsável pelo caso. Ele foi recebido pela magistrada com uma chuva de críticas à atuação do ministro Paulo Guedes à frente da política econômica. Surpreso e sem graça, esclareceu que o assunto a ser tratado era diferente, sem qualquer relação com o ministro e a política macroeconômica, e referia-se apenas à ocupação que julgávamos ilegal de um imóvel da Petrobras. Percebendo a carga ideológica da desembargadora, que insistia num discurso político em lugar de considerar o mérito do caso, antecipou que perderíamos a causa, o que de fato ocorreu.

A Justiça legalizou a invasão e ocupação de propriedade alheia, sinalizando, ela própria, a insegurança jurídica.

A administração de uma greve requer um esquema razoavelmente complexo, em regime de 24x7, com comando centralizado e a coordenação de equipes, processando e analisando um fluxo contínuo de informações. Foi essencial a mobilização de diversos times – recursos humanos, jurídico, comunicação, relações com investidores e institucionais, assessoria de imprensa, inteligência, segurança e operações das diversas atividades – todos reunidos numa verdadeira "sala de guerra". Pelo menos uma vez por dia discutíamos a situação e as medidas a serem adotadas.

Uma de minhas preocupações residia no risco de uma possível sabotagem contra uma das unidades para nos acusar de desleixo com a segurança operacional. Determinei que nossa área de segurança ficasse muito atenta a isso. Felizmente nada ocorreu.

Contratamos aposentados da Petrobras e terceirizados para substituir grevistas. Porém, o mais importante foi a lealdade e a dedicação de muitos empregados que não hesitaram em se sacrificar, trabalhando dias e noites seguidas para manter o funcionamento em ritmo normal.

No final, obtivemos vitória no Tribunal Superior do Trabalho. Durante a greve, não deixamos de produzir e de processar um único barril de petróleo, não precisamos fazer uso de estoques e o efeito sobre os consumidores foi zero. O objetivo de fechar a ANSA foi atingido.

Foram demitidos todos os 394 empregados da ANSA e, como temos por princípio o respeito às pessoas, a companhia destinou a cada um deles um pacote de benefícios em dinheiro, extensão do seguro saúde por alguns meses e serviço de assessoria para recolocação no mercado por período determinado. Pela primeira vez em muitos anos, grevistas da Petrobras tiveram os dias parados descontados de seus salários.

Programamos uma cerimônia no EDISE para homenagear os representantes daqueles que haviam se mantido fiéis à companhia. A evolução da pandemia causou o cancelamento da cerimônia, o que nos deixou frustrados.

Tempos depois, em férias na Europa em 2022, fui surpreendido por uma greve de petroleiros na França. A maioria dos postos de serviço estava fechada e, nos poucos em que havia combustível, os consumidores enfrentava filas quilométricas.

Lembrando a greve que enfrentamos no Brasil em 2020, mais uma vez fiquei muito orgulhoso do time Petrobras. Com sacrifícios pessoais, eles impediram que faltasse uma gota de combustível para os consumidores.

CAPÍTULO 6
# A gestão do portfólio

O desinvestimento de ativos foi um processo que se estendeu de 2015 até o início de 2023, quando foi encerrado por decisão do novo governo eleito, não obstante as obrigações com o CADE referentes às refinarias e ao gás natural. Podemos dividi-lo em três fases distintas, de acordo com seus objetivos.

A primeira, de 2015 a 2016, quando o propósito era apagar um incêndio, gerar recursos de qualquer maneira para servir a considerável dívida da Petrobras.

A segunda, de 2017 a 2018, quando ,ao lado do propósito de reduzir a dívida, começou a despontar o objetivo de fazer parcerias, explicitamente e/ou com a manutenção de uma participação minoritária da Petrobras no ativo desinvestido. Nesse período, foi realizado o acordo com o TCU para uma sistemática de desinvestimentos, o que se revelaria muito importante para a fluidez do processo no futuro.

A última fase, de 2019 a 2022, foi bastante distinta das anteriores. A gestão dos ativos da Petrobras obedeceu à lógica do conceito de dono natural. A decisão foi manter a propriedade somente do que a Petrobras fosse capaz de extrair o máximo retorno possível, aqueles de que ela fosse a dona natural. A estratégia atendia, portanto, a dois objetivos simultâneos: melhorar a eficiência na alocação de recursos e abater dívida.

O caso típico de dono natural é o dos campos de petróleo e gás em águas profundas (entre 300 e 1.500 metros) e ultraprofundas (profundidade superior a 1.500 metros). Nos demais campos, a decisão seria desinvestir.

Campos maduros de petróleo e gás natural em terra e águas rasas, gasodutos, ativos de distribuição de combustíveis, refinarias, usinas de geração de energia movidas a óleo combustível, eólica e solar, operações de biocombustíveis, fertilizantes e petroquímica, foram incluídos na carteira de desinvestimentos. Excepcionalmente, adicionamos depois alguns campos maduros em águas profundas (no Pós-sal) não resilientes a preços mais baixos.

Ao lado de empresas e ativos operacionais, acrescentamos imóveis, cabos de fibra ótica e um ativo financeiro, a dívida da Eletrobras. A securitização dos recebíveis, cujo vencimento ia até 2025, foi efetuada em setembro de 2019, trazendo R$ 8,4 bilhões para o caixa da companhia.

No caso do refino de combustíveis e ativos de gás natural, existiam dois propósitos adicionais.

Antes dos desinvestimentos, a Petrobras possuía 98% da capacidade de refino do Brasil, uma anomalia encontrada em poucos países. Nossa hipótese foi de que a presença significativa de privadas no mercado brasileiro contribuiria para reduzir o risco de interferência direta ou indireta do governo sobre os preços de combustíveis.

Quando sobe o preço do óleo de soja, outra commodity global, não há ninguém para pressionar e culpar pela alta. Quando o preço da gasolina aumenta, todos apontam para a Petrobras, embora ela seja responsável por apenas 42% do abastecimento de veículos com motores de combustão interna (ciclo Otto), dada a concorrência do etanol, do gás natural veicular e das importações. No Brasil, nos carros com motor a gasolina, é obrigatória a mistura de 27% de etanol anidro. Cerca de 75% da frota de veículos com motores a combustão interna é *flex*, podendo consumir gasolina ou etanol hidratado.

Era um objetivo extremamente importante, tendo em vista que a materialização do risco de interferência na precificação de combustíveis desde 2002 causou prejuízos multibilionários ao longo do tempo. Há 50 anos, Ernesto Geisel, presidente da República e ex-presidente da Petrobras, criticava Delfim Neto, ministro da Fazenda do governo anterior, por conter artificialmente o preço da gasolina[54].

No passado recente, a Petrobras tentara estruturar a venda de participações em algumas de suas refinarias. Não foi bem-sucedida. Contratou estudo de uma consultoria internacional para elaborar um modelo de venda e, depois, os serviços de outra para testar a robustez do trabalho da primeira. No modelo escolhido, a Petrobras permaneceria com 40% das quatro refinarias a serem vendidas.

Apareceram pouquíssimos interessados em assinar acordo de confidencialidade para ter acesso às informações. Creio que, dado que foram impostas restrições a classes de compradores potenciais, além de se constituir proposta envolvendo sociedade com a Petrobras, os investidores não se animaram a investir num negócio tão propenso à interferência governamental nos preços.

Henri-Philippe Reichstul, presidente da Petrobras de 1999-2001, acreditava que, se a companhia não construísse novas refinarias, seu poder de monopólio iria se diluindo ao longo do tempo na medida em que novos atores investissem no mercado de combustíveis brasileiro[55]. Seria a tendência natural não fosse a irresistível tentação dos governos.

Fiel ao meu discurso de posse, a estratégia foi nos comprometer em abandonar monopólios, os quais, por sinal, não estavam respaldados em nenhuma lei, como tinha sido o petróleo até 1997. A Petrobras, como já mencionei, era dona de 98% da capacidade de refino do país, uma verdadeira anomalia.

Optamos por uma estratégia diferente. Em lugar de parceria, nosso projeto contemplava a venda de 100% das refinarias. Reunimos uma equipe multidisciplinar composta por empregados da Petrobras, sob a liderança do Gerente Executivo de Estratégia, na época Rodrigo Costa, para preparar um plano de desinvestimento das refinarias em 30 dias.

---

54. Conforme afirmação proferida em "A Ditadura Recontada", podcast da CBN/Globoplay disponível em A https://cbn.globo.com/podcasts/a-ditadura-recontada/.
55. PADUAN, Roberta. Petrobras: Uma História de Orgulho e Vergonha. Rio de Janeiro: Objetiva, 2016.

Na companhia, existia capital humano de qualidade mais do que suficiente para executar aquela tarefa. Não desperdiçaríamos dinheiro com consultorias. Uma das vantagens consistia nos empregados serem os donos do plano, defensores de seu trabalho. A elaboração por consultores externos enfraqueceria a execução, pois seria considerado como algo imposto por terceiros.

O plano proposto, batizado de "Phil" pelo grupo e aprovado pelo Conselho de Administração, foi a venda de 100% de oito refinarias, representando a metade da capacidade de refino do Brasil. Ficaram de fora as quatro de São Paulo e a Duque de Caxias (REDUC), no Rio de Janeiro, que são geograficamente mais próximas dos campos do Pré-sal e estão no maior mercado consumidor do país, a região Sudeste.

Cada uma delas seria alvo de um trabalhoso processo de *carve out*: removidas da estrutura da companhia, separadas como empresas, com o status de subsidiárias 100% controladas pela Petrobras. A ideia foi isolar as refinarias dos riscos de eventuais passivos da companhia o que, caso contrário, poderia retirar valor que potenciais compradores estariam dispostos a pagar, além, é claro, dos aspectos práticos.

Acreditava-se que desinvestimento de um pacote de refinarias viabilizaria a entrada no mercado de um grupo de competidores privados, diluindo o peso da Petrobras e minimizando os riscos de intervenção estatal nos preços. Ademais, o risco de monopolização do mercado seria reduzido.

No gás natural, a questão era diferente. A Petrobras era monopolista ao longo da cadeia de valor: produção, consumo, processamento e transporte. Na gestão anterior à minha, foi vendido somente o gasoduto NTS (90% do capital). Em nossa gestão, negociamos os 10% restantes, pois não fazia sentido permanecer com uma fração do ativo.

Para isso, reduzimos as compras de gás natural produzido por nossos parceiros no Pré-sal. Até então, a Petrobras adquiria, na boca de poço, o volume de gás correspondente à participação de seus parceiros nos consórcios para exploração do Pré-sal.

Decidimos pelo desinvestimento de outros dois gasodutos, TAG (100%) e TBG (a Petrobras possui 51% do capital), da Gaspetro (51%) e da Liquigás (100%).

Posteriormente, o CADE incluiu o arrendamento de um terminal de regaseificação na Baía de Todos os Santos e a abertura dos serviços das Unidades de Processamento de Gás Natural (UPGNs) para clientes. Ao mesmo tempo, nos comprometemos com a agência de defesa da competição a reduzir as compras do gás boliviano, do TBG, de 30 milhões de metros cúbicos diários para 20 milhões, dando espaço para empresas privadas.

Dada a intensidade de capital do negócio de petróleo e gás natural, é importante não ser o dono da infraestrutura. Os produtores precisam usar os serviços da infraestrutura, mas não ter sua propriedade. Nesse segmento é importante ser *asset light*.

Investir em ativos de infraestrutura é bom para empresas com baixo custo de capital, pois oferecem retorno estável e risco reduzido. Da mesma forma, são atrativos para fundos de investimento que desejam investir em títulos de renda fixa em dólares, na medida em que apresentam relação retorno/risco semelhante. Um ativo como a TAG possuía, de acordo com estimativas, retorno esperado em dólares entre 7% e 8%, o que implica em destruição de valor para uma companhia como a Petrobras, pois são inferiores à estimativa para seu custo de capital.

Preparamos um plano para reunir uma empresa com participação acionária da Petrobras e de seus parceiros nos consórcios dos três gasodutos submarinos (rotas) que transportam o gás natural do Pré-sal para unidades de processamento em terra. Em seguida, realizamos uma oferta pública das ações para vender parcial ou totalmente a nossa participação nessa nova companhia.

Um primeiro passo seria dado pela assinatura de um acordo dos parceiros para operação integrada das rotas, que daria mais eficiência ao transporte do gás para terra. Como esse primeiro ponto foi atrasado, o plano acabou não avançando.

Prevendo a oposição ao desinvestimento de refinarias e de ativos de gás natural, procuramos o CADE para assumir compromissos com o desinvestimento. Quanto mais respaldados estivéssemos, melhor seria. Interessado naquele momento em promover a competição, ele foi um bom parceiro. No caso das refinarias, ficou estabelecido pelo CADE que não poderíamos vender unidades localizadas em estados próximos, como Rio Grande do Sul e Paraná ou Minas e Bahia, para um mesmo comprador.

Os dois compromissos eliminavam a dominância da Petrobras no refino e o monopólio no gás, mas ainda deixavam a companhia em posição privilegiada nos dois mercados.

Aprovados pelo Conselho do CADE, assinamos os Termos de Cessação de Conduta (TCC), deixando expressos os compromissos assumidos pela Petrobras.

Era a tarde de 11 de junho, data em que é comemorada a vitória brasileira na batalha naval do Riachuelo. Lembro de comentar que representaria também uma vitória do liberalismo contra o estatismo, da liberdade dos mercados contra o monopólio estatal.

Na indústria do petróleo, os ciclos são longos, o que concorre para mascarar a má alocação do capital. Uma decisão de investimento equivocada trará reflexos negativos somente daqui a anos.

Embora utilizássemos modelos econométricos para realizar previsões, éramos conscientes de sua imprecisão por melhores que fossem as técnicas empregadas. Não é possível capturar todas as variáveis a influenciar o comportamento dos preços e as premissas adotadas.

A simplicidade e argumento de que são valores de mercado determinados por quem está com seu dinheiro em jogo faz com que nos mercados financeiros se recorra às curvas de preços futuros como base para a realização de previsões dos preços do petróleo.

Existem dois problemas com essa prática. Primeiro, geralmente contratos para prazos mais longos não possuem liquidez. Segundo, a própria curva de preços futuros é volátil, influenciada por eventos no curto prazo[56].

---

[56]. Para uma discussão sobre previsões de preços do petróleo, veja "Forecasting The Price of Oil", de Ron Alquist e Lutz Killian publicado no "Handbook of Economic Forecasting", páginas 427 a 507, pela Elsevier em 2013. Veja também "Forty Years of Oil Price Fluctuations: Why the Price of Oil Still Surprises us", de Christiane Baumeister e Lutz Killian, publicado no "Journal of Economic Perspectives", volume 30, número 1, páginas 139 a 160, em 2016.

O processo de aprovação de projetos foi reformulado. Estabelecemos hipóteses conservadoras aplicadas ao *benchmark price*, que teria de ser baixo o suficiente para navegar sem sobressaltos na volatilidade de preços no futuro.

Um projeto de petróleo teria obrigatoriamente que sobreviver a um preço de US$ 35,00 por barril. Só ativos efetivamente de classe mundial teriam méritos para receber um investimento de capital da Petrobras.

Expomos a seguir alguns casos de desinvestimentos que mereceram destaque por terem demandado maior concentração de esforços.

## 1. A frustração com a Braskem

O que esperava ser a primeira transação de desinvestimento de ativos, a venda da participação na Braskem para a LyondellBasel (LYB), acabou não se efetivando.

Participar na Braskem não faz sentido. É capital investido em integração vertical de algo que não trouxe valor e no qual a Petrobras era efetivamente um investidor financeiro. Embora tivesse direito a assentos no Conselho e um diretor executivo, quem mandava era a Odebrecht.

A transação já havia sido estruturada antes de minha posse na Petrobras e me reuni com o presidente do Conselho de Administração e o presidente executivo da LYB em dezembro de 2018. Resolvidas algumas questões relacionadas ao suprimento de matérias-primas, a Petrobras recebeu uma proposta firme de compra em janeiro de 2019, que considerei muito boa, acima do esperado.

Entretanto, os problemas do nosso sócio na Braskem, a Odebrecht, pesaram decisivamente para o naufrágio da operação.

A Braskem não cumpriu o compromisso de arquivar o relatório anual 20-F relativo a 2017, obrigatório para empresas com ações negociadas em bolsas de valores nos EUA. Não sendo capaz de cumprir sua obrigação em 2018, prometera protocolar o arquivamento do relatório na SEC com um ano de atraso, em

2019. Sua promessa não foi honrada e isso levantou o risco de a empresa ter sua listagem suspensa na New York Stock Exchange, o que violaria umas das condições para a transação ser concluída.

Ao mesmo tempo, diante de um inesperado resultado fortemente negativo da Braskem no primeiro trimestre de 2019, a LYB começou a se preocupar com a pouca transparência da companhia que desejava adquirir.

O derradeiro jato de água fria foi o acidente de Alagoas. Um bairro inteiro de Maceió, próximo às operações de mineração da Braskem, estava afundando. Em lugar de tomar medidas para mitigar os danos dos moradores, a empresa optou inicialmente pela negação, quando parecia muito provável que o problema tivesse sido causado pela extração de sal, o que inclusive foi indicado por uma análise preliminar realizada por geólogos da Petrobras. Nossa recomendação foi fazer uma provisão de no mínimo R$ 10 bilhões para fazer face aos gastos que seria forçada a incorrer.

Finalmente, depois de muitas pressões, a Braskem convergiu para a realidade dos fatos, agindo para remediar os danos provocados para a população[57]. A provisão em balanço para cobrir os gastos a serem realizados para remediar os estragos do desastre ambiental acabaram sendo superiores ao valor de R$ 10 bilhões que havíamos recomendado inicialmente.

Durante quase 2 anos, tentamos encontrar uma solução para sair da Braskem, mas esbarramos sempre na má vontade da Odebrecht, que frequentemente nos dava desculpas esfarrapadas.

Como diversos investidores informavam que não queriam ter a Odebrecht como sócia, a única opção era ela e a Petrobras, os dois maiores acionistas da Braskem, venderem juntas suas participações através de uma oferta pública de ações. Antes disso, nossa proposta era converter as ações preferenciais em ordinárias para valorizar o capital das empresas. Contudo, todas as desculpas e entraves possíveis foram colocados para que o

---

57. No livro "A Organização: a Odebrecht e o Esquema de Corrupção Que Chocou o Mundo" (Companhia das Letras, 2020), de Malu Gaspar, é relatada uma passagem de nossas discussões com a Odebrecht na página 559.

tempo fosse passando e nosso objetivo malograsse. Apesar de todos seus problemas financeiros, concluímos que a empreiteira não desejava vender o que acabou se transformando em seu ativo de maior valor.

## 2. A batalha da TAG

Existiam barreiras ao desinvestimento de ativos da Petrobras derivadas de decisões anteriores do STF.

Recebi um conselho de Mansueto de Almeida, um profundo conhecedor do funcionamento do setor público, para buscar sempre o diálogo com o Judiciário. Segundo ele, o governo perdia várias causas no Supremo por pecar nisso. Seguir seu conselho nos levou a conseguir remover alguns dos obstáculos ao desinvestimento.

Entre eles, havia uma decisão monocrática de um dos ministros do STF que nos obrigava a obedecer às regras de contratação para empresas públicas quando a Petrobras fosse parte de um consórcio para exploração de um campo.

Os consórcios são usuais na indústria do petróleo pois têm como objetivo diluir o dispêndio de capital entre os parceiros, compartilhar riscos e conhecimento técnico. As compras são centralizadas e as empresas globais seguem as melhores práticas. Muito provavelmente, se recusariam a obedecer às regras ditadas pelo Brasil. Havia o risco de sermos expulsos e de não podermos participar em novos contratos. O nacionalismo mais uma vez poderia trazer sérios prejuízos. A decisão anterior foi revogada, assim como outra que nos impedia de vender campos de petróleo.

Gasodutos fazem parte do *midstream,* cuja função é a prestação de serviços para as companhias de petróleo e gás natural ao transportar seus produtos para clientes. Não faz sentido econômico para as petroleiras, que estão num negócio de capital intensivo e com retorno esperado bem mais elevado, investir em gasodutos. Nos EUA, os maiores players são empresas independentes, cujo foco é oferecer serviços para a indústria do gás.

O desinvestimento do TAG estava muito bem encaminhado quando o Ministro Edson Fachin concedeu uma liminar suspendendo a venda do ativo. Lembro que estava com um grupo de políticos do Rio de Janeiro quando soube da decisão através de uma deputada federal que, exultante, fez o anúncio. Perguntei se era amiga de banqueiros – personagens particularmente detestados pela esquerda – pois a decisão privaria a Petrobras de recursos que seriam destinados a abater dívida, forçando-a a continuar a pagar juros num montante equivalente a US$ 7,00 por barril de petróleo produzido.

O assunto foi a julgamento pelo plenário do Supremo. Durante duas tardes, frequentei as instalações do STF, colocando-me sempre na primeira fila do auditório de onde podia observar bem a expressão corporal de cada Ministro e prestar muita atenção em suas falas. Foram momentos de alta ansiedade até ver aquele caso resolvido a nosso favor.

Comigo estavam todos os diretores e alguns gerentes executivos, além de Salim Mattar, Secretário Especial de Privatização, meu companheiro na "fila do gargarejo". Torcíamos muito pela vitória. Do outro lado, concentrados no fundo do auditório, havia um grupo de adeptos do estatismo.

No fim, o diálogo com vários Ministros e suas equipes foi muito produtivo. Em audiências antes das sessões, tivemos oportunidade de lhes explicar tudo sobre o programa de desinvestimento, inclusive a descrição detalhada de como funcionava o processo que atendia à sistemática aprovada pelo TCU.

Foi uma grande vitória. O STF decidiu a nosso favor: a Petrobras poderia vender subsidiárias sem a necessidade de autorização do Congresso Nacional, exceto empresas criadas por lei, caso da Transpetro e da própria Petrobras.

Vencida essa importante etapa, recomeçamos o processo de desinvestimento, que foi concluído com grande êxito e alcançou maior valor no programa, US$ 8,7 bilhões. O montante final chegou a cerca de US$ 9,3 bilhões com a venda dos 10% restantes. Os compradores foram a companhia francesa Engie, grande investidora em infraestrutura no Brasil, e o fundo de pensão canadense

Caisse de Depôt et Placement du Quebec (CDPQ), que fez desse o seu primeiro investimento no país. A transação foi premiada pela revista Latin Finance como "Cross-Border Deal of the Year".

A principal crítica à venda foi de que, ao se desfazer do gasoduto, a Petrobras pagaria por sua utilização futura um valor anual, cujo total acumulado em poucos anos seria igual ao preço recebido pelo ativo. O argumento, capaz de iludir os desatentos com o melhor estilo "preço de banana", é oriundo de ignorância ou má fé. A ignorância criou um método sui generis de avaliação de ativos, em que seu valor é calculado mediante a soma linear da receita nominal durante os anos, desprezando o fator tempo assim como os custos, principalmente do capital, muito significativo no caso de um gasoduto.

Da mesma forma, 90% do gasoduto NTS tinha sido vendido em 2017 para a Brookfield por US$ 4,23 bilhões, sendo 61,2% à vista, 20% em 5 anos e 38,8% em 10 anos, forma de pagamento bem distinta da que empregávamos. Os 10% restantes foram vendidos em abril de 2021 para o mesmo comprador dos 90%.

A venda da participação na Gaspetro foi concluída pouco depois de minha saída da Petrobras e somente aprovada pelo CADE em 2022.

Fico feliz em constatar que, após a privatização da Gaspetro, as distribuidoras regionais de gás nela contidas vêm se acomodando de acordo com o modelo que propus como conselheiro em 2015, rejeitado pelo Conselho de Administração. A regionalização do controle dessas companhias está viabilizando o foco em investimentos para capturar as oportunidades de crescimento existentes no mercado de gás natural encanado, restrito ainda a cerca de 5% do consumo residencial de gás.

O início do desinvestimento atrasou bastante porque a ANP, apesar de nossas constantes reclamações, levou mais de um ano para rever a base referencial de ativos, que serve de referência para a definição da tarifa de transporte pelo gasoduto. A excessiva lentidão retardou a revisão e queda da tarifa de transporte do gás boliviano para o consumidor brasileiro, prejudicando-o. O desinvestimento da participação acabou não sendo realizado. Foi uma vitória da burocracia contra o povo brasileiro, pela lentidão típica do setor público ou por motivação ideológica. O diretor da ANP, que conduziu o caso da TBG, deixou de comparecer a uma reunião agendada com a diretoria da Petrobras. Em sua justificativa, alegou estar "indo para o sítio".

O desinvestimento continua a ser importante para a abertura do mercado de gás para a competição.

## 3. As barreiras à privatização de refinarias

Refinarias no Brasil são consideradas pelos defensores do Estado na economia como espécie de ícone, símbolos em última instância da industrialização. A Petrobras iniciou suas operações refinando petróleo importado em refinarias construídas anteriormente pelo antigo Conselho Nacional do Petróleo, o que concorreu também para o apego sentimental ao refino, conforme me confessou um antigo empregado da Petrobras. A carga ideológica sempre foi considerável.

No discurso da Central do Brasil em 13 de março de 1964, João Goulart anunciou a "encampação" de todas as refinarias privadas do Brasil.

Para muitos políticos e economistas, a indústria de transformação é um fetiche, sinônimo de desenvolvimento econômico. Desprezam as commodities, ignorando que o Brasil é uma fortaleza global de recursos naturais e que agropecuária, mineração, petróleo e gás natural requerem capital humano e tecnologias mais avançadas do que muitos setores industriais, gerando muitos empregos de qualidade ao longo da cadeia de valor. Como disse alguém, "eles sofrem de nostalgia industrial".

Desconhecem também que a queda da participação da indústria de transformação com o desenvolvimento econômico ocorre regularmente ao longo do tempo, determinado pelo aumento da demanda por serviços impulsionada pelo crescimento da renda real e pela queda de preços relativos causada por inovações. No caso brasileiro, o declínio foi mais acentuado, influenciado pela baixa produtividade da indústria, resultado da intervenção do

Estado, tanto do lado dos benefícios (barreiras à competição, crédito subsidiado, incentivos fiscais etc.) como dos custos (tributação excessiva e confusa). Um exemplo disso é a discussão sobre os Crocs: ser sandália de borracha ou sapato possui efeitos distintos sobre a tributação.

Para os adeptos dessas ideias, exportar petróleo bruto é simplesmente inaceitável, coisa de país subdesenvolvido. No entanto, EUA, Canadá e Noruega, países desenvolvidos de alta renda per capita, figuram entre os dez maiores exportadores globais do produto.

O primeiro campo de petróleo descoberto pela Noruega no Mar do Norte foi Balder, em 1967, que não foi considerado economicamente viável na época. Quando descobriu Ekofisk, no Mar do Norte em 1969, seu PIB per capita era praticamente igual ao da Suécia, o país mais rico e industrializado da Escandinávia. Em 2022, o PIB per capita norueguês foi igual a quase uma vez e meia o sueco.

A Noruega não se desenvolveu construindo refinarias e plantas petroquímicas, como pensam os que desprezam a teoria das vantagens comparativas. Conseguiu esse esplêndido resultado, mais do que triplicando seu PIB per capita em cinquenta anos, empregando bem os recursos gerados pelo petróleo. Explorou de maneira racional suas vantagens comparativas, o que deu origem, entre outras atividades, à uma indústria de serviços de alta tecnologia para a exploração submarina de petróleo, e investe recursos para o benefício de gerações futuras através de um fundo soberano bem administrado.

Outro exemplo marcante é o da Austrália, país de grande dimensão geográfica e dotação de recursos naturais semelhantes ao Brasil. Seu PIB per capita é sete vezes maior que o do Brasil, sugerindo a relevância da exploração das vantagens comparativas e do investimento em capital humano. A Austrália é a maior produtora e exportadora de minério de ferro do mundo e também a maior exportadora global de carvão metalúrgico, as principais matérias-primas na fabricação do aço. Reveladora de uma opção estratégica escolhida pelo país, os australianos escolheram ter uma pequena indústria siderúrgica, abandonando a ideia de verticalização da produção mineral. As últimas fábricas australianas de automóveis fecharam em 2017. A Ford permanece no país, porém restrita ao desenho e desenvolvimento de veículos, justamente aos segmentos de maior valor adicionado.

Em 2020, fomos surpreendidos por outra batalha judicial. Por iniciativa de alguns parlamentares, foi enviada ao STF uma ação específica contra a privatização de refinarias. A alegação era de que a Petrobras estaria burlando a decisão da Suprema Corte em 2019, incluindo outros ativos nas vendas das refinarias. De acordo com a ação,

> a alienação das sociedades constituídas para o desinvestimento de refinarias feriria a decisão anterior daquele Tribunal, uma vez que se trataria de artifício para a alienação da própria holding a terceiros e que, como tal, demandariam autorização legislativa prévia[58].

Ao mesmo tempo, algumas mentiras foram difundidas. Uma delas consistia na versão de que todas as refinarias estariam sendo vendidas para um único investidor estrangeiro, história tão verdadeira quanto a nota de R$ 3,00. O CADE jamais permitiria, pois se constituiria em flagrante desrespeito ao termo de cessação de conduta por nós assinado.

Com efeito, as refinarias seriam vendidas juntamente com sua infraestrutura de dutos para possibilitar a entrada de petróleo e a saída de combustíveis líquidos. Sem isso, seu valor cairia muito, assemelhando-se à venda de uma usina de aço, negócio intensivo em logística, em meio ao deserto, sem dispor de uma infraestrutura de logística atrelada às suas operações. Uma usina siderúrgica recebe matérias-primas, como minério de ferro e carvão em grandes volumes, para depois despachar seus diversos produtos, o que demanda intensa atividade logística.

O valor da infraestrutura associada às refinarias estava devidamente incorporado ao preço de venda. Sem ela os preços

---

58. SUPREMO Tribunal Federal. Reclamação 42576. Disponível em www.stf.jus.br, com acesso em 06 de agosto de 2024.

cairiam muito. Foi mais uma luta travada e mais uma vencida. Estávamos livres para realizar o desinvestimento das refinarias com o respaldo de duas decisões favoráveis da Suprema Corte, do termo de cessação de conduta assinado com o CADE e de uma resolução do Conselho Nacional de Política Energética.

Dentro da Petrobras, existia oposição não só daqueles contrários por razões ideológicas, mas também por parte de defensores da integração vertical, exploração e produção de petróleo-refino-distribuição de combustíveis.

Na prática, a integração era falha, com a prevalência do isolamento das operações de produção desconectadas efetivamente do refino e da logística, uma das características do funcionamento da Petrobras.

A integração vertical não adiciona valor automaticamente. Se os custos do refino, incluindo o do capital, fossem suficientemente baixos para elevar o retorno da produção de petróleo, a integração vertical na Petrobras valeria a pena. Este não era o caso, pois apresentavam prejuízo econômico, o que diminuía e, portanto, não aumentava o retorno do investimento em petróleo.

Algumas das maiores companhias independentes de refino dos EUA, como a Marathon, Valero e Phillips 66, foram resultantes da separação de suas controladoras, a desverticalização. Separadas, prosperaram, assim como suas naves-mãe.

Vender refinarias é algo bem mais complexo do que o desinvestimento de campos de petróleo. As maiores empresas de petróleo dos EUA e Europa também estão na ponta de venda, e as petroleiras estatais da China e Oriente Médio investem na construção de refinarias novas e não possuem interesse na compra de unidades antigas.

Fez parte dos desafios, além das duas batalhas judiciais na Suprema Corte, lidar com ameaças de greve, as abomináveis denúncias mentirosas, sem falar no histórico de intervenção estatal nos preços de combustíveis que desestimula potenciais compradores.

A dívida com a Petros tinha como garantia algumas refinarias que somente poderiam ser substituídas com permissão do sindicato de petroleiros. Evidentemente, o sindicato jamais daria sua anuência sabendo que as refinarias seriam privatizadas. Decidimos então pré-pagar a dívida e liberar as garantias. Foi bom para a Petros, que ganhou liquidez, e para a companhia, que se libertou de mais uma amarra.

## 4. Mataripe: a primeira refinaria privatizada no Brasil

Nos primeiros meses de minha gestão, concluímos a venda da refinaria de Pasadena –símbolo da corrupção no Brasil – por US$ 562 milhões. Como é localizada no Texas, EUA, não despertou nenhuma oposição; acima de tudo, seria muito difícil alguém defender a aquisição cercada de acusações de malfeitos.

No dia do fechamento da transação, quando formalizaríamos a transferência da propriedade para a Chevron, compradora do ativo, e receberíamos o pagamento, aconteceu um problema operacional que obrigou o adiamento. Fizemos o reparo, que custou US$ 10 milhões, e pudemos comemorar o desinvestimento.

Foi o símbolo do fim de uma era.

No Brasil, a primeira privatizada foi Mataripe, rebatizada para RLAM, Refinaria Landulfo Alves Mataripe em homenagem ao político defensor do monopólio estatal do petróleo e relator no Senado Federal do projeto que se transformou na Lei n°. 2.004 de 1953, que criou a Petrobras. Com capacidade de processamento de 333.000 bbl/d, correspondia a 14% da capacidade total de refino do País.

Foram colocados diversos obstáculos, desde a mencionada denúncia ao STF a outros pequenos. Foi grande, por exemplo, a dificuldade para obter o registro no CNPJ (Cadastro Nacional da Pessoa Jurídica) da empresa Refinaria de Mataripe S.A., cujos ativos eram a refinaria e sua infraestrutura de logística, terminais e dutos. A barreira não foi a Receita Federal, mas a Junta Comercial do município de São Francisco do Conde, na Bahia, onde fica localizada, que inexplicavelmente demorou o máximo que pôde para atrasar o documento requerido para a obtenção do registro.

Na manhã de 24 de março, dia em que o Conselho de Administração se reuniu para aprovar a venda de Mataripe, chegou uma denúncia anônima afirmando que eu teria ganhado dinheiro com a minha demissão, orientando minha secretária a operar em meu nome com opções no mercado de ações. O objetivo era criar confusão e postergar o desinvestimento da refinaria. Evidentemente, tratava-se de acusação mentirosa e sem lastro em qualquer evidência, ou pelo menos indício. Foi investigada e se revelou, como esperado, desprovida de fundamento. Constituiu-se tão somente em ato criminoso e covarde de alguém abrigado no anonimato para tentar destruir a reputação de pessoas de bem.

Fui atacado por todos os lados. Entre as mentiras, uma dizia que eu havia contratado uma nora para o cargo de gerente executiva da Petrobras. Isso não faz nenhum sentido porque simplesmente não tenho noras. São duas filhas e duas enteadas casadas com homens, apenas genros. Deveriam ter se informado melhor.

Diferentemente de outros processos de desinvestimento, sempre acompanhados e auditados somente pelo TCU, desta vez os auditores da CGU resolveram se interessar e intervir. Fizeram várias críticas, alegando que o momento para venda da refinaria não era adequado, num inaceitável avanço sobre a administração da companhia, e que a construção de cenários continha erros.

Contratamos estudos da Fundação Getúlio Vargas (FGV) e outro da IHS-Markit, uma das maiores consultoras de petróleo do mundo, instituições independentes e respeitadas. Seus trabalhos deram suporte à avaliação realizada por nosso time.

Alguns adversários da privatização nos acusavam de estar fazendo a venda da RLAM de "afogadilho". Mais uma acusação leviana. O prazo médio de uma transação de venda de uma empresa é 18 meses; levamos 23 meses para assinar o contrato de compra e venda e 28 para o fechamento.

A caminhada para o desinvestimento da RLAM foi longa e desafiadora, exigindo planejamento, trabalho em equipe, coragem e persistência para superar múltiplos obstáculos.

As etapas do processo acordado com o TCU foram todas obedecidas, requerendo diálogo contínuo e zelo para evitar retrocessos.

A Petrobras convidou mais de mil investidores, assinou dezenas de acordos de confidencialidade com interessados em ter acesso às informações sobre a refinaria, recebeu ofertas de compra não vinculantes em novembro de 2019 e, finalmente, vinculantes em junho de 2020. Houve ampla transparência.

Para aprovação pelos órgãos de governança da companhia – comitê técnico estatutário, diretoria executiva, comitê de assessoramento do CA e o próprio CA – foram apresentados pareceres jurídicos de advogados externos, pareceres dos departamentos jurídico, conformidade, riscos, finanças, tributária e contábil da Petrobras, avaliações independentes de três bancos internacionais e pareceres técnicos, documentos integralmente disponibilizados para o TCU e CGU.

Tudo foi conduzido com o máximo de transparência.

Em adição às apresentações regulares ao Conselho de Administração e Comitês de Assessoramento, nas semanas que antecederam a reunião para a apreciação final da transação, empregados envolvidos se reuniram com conselheiros para responder a dúvidas e eventuais questionamentos. Bastava solicitar, nossa equipe tinha prazer em atender.

No próprio dia da reunião do CA para decidir sobre a aprovação da transação, o time do projeto, assim como os representantes dos bancos, da FGV e da IHS estavam presentes, disponíveis para responderem a perguntas.

O CA aprovou a venda da refinaria de Mataripe por US$ 1,65 bilhão, que após ajustes contratuais previstos somou US$ 1,8 bilhão. Foi assinado o acordo de compra e venda em março de 2021, sendo a transação finalizada em novembro de 2021, posteriormente à minha saída.

É infundada a acusação de que a antiga RLAM tenha sido vendida "pela metade do preço" ou "a preço de banana". Afirmações como essas só podem ter sido baseadas em estimativas por alguém que não detinha informações especificas sobre a Mataripe: as informações não eram públicas. A Petrobras não divulga informações financeiras relativas ao desempenho individual das refinarias. Portanto, quem quiser fazer uma avaliação de uma refinaria tem que se basear em hipóteses que podem diferir bastante da realidade.

Relativamente à capacidade de processamento, o preço de venda foi de US$ 5.405,00 por barril. De acordo com a McKinsey, com base em dados da S&P Global Commodities Insights, o valor médio das transações no mundo em 2021-2022 foi de US$ 5.000,00, inferior ao obtido pela Petrobras com o desinvestimento da refinaria de Mataripe[59].

Não há como falar em "preço de banana" ou metade do preço. Foi o preço de mercado por uma refinaria com 70 anos, com índice de Nelson[60] pouco superior a 10 (numa escala que vai até 20) e localizada em um país onde se tem registro de pelo menos meio século de intervenção governamental nos preços de combustíveis. O risco de isso vir a se repetir é forçosamente precificado em seu valor de venda.

Depois da assinatura, a transação foi auditada e aprovada pelo TCU e CADE. O relatório considerou que a Petrobras atendeu à norma regulatória na condução do processo de desinvestimento e não identificou irregularidades nos vários aspectos sob avaliação, entre eles a adequação do preço de venda e a oportunidade do momento da venda[61]. O plenário decidiu, em sessão realizada em 11 de agosto de 2021, julgar improcedente a denúncia de irregularidades no âmbito do CA da Petrobras relativamente à decisão sobre a venda da RLAM, com respeito ao valor de venda da refinaria.

O destino determinou que a primeira refinaria estatal do Brasil, inaugurada em 1950, antes mesmo da fundação da Petrobras, fosse a primeira a ser privatizada na história econômica

---

59. Veja "Refinery Transactions: A Window of Opportunity", artigo de Tim Fitzgibbon, Patrick Green, Anantharaman Shakar e Luka Vukomanovic, publicado em 09 de agosto de 2023 no site McKinsey Themes, disponível em https://www.mckinsey.com/industries/oil-and-gas/our-insights/refinery-transactions-a-window-of-opportunity/.

60. O índice de complexidade de Nelson foi desenvolvido por Wilbur Nelson a partir de uma série de artigos publicados no *Oil&Gas Journal* nos anos de 1960 e 1961.

61. Veja "Fiscalização do Desinvestimento em refino pela Petrobras, Alienação da Refinaria Landulpho Alves" disponível no portal do Tribunal de Contas da União (TCU) através do link https://portal.tcu.gov.br/.

do País, vendida para a Mubadala Capital, dos Emirados Árabes Unidos (EAU), país errônea e frequentemente confundido com a Arábia Saudita, e Abu Dhabi. A primeira brasileira, como já dito, era privada e começou a operar nos anos 1930.

É um marco histórico, assim como foi a privatização da BR Distribuidora, projetos que me orgulho muito de ter liderado juntamente com o time guerreiro da Petrobras.

Recentemente, a Mubadala anunciou a intenção de investir R$ 13,5 bilhões ao longo dos próximos 10 anos na modernização e preparação para ser uma grande produtora de combustíveis renováveis. Provavelmente, isso não teria acontecido na ausência da privatização.

Quando deixei a Petrobras, estavam sendo encaminhadas também as vendas de três outras refinarias de menor porte, a Isaac Sabbá (REMAN), atual REAM, em Manaus, a LUBNOR em Fortaleza e a SIX, em São Mateus do Sul, Paraná, atual Paraná Xisto. Destas, não se concretizou o desinvestimento na LUBNOR porque foi alegado que o comprador não teria cumprido condições precedentes.

Ao todo quatro refinarias foram privatizadas: Mataripe, REAM, Paraná Xisto e Clara Camarão, representando aproximadamente 16% da capacidade total de refino do Brasil. Foi pouco para quem desejava se desfazer de 50%, mas, pelo menos, depois de décadas, um primeiro passo foi dado.

O desinvestimento da Clara Camarão, concluído em época posterior ao fim de minha gestão, fez parte da venda do Polo Potiguar, que compreende campos de petróleo, usina de processamento de gás natural e terminal marítimo. A Clara Camarão é mais bem definida como usina de processamento de petróleo e, em razão disso, não foi colocada à venda no bloco das refinarias, nem fazia parte da área de refino da Petrobras. Na escala de Nelson, é classificada como 1, a menor flexibilidade possível, o que implica em grande limitação dos seus equipamentos para a produção de uma cesta de combustíveis.

O processo de desinvestimento avançou bem em 2019. Em 2020, a pandemia e a recessão global diminuíram bastante o progresso. Visitas às plantas de refino tiveram de ser adiadas.

Posteriormente, a incerteza produzida pelo falatório sobre preços de combustíveis contribuiu para tornar praticamente inviável o desinvestimento de refinarias.

## 5. BR: a primeira privatização via mercado de capitais no Brasil

A BR Distribuidora foi fundada em 1971 por Ernesto Geisel, então presidente da Petrobras. Era vista como um modelo de eficiência por muitos, o que não passava de ilusão diante da evidência dos dados. Sua privatização foi rápida, o que não quer dizer que não tenhamos enfrentado entraves.

Preparamos a companhia trocando o CEO e alguns diretores, bem como conselheiros. Foi realizado o descruzamento de empregados, funcionários da Petrobras trabalhavam na distribuidora e ao mesmo tempo pessoas da BR serviam na controladora. Todos retornaram às suas empresas de origem. Ademais, firmamos um contrato de uso da marca, pois continuar com a marca Petrobras em seus postos de serviço favorecia ambas as partes.

Quando a empresa abriu o capital em dezembro de 2017, fora celebrado um contrato fora dos padrões usuais, inclusive pelo curto prazo de duração, de apenas 1 ano. Em geral, possuem duração mínima de 10 anos.

Depois da aprovação no CA da Petrobras, julgávamos que seria tranquila a concordância do Conselho da BR, pois nos cercamos da assessoria de especialistas naquele tipo de assunto. Surpreendentemente, nos deparamos com forte resistência de alguns conselheiros da BR, liderados pelos dois representantes de acionistas minoritários. A razão era o pressuposto falacioso de que a Petrobras estaria querendo enganar a BR.

Depois de muita discussão e da habilidade do presidente do CA da BR, Edy Kogut, conseguimos a aprovação final do contrato.

A transação foi um sucesso. Numa oferta pública realizada em julho de 2019, ações representativas de 33,5% do capital da BR foram vendidas para 440 fundos de investimento e aproximadamente 8.000 pessoas físicas, restando a Petrobras com 37,5%.

A companhia recebeu US$ 2,6 bilhões e, ao preço de R$ 24,50 por ação, a transação foi realizada com um excelente prêmio. O mercado pagou pela BR um preço total equivalente a 10,4 vezes o EBITDA, contra 7,2 na IPO (*Initial Public Offer* [Oferta Pública Inicial]) de 2017 e 9,1 na oferta final, em junho de 2021, quando a empresa já era privada.

"Preço total" se refere ao valor pago pelo passivo total da empresa: patrimônio líquido mais dívida líquida, dívida bruta menos o caixa, ou seja, o valor da firma. O uso da relação EV/EBITDA serviu como um bom parâmetro de comparação para a mesma empresa entre os valores de venda de ações em tempos distintos. No prêmio pago pelos investidores em julho de 2019, representado por um múltiplo mais elevado, está implícito o valor atribuído ao controle acionário da empresa.

A BR foi a primeira empresa na história do Brasil a ser privatizada através do mercado de capitais. Considero a maneira mais saudável, mais transparente e democrática, que dá origem a companhias com capital pulverizado, contribuindo para o desenvolvimento do mercado de capitais.

A Eletrobras foi privatizada em 2022 via mercado de capitais, mas de forma diferente. Inicialmente, foi realizada uma transação de aumento de capital, na qual o Estado ficou com uma participação de 42% com poder de voto restrito a 10%. Somos fortemente favoráveis a reduzir a zero a participação estatal em uma privatização, mas creio que foi o melhor naquele momento, dada a forte resistência política.

A transação da BR foi comemorada na B3 e fiz questão de percorrer a pé um trecho do caminho até o prédio da Bolsa. Não encontrei nenhum protesto ou coisa parecida; creio que foi um movimento surpresa para seus opositores.

A fase final da privatização da BR estava programada para ter início em 9 de março de 2020. Tratava-se de vender a participação minoritária da Petrobras, deixando a empresa com 100% de propriedade do setor privado. Entretanto, justamente naquele dia começou a guerra de preços entre Rússia e Arábia Saudita, provocando queda de preços de ativos. A seguir, a pandemia inviabilizou transações de vendas de empresas no mercado de capitais por um bom tempo.

Finalmente, em junho de 2021, dois meses depois de minha saída da Petrobras, aproveitando uma janela de mercado, a oferta pública foi realizada por US$ 2,2 bilhões e hoje a BR (Vibra Energia) é uma empresa 100% privada.

Logo após a privatização, foi eleito um Conselho de Administração constituído por nove membros, todos independentes. A Petrobras se absteve na eleição para a Presidência do Conselho pois, embora não fosse mais a controladora da BR, como principal acionista tinha poder para influenciar na escolha. Optamos pelo que julgamos ser a melhor decisão do ponto de vista da governança. Livre das amarras, a BR pôde reduzir em 30% o número de seus colaboradores, o que, juntamente com a eliminação de cargos gerenciais, viabilizou um corte de quase 40% no custo de pessoal. A empresa passou a operar melhor, mais enxuta e com maior produtividade.

Este é mais um exemplo simples da carga de desperdícios que o Estado nos impõe.

Atualmente, há quem critique a privatização da BR como um "um erro crasso" por implicar no abandono do contato direto com os consumidores. Pergunto se já tentaram saber por que a indústria farmacêutica não possui redes de farmácias espalhadas pelo mundo. Simplesmente porque suas vantagens comparativas residem na capacidade de pesquisa e desenvolvimento de novos medicamentos e na fabricação com alta qualidade. O varejo não lhes adicionaria valor. Isso não a impediu de ser muito rentável, criar e lançar medicamentos relevantes para alongar a expectativa de vida dos seres humanos, melhorando também a qualidade de sua existência.

O mesmo raciocínio se aplica ao caso da Petrobras na distribuição de combustíveis. As vantagens comparativas da companhia se localizam na excelência na exploração, desenvolvimento de projetos e produção de petróleo e gás com segurança e eficiência. O varejo já provou ser um redutor de valor pois as competências da Petrobras não estão nessa atividade.

## 6. Deixando o Uruguai

Numa tarde fria de inverno, cheguei à Santa Fé, no coração dos pampas argentinos, acompanhado do MK, Roberto Ardenghy e Monica Ferreira. O aeroporto da cidade, apinhado de jornalistas, estava preparado para receber os chefes de Estado que participariam de uma reunião de cúpula do Mercosul, o que nos fez passar despercebidos. Havíamos agendado um encontro com o presidente do Uruguai para conversar a respeito de nossos planos para sair de seu país, atendendo ao conselho de um amigo uruguaio que, como eu, possuía formação em Chicago. Jorge Caumont também recomendou que realizássemos o encontro em campo neutro, nunca no Uruguai, onde sindicalistas muito provavelmente estariam presentes.

A presença da Petrobras no Uruguai remontava a 2004, quando a companhia iniciou uma série de aquisições que resultaram no controle de 100% do capital da Distribuidora de Gas Montevideo (DGM), concessionária da capital do país, da Conecta, distribuidora com concessão para o restante do território uruguaio, e de uma distribuidora de combustíveis, com noventa postos de serviço, denominada PUDSA.

As operações no Uruguai não nos trouxeram nenhum benefício para a companhia e careciam de qualquer sentido estratégico. Revelaram-se um péssimo investimento, com prejuízos em série, que obrigavam sua controladora, a Petrobras, a realizar frequentes injeções de capital para evitar paralisação. Para o porte da companhia, certamente não eram montantes significativos, embora, a meu ver, uma empresa madura e com tantas oportunidades jamais poderia ser tolerante com os prejuízos, independentemente de sua magnitude. Isso concorre para criar uma cultura de perdedor, que aceita a condição como algo normal, seja com relação a ativos de pequeno porte (como plantas de fertilizantes e de biocombustíveis), seja sobre grandes operações (como o refino) ou aquelas com pouca visibilidade (como as do Uruguai).

Era fundamental acabar com aquilo e pôr fim aos prejuízos.

Os motivos principais para as perdas eram dois: o desequilíbrio entre os preços de mercado pagos na compra do gás e os regulados na venda aos consumidores uruguaios; e o forte crescimento dos salários reais acima da produtividade num país onde a maior central sindical, a PIT-CNT, era aliada da Frente Amplio, partido que governava o país há quinze anos.

A Petrobras havia tentado que o Estado uruguaio recompusesse o equilíbrio econômico-financeiro das concessionárias, o que implicou em arbitragem que se estendeu por longo tempo e cujo resultado não foi satisfatório.

Quando foram anunciadas demissões, os empregados entraram em greve, ameaçando com o *control obrero*. De acordo com as leis uruguaias, isso lhes daria poder para ocupar as duas companhias e assumir a sua direção. Contudo, foi impedido por decisão da Justiça uruguaia, que proibiu a ocupação da DGM.

A agitação política era grande, dada a realização de eleições presidenciais naquele ano. O sindicato resolveu fazer também uma greve de fome, permitindo apenas água e chocolates. Muitas crianças adorariam uma greve como aquela!

Decidi destacar o MK para negociar no campo empresarial e Roberto Ardenghy, como diplomata, para abrir contatos diretos com o governo uruguaio. Nosso pessoal, principalmente o presidente da Petrobras Uruguai, tinha incentivos opostos aos nossos: preferia a continuação pois, como expatriado, recebia remuneração bem superior ao que ganharia do outro lado da fronteira.

Transferimos então para Montevideo o gerente João Figueira, bastante experiente, que havia realizado excelente trabalho na racionalização do escritório de Houston.

No dia 16 de julho, reuni-me com o presidente Tabaré Vázquez, com quem tive uma conversa amistosa e agradável. Ele era um homem educado e pragmático. Rapidamente, acertamos a devolução das concessões para o Estado uruguaio, combinando a constituição de um grupo de trabalho liderado pelo Chefe da Casa Civil, Miguel Toma, e pelo Ministro da Indústria, Energia e Mineração, Guillermo Moncecchi, com a meta de finalizar os trabalhos até o dia 30 de setembro de 2019. No restante do tempo, conversamos sobre futebol, paixão de brasileiros e uruguaios, e pelo qual Tabaré era aficionado.

Em 27 de setembro de 2019, foram assinados os documentos da transferência das concessões na sede do governo do Uruguai, em Montevidéu. Embora relativamente pequena, não deixamos de comemorar a eliminação de mais uma fonte de desperdício de dinheiro.

Duas semanas depois, recebi a notícia do falecimento da esposa de Vázquez e ele próprio viria a óbito no ano seguinte, vítima de um fulminante câncer.

Apesar do pensamento econômico distinto, lamentei profundamente a perda de um *gentleman*, homem digno e cumpridor da palavra, uma virtude rara entre políticos latino-americanos. O desinvestimento da PUDSA foi mais lento. Somente em fevereiro de 2021 ocorreu o fechamento da venda da empresa de distribuição de combustíveis por US$ 68 milhões.

## 7. A batalha da Liquigás

O desinvestimento da Liquigás enfrentou um desafio importante.

A empresa foi adquirida em 2004 da AGIP, grupo italiano que estava se retirando do Brasil. Tinha cobertura nacional, estava presente em praticamente todos os municípios brasileiros e era a segunda maior distribuidora de GLP do Brasil.

Fora uma aquisição equivocada do ponto de vista econômico, mas atendeu às motivações políticas. Supostamente, o governo teria oportunidade de monitorar o mercado de gás de cozinha e tentar, indiretamente, controlar seu preço, o que é politicamente atraente. Como mencionamos anteriormente, os preços do GLP nas refinarias da Petrobras permaneceram congelados durante quase 13 anos.

Sem o conhecimento de operações de varejo e com a aplicação da política salarial da Petrobras, onde o avanço de nível proporciona aumentos salariais por tempo de serviço, desconectados de qualquer avaliação de desempenho, a Liquigás logo se tornou, em termos de performance, o "patinho feio" da indústria de distribuição de GLP composta por empresas privadas.

Em novembro de 2016, a Petrobras vendeu a Liquigás para a Ultragaz por R$ 2,8 bilhões. O CADE concluiu que a aquisição da segunda maior pela maior empresa do setor aumentaria consideravelmente a concentração horizontal e eliminaria do mercado um concorrente: a empresa passou a ter uma participação no mercado de 44,4%. Em 28/02/2018, o Tribunal do CADE impugnou a transação, tendo a Ultragaz arcado com a multa (*break-up fee*) de R$ 283 milhões para a Petrobras.

Em 2019, decidimos retomar o desinvestimento com um novo modelo de venda incorporando as recomendações feitas pela relatoria do processo no CADE.

Surpreendentemente, um novo obstáculo surgiu. A ANP, com o apoio da Secretaria de Energia do Ministério da Economia, à revelia do Ministro Paulo Guedes, começou a defender proposta de mudança no mercado de GLP que assustava as empresas da indústria e os investidores interessados na aquisição da Liquigás.

Nos anos que precederam o desinvestimento da Liquigás, a ANP tinha sido responsável por iniciativas muito positivas, conseguindo baixar consideravelmente os percentuais de conteúdo local exigidos para equipamentos empregados na exploração e desenvolvimento de projetos, eliminar o emaranhado de regras e estabelecer um cronograma de leilões de petróleo, o que não ocorria há vários anos. O órgão regulador removeu barreiras que bloquearam a expansão da indústria do petróleo brasileira por alguns anos.

Entretanto, se fixou na ideia do fracionamento do enchimento de botijões como instrumento para tentar ampliar a competição no mercado de GLP, um equívoco que felizmente não se concretizou.

Tendo como argumento uma possível redução do preço do GLP e abertura do mercado para novos concorrentes, pois defendia a hipótese de oligopólio na oferta de GLP, onde operam cerca de vinte empresas, estava propondo o enchimento fracionado dos botijões de gás para facilitar o abastecimento de famílias de baixa renda.

Um oligopólio só tem sucesso na fixação de preços se existir alguém com poder suficiente para implementar e penalizar os eventuais infratores. Podemos acreditar que o mais indicado para ter exercido aquela função seria a própria ANP! Evidentemente, isso não era verdadeiro.

No negócio de distribuição de GLP a entrada é livre, inexistindo qualquer tipo de barreira, exceto a necessidade de capital para investir. Não foi apresentada qualquer evidência de obtenção de retornos extraordinários, que poderiam sugerir o exercício de poder de mercado por parte das grandes distribuidoras de GLP.

Outro ponto da proposta era a abolição do uso da marca nos botijões. Isto abriria nos mercados um grave precedente negativo, com mais uma intervenção do Estado sobre as decisões das empresas. Todo o investimento realizado pelas distribuidoras na consolidação de suas marcas perante os consumidores seria sucateado.

Seria inimaginável Apple, Google, Louis Vuitton, Nike ou Shell perderem o direito de uso de suas marcas. Da mesma forma, não fazia sentido as distribuidoras de GLP serem impedidas de usarem suas marcas.

Em lugar de ser "pró-mercado", como se dizia, a "inovação" destruiria um negócio que funcionava bem, embora coexistisse com a informalização da revenda em alguns lugares do país devido à criminalidade.

No Brasil, quando compramos um botijão de gás de um revendedor, ele recebe a embalagem vazia e o transfere para a distribuidora cuja marca está estampada no cilindro. Essa distribuidora é responsável pela segurança dos botijões. No Paraguai, tomado como exemplo pelos proponentes daquele modelo esdrúxulo, o enchimento é realizado por caminhões na rua. Nesse modelo, a responsabilidade é do consumidor; se ocorrer um problema com o botijão, não há com quem se queixar. Observamos, em Assunção, a utilização de embalagens com a marca da Liquigás, embora esta não tenha, evidentemente, responsabilidade pela segurança de botijões no Paraguai.

No Brasil, as distribuidoras investem anualmente em média cerca de 2,5% da receita na requalificação de botijões e compra de novos. O carregamento dos cilindros é efetuado com toda a segurança numa instalação industrial por máquinas automatizadas com capacidade para recarregar até 7.200 botijões por hora.

O modelo brasileiro é adotado por toda a América Latina, exceto Paraguai e México, e em vários outros países no mundo, operando com segurança por muitos anos. É reconhecido como muito superior à improvisação que está no cerne do modelo paraguaio.

O México estava começando a migrar para o modelo brasileiro. Este é considerado pela World LPG Association (WLPGA) como atendendo às melhores práticas globais. Os EUA permitem o enchimento fracionado, mas proíbem o uso de GLP em ambientes fechados. Os botijões são utilizados mais frequentemente em trailers para acampamento.

Diversos corpos de bombeiros estaduais e o Inmetro, preocupados com a segurança dos consumidores, também se declararam contrários à proposta.

Não havia evidência de que o preço por quilo de GLP se reduziria. Pelo contrário, os preços no Brasil eram inferiores aos praticados no Mexico e Paraguai. Foi ignorado que no Brasil não estão disponíveis somente botijões de 13 kg e 45 kg, há outros menores, de até 5 kg. Como o consumidor não demonstrou, ao longo do tempo, preferência por estes últimos, suas vendas permanecem em patamares modestos.

Foi uma batalha que demandou muita energia. Durante seu transcorrer todos os investidores estrangeiros que tinham apresentado ofertas não vinculantes para a aquisição da Liquigás desistiram, afugentados do Brasil por aquela proposta de um grupo que acreditava que os mercados se comportam conforme sua vontade.

No final, organizamos um seminário internacional em Brasília, para o qual convidamos autoridades do Ministério de Minas e Energia, Ministério da Economia, CADE e ANP, e a participação de representantes da World Liquefied Petroleum Gas (WLPG) e de vários especialistas da indústria de GLP.

Foi um sucesso porque tivemos a oportunidade de demonstrar que o modelo brasileiro estava de acordo com as melhores práticas globais e a proposta da ANP fora de sincronia com a realidade.

Devido ao ruído causado pela agência reguladora, o consórcio vencedor da licitação quase desistiu; permaneceu graças à confiança em nossa capacidade de articulação e convencimento do governo. Vencemos e assinamos um acordo de compra e venda em novembro de 2019.

A transação foi aprovada por unanimidade pelo Tribunal do CADE em 18 de novembro de 2020, condicionada à celebração e cumprimento de Acordo em Controle de Concentrações, que previa alguns remédios para evitar concentração de mercado em algumas regiões.

A Petrobras recebeu R$ 4,0 bilhões, preço superior em 43% ao da operação de 3 anos antes, vetada pelo CADE.

O modelo de privatização da Liquigás trouxe, para a distribuição de GLP, um investidor de peso, a ITAUSA, e alterou o ranking de mercado. A Copagaz, anteriormente quinta colocada, se transformou na nova líder de mercado; a Nacional Gás saltou do quarto para o terceiro lugar. O desinvestimento da Liquigás também proporcionou suporte para a Fogás, uma pequena distribuidora, se expandir no Centro Oeste e São Paulo.

## 8. Os campos maduros de petróleo

Os campos maduros são localizados em bacias terrestres e em águas rasas, onde começou e evoluiu a exploração e produção de petróleo da Petrobras há muitas décadas. São ativos dos quais a empresa não é mais a dona natural – os três maiores poços de Búzios produziam mais óleo e gás equivalente do que todos esses campos reunidos – e outros operadores, focados naquele tipo de ativo e com custos muito menores, são capazes de torná-los mais produtivos e rentáveis.

Era mais uma autêntica distração para uma grande empresa com uma estrutura de custos desproporcional ao tamanho das atividades desses ativos. Além disso, não havia estímulo para a recuperação da produtividade, na medida em que existiam outros com combinação retorno/risco muito melhor.

Para a Petrobras, seu valor era bem menor do que para seus potenciais compradores, pequenas empresas com estrutura de custo adequada e foco no negócio, que os incentiva a investir para aumentar a produtividade dos campos.

Em três anos, a Petrobras vendeu cerca de trinta ativos de petróleo, compreendendo centenas de campos maduros terrestres e em águas rasas, ou seja, em profundidades inferiores a 300 metros. O valor total dos desinvestimentos nessa área chegou a aproximadamente US$ 7,0 bilhões.

Com a queda dos preços do petróleo em 2020 – que afeta as expectativas de longo prazo – passamos a negociar os preços de venda acrescidos de uma cláusula de *earn out*, empregada em muitas transações de aquisições. Ela permitiu que a Petrobras tivesse benefício adicional com os preços mais elevados no futuro, tal como aconteceu a partir de junho de 2021 quando os preços do petróleo Brent ultrapassaram US$ 70,00 e seguiram em alta nos doze meses seguintes, atingindo um pico em julho de 2022, situando-se em níveis acima de US$ 100,00 por barril.

Consequentemente, a companhia passou a capturar parte da recuperação futura, graças à firme tendência de alta dos preços entre o final de 2020 e junho de 2022. Desse modo, a receita com desinvestimentos de campos maduros foi reforçada e em alguns casos acima de nossas expectativas.

No início de 2018, os campos maduros da Petrobras produziam 232.000 bbl/d contra 35.000 bbl/d no primeiro trimestre de 2024 face aos desinvestimentos e descomissionamentos.

O desinvestimento teve, como consequência principal, a emergência de uma indústria de petróleo composta por produtores independentes, até então inexistente. Novas empresas se formaram, abriram o capital em bolsa de valores e estão prosperando.

Os campos maduros estão sendo revitalizados e a produção cresce significativamente. Economias de pequenos municípios do Nordeste, com baixa renda per capita, estão se beneficiando do aumento de investimentos, receita tributária e empregos diante das ações de novas companhias de petróleo.

Pode se dizer que a privatização causou impactos sociais e econômicos positivos para uma região pobre do Brasil, onde muitas famílias têm como única fonte de renda os programas sociais, o Bolsa Família e o Benefício de Prestação Continuada (BPC).

O processo de desinvestimento de vários campos de petróleo e gás estava em progresso em abril de 2021 e foi posteriormente completado com sucesso. O último realizado foi o do cluster (campos de petróleo, uma unidade de processamento de gás natural, a refinaria Clara Camarão e um terminal marítimo) de Potiguar por US$ 1,4 bilhão, concluído em 2023. Além dos campos maduros no Brasil, colocamos à venda o restante das operações de petróleo fora do país.

Uma das mais importantes foi a venda da participação de 50% da companhia na PO&GBV – conhecida como Petro África – cujo processo tinha sido iniciado em 2018. Na reta final, a dificuldade foi a negociação com o governo nigeriano, que estabeleceu a cobrança de pagamento de royalties acima de qualquer parâmetro razoável. Foi um problema difícil de resolver. Apelamos para a ajuda de autoridades brasileiras, o que não funcionou. Finalmente, convencemos a agência reguladora do petróleo da Nigéria a estabelecer um valor mais realista. Vencida essa dificuldade, anunciamos a conclusão da transação em janeiro de 2020 por US$ 1,454 bilhão. Enfim, a Petrobras encerrou as atividades operacionais na África.

No exterior, a companhia ainda possui participações em alguns campos de petróleo e gás na Argentina, Bolívia, Colômbia e Estados Unidos. Parte dos ativos no Golfo do México – 80% – foram vendidos em dezembro de 2018 por US$ 795 milhões para a empresa americana Murphy Oil.

Praticamente 99% da produção de petróleo e gás da Petrobras tem lugar no Brasil. No exterior, reduzimos de 97.000 bbl/d em 2018 para 33.000 bbl/d no primeiro trimestre de 2024.

## 9. Outros desinvestimentos

Outros ativos de menor porte foram vendidos: biocombustíveis, termelétricas a carvão e óleo combustível, usinas eólicas e solares, a distribuição no varejo de combustíveis no Paraguai e pequenas participações em empresas.

As plantas geradoras de energia renovável eram de pequeno porte e a maioria em parceria com outras empresas. Não eram rentáveis para a Petrobras, constituíam outras das diversas distrações que a empresa cultivou, resultantes de investimentos sem lógica econômica e estratégica.

A Transpetro executou seu plano de desinvestimento, vendendo doze navios, que, dada sua idade avançada, de mais de 30 anos, demandavam custos elevados de manutenção e disponibilidade menor do que o restante da frota.

A empresa é efetivamente uma parte do departamento de logística da Petrobras. Consequentemente, adiciona custos para a controladora na medida em que, sendo uma pessoa jurídica, possui toda uma estrutura organizacional que seria perfeitamente dispensável. Como foi criada por lei, sua privatização ou fechamento dependeria de autorização do Congresso Nacional, uma batalha que decidimos não travar dada a escassez de tempo.

O melhor ano dos desinvestimentos foi 2019, quando realizamos transações no valor de US$ 16,3 bilhões, totalizando cerca de US$ 26 bilhões no período 2019-2021.

As privatizações realizadas desde 2015 mudaram a face da Petrobras. Em lugar de um conglomerado, surgiu uma empresa com foco em ativos de petróleo e gás de classe mundial, com refinarias, operações de logística, usinas de tratamento de gás natural e de regaseificação de GNL e termelétricas movidas a gás.

Sua presença no exterior foi significativamente reduzida, com os poucos ativos restantes em processo de desinvestimento. Chegamos a iniciar conversas com o governo boliviano para a saída do país, onde nossas operações se resumem à prestação de serviços para a YPFB, mas não houve tempo para um avanço significativo.

## 10. A conquista do melhor campo de petróleo *offshore* do mundo

Em 2019, a Petrobras pagou US$ 20,9 bilhões de dívida e investiu US$ 27,4 bilhões, o que teria sido impossível na ausência de desinvestimentos. Naquele ano, foi a empresa de petróleo do Ocidente que mais investiu, desmentindo o discurso do "desmonte" difundido por aqueles que se calaram diante dos problemas do passado, dentro de uma narrativa que agora prega que a companhia está sendo recuperada.

Ter começado rapidamente foi uma importante vantagem, viabilizando a geração de caixa para realizar investimentos de longo prazo.

A questão relevante não é ser maior ou menor, mas ser o melhor. Nosso foco não era ampliar ou encolher a Petrobras e, sim, aperfeiçoá-la, livrá-la das fontes de destruição de valor.

O leilão do excedente de cessão onerosa, o maior do mundo, foi um acontecimento marcante em minha gestão. Há quase 5 anos, o governo discutia sobre o assunto sem chegar a qualquer conclusão. Ao fim e ao cabo, era uma questão simples.

Em 2010, o governo havia cedido para a Petrobras, mediante pagamento, recursos estimados em até cinco bilhões de barris de petróleo do Pré-sal. Há uma diferença entre recursos e reservas provadas. "Recurso" é todo depósito mineral que passou por algum método exploratório através de pesquisa mineral. "Reserva provada" é o depósito mineral que passou por várias fases de estudos e se verificou que sua exploração é técnica e economicamente viável.

A exploração dos campos foi cedida em troca de uma parcela do aumento de capital efetuado em 2010, computado assim como dinheiro, equivalente a US$42,5 bilhões. Constituiu-se numa troca de recursos de petróleo e gás por ações da Petrobras.

Constatou-se posteriormente que o volume de recursos excedia aquele montante e decidido que o excesso deveria ser objeto de leilão para permitir a exploração e produção de petróleo e gás.

Em 2019, o governo, representado pelos Ministérios das Minas e Energia e da Economia, parecia estar unido à Petrobras no objetivo de realizar o leilão o mais cedo possível. Entretanto, surgiu um embaraço associado à diferença de incentivos que acabou por prolongar a discussão por um período maior do que o esperado.

Das discussões passadas, um valor de US$ 14 bilhões a que supostamente a Petrobras faria jus como indenização pelos investimentos realizados nos campos foi aventado. Todavia, esse número não possuía uma origem clara nem sustentação nos cálculos. O comitê de acionistas minoritários do CA da Petrobras, cuja aprovação era decisiva – pois se tratava de uma transação com o Estado – se fixava nos US$ 14 bilhões, valor irreal, a meu ver.

Por sua vez, a Secretaria Especial de Fazenda do Ministério da Economia queria extrair o máximo de recursos financeiros do leilão para financiar o orçamento público e era muita assertiva em suas posições. Seu representante encarava a transação unicamente como oportunidade para arrecadação fiscal, as chamadas "receitas não recorrentes" no jargão das finanças públicas no Brasil. Começou a negociação se recusando a devolver qualquer valor e, pelo contrário, querendo cobrar da Petrobras.

O Ministério das Minas e Energia, a Petrobras e o comitê de minoritários da companhia desejavam efetivamente que o leilão fosse realizado para que a exploração e produção de petróleo e gás avançasse. No entanto, o comitê de minoritários parecia inflexível em seu objetivo de obter uma indenização de US$ 14 bilhões.

É natural que as partes envolvidas numa negociação defendam suas posições, porém quando um negociador radicaliza as negociações não andam. Pode abrir um *spread* entre o preço demandado por ele e o aceitável para a outra parte de tal magnitude passível de inviabilizar um desfecho exitoso para a transação. Corríamos o risco de repetir o passado, gastando outros cinco anos de maneira infrutífera.

Contudo, depois de nove meses de negociação intensa, em que a equipe da Petrobras liderada por Carlos Alberto Pereira de Oliveira (CAPO), Diretor Executivo de Exploração e Produção de Petróleo e Gás, teve um papel muito construtivo, prevaleceu o bom senso. O leilão foi finalmente marcado para 6 de novembro de 2019. O governo compensaria a Petrobras em quase US$ 9 bilhões pelos investimentos realizados, a serem recebidos após a liquidação financeira do leilão. Resultado foi bom para todo mundo, a Petrobras iria adquirir a licença de exploração de um ativo de classe mundial e seus acionistas teriam o benefício do considerável valor a ser gerado e o Tesouro desembolsaria menos US$ 5 bilhões do que os acionistas minoritários queriam.

Naquele leilão a Petrobras era uma espécie de noiva com vários pretendentes: empresas globais de petróleo que se candidatavam a participar de um consórcio liderado pela companhia.

No final, a complexidade da operação, a regulação brasileira para exploração e produção de petróleo, regime de partilha e da cessão onerosa e o valor dos recursos requeridos levou à desistência quase todos os interessados.

Restaram apenas duas empresas chinesas em nosso consórcio, a CNOOC e a CNDOC, com participação de somente 5% cada, pois um importante membro, a Exxon Mobil, desistiu.

Preocupado, conversei com Andrea Almeida, diretora financeira, e lhe perguntei o obvio: se teríamos recursos para pagar o bônus de subscrição de aproximadamente US$ 17 bilhões sem contrair dívida. Eram aproximadamente 9 horas da noite quando ela retornou à minha sala com os números; fizera algumas simulações com sua equipe sobre a evolução do fluxo de caixa e trouxe uma resposta positiva.

Com o dever de casa feito anteriormente, os desinvestimentos e o corte de custos nos permitiriam fazer proposta de compra dos direitos de exploração e produção dos campos de Búzios e Itapu – um campo menor, mas um ativo muito bom – sem recorrer a US$ 1,00 a mais de dívida.

A negociação com as empresas chinesas não foi fácil. Demandou várias semanas e se estendeu pela madrugada do dia 6 no hotel Windsor, na Barra da Tijuca, no Rio de Janeiro, onde ocorreu o evento, e só foi fechada 20 minutos antes do início do leilão. Entre outros pontos, a reticência dos chineses decorria de sua avaliação negativa da política tributária brasileira pelas incertezas a que ela está sujeita, com mudanças frequentes das regras do jogo.

Para entregar a proposta vencedora – a única era a da Petrobras – escolhemos Mario Carminatti, nosso respeitado geólogo-chefe que participara da descoberta do Pré-sal. Os leilões de petróleo no Brasil obedecem a um ritual e são analógicos. Na saída do auditório, me vi quase soterrado por uma avalanche de repórteres e fotógrafos.

Festejamos muito aquela conquista.

Búzios é o maior e melhor campo offshore de petróleo no mundo, com óleo leve e baixíssimo teor de enxofre. É um verdadeiro ativo de classe mundial, com vida longa, enormes reservas, baixo risco e custo de extração. A Petrobras detinha bom conhecimento e o desenvolvimento estava planejado, o que mitigava os riscos de insucessos. Em 2024, atingiu a marca de um bilhão de barris de óleo equivalente extraídos desde o início de produção. Atualmente, opera com cinco plataformas, o que será acrescido de sete outras até 2027.

Reservas representam o sangue vital para uma companhia de petróleo. Como reflexo da severa restrição financeira desde 2015 e da falta de leilões, a Petrobras reduzira muito os investimentos em exploração.

Nossa aquisição e posterior desenvolvimento de Búzios foi mais uma evidência que contrariou o discurso do "desmonte". Assim como o anúncio que fizemos no final de 2020 do plano estratégico prevendo a entrada em operação de treze grandes plataformas de petróleo entre 2021 e 2025, o que está efetivamente acontecendo.

Foram leiloados também nessa ocasião os excedentes dos campos de Sépia e Atapu. Decidimos não fazer nenhuma proposta, pois as condições apresentadas, particularmente o elevado do bônus de subscrição, não satisfaziam nossos critérios para aprovação de projetos.

Nossa decisão motivou críticas de autoridades do governo. Implicitamente julgavam estar ali a antiga Petrobras, para a qual a prioridade era investir e o importante era a vontade política, com desprezo aos custos. Contudo, vivíamos uma nova Petrobras: riscos, retorno sobre o capital investido e sua comparação com o custo do capital eram absolutamente prioritários.

Como diria o saudoso economista argentino Rubén Dario Almonacid, economista argentino com PhD pela Universidade de Chicago, que deu aulas no Brasil e participou do debate macroeconômico: *"el relevante se cambió"* [o que era relevante mudou].

Em dezembro de 2021, ocorreu o leilão de Sépia e Atapu realizado com sucesso após a revisão dos bônus de subscrição que acertamos com o MME antes que eu ]deixasse a Petrobras. Com a redução efetuada, os campos se tornaram atrativos para a indústria, inclusive para a Petrobras.

## 11. O foco na exploração e produção

O negócio de petróleo e gás natural se desenvolve em meio a constante cabo de guerra entre a depleção versus a exploração e inovação tecnológica. Ambos são recursos não-renováveis, com depósitos que sofrem esgotamento natural durante sua exploração, provocando perda de produtividade e custos crescentes até inviabilizar a extração.

Comparado à mineração – que, da mesma forma, compreende a extração de recursos minerais não-renováveis – o perfil de vida de um reservatório de petróleo é diferente, levando pouco tempo para alcançar sua capacidade máxima, permanecendo lá por um número pequeno de anos e declinando rapidamente.

A simples manutenção do nível de produção requer contínuos investimentos para a reposição das reservas perdidas, o que constitui um dos motivos para a exploração e produção do petróleo e gás ser um negócio intensivo no uso de capital.

Uma das razões para o foco no Pré-sal foi o fato de sua exploração constituir a opção da Petrobras para substituir a perda gerada pelo declínio da Bacia de Campos. A exploração dessa bacia, que permitiu um salto na produção da Petrobras no fim do século passado, já completa aproximadamente 40 anos e, consequentemente, produziu em 2023 somente 480.000 bbl/d, nível muito inferior ao atingido em 2010, de 1,7 milhão bbl/d. A companhia desenvolve esforços na Bacia de Campos para estabilizar a queda através da perfuração de poços adicionais e da instalação de novos sistemas de produção. Em 2010, a Bacia de Campos foi responsável por 81% da produção de petróleo da Petrobras.

O Pré-sal não é infinito, embora ainda exista potencial para ser fonte relevante de produção até pelo menos o início da próxima década. Para se manter viável como empresa petroleira, a Petrobras necessita continuar a investir em exploração para descobrir novas fronteiras de petróleo.

Em nossa gestão, decidimos que a nova fronteira de exploração deveria ser a Margem Equatorial, bacia que vai da costa do Rio Grande do Norte até o Amapá. Nosso primeiro movimento mais efetivo foi adquirir, da Total Energies, cinco blocos exploratórios; orçamos em US$ 1 bilhão o valor dos investimentos em exploração a serem realizados nos 5 anos (2021-2026).

O entendimento dos geólogos é de que a Margem Equatorial faz parte de uma extensão da província petrolífera explorada com bons resultados nas costas do Suriname e da Guiana, com uma geologia semelhante à da costa oeste da África, importante região produtora de petróleo.

A Bacia da Guiana, onde a Exxon Mobil tem logrado êxito na exploração desde 2015, é classificada como de classe mundial. Descobertas de petróleo na costa da Guiana, no campo de Stabroek, têm sido a fonte de aceleração do crescimento de sua economia. O PIB per capita guianense se expandiu à taxa de 12% ao ano entre 2015 e 2021, de acordo com o Banco Mundial.

A Guiana Francesa, o mais pobre dos departamentos ultramarinos da França, foi impedida de se beneficiar dos potenciais ganhos da economia do petróleo. O governo francês proibiu a extração a partir de 2040, o que comprimiu demasiadamente o tempo para a exploração eficiente do recurso natural, na prática inviabilizando-a. Supondo que a descoberta de um campo de petróleo aconteça em 2024, o início da produção se dará provavelmente em 2030, restando apenas menos de dez anos para a empresa colher o retorno de seu investimento, tempo insuficiente.

O Suriname se encontra em fase de exploração, mas algumas descobertas já foram feitas.

No Brasil, a Petrobras se defronta com o desafio de iniciar a perfuração de um primeiro poço exploratório na Margem Equatorial, localizado a 175 km da costa do Amapá, tendo em vista que o IBAMA se recusa a aprovar a concessão da licença ambiental.

Fala-se, de maneira desinformada, em exploração "na foz do rio Amazonas"; o poço a ser perfurado se localiza num ponto a cerca de 500 km da foz. A cidade do Rio de Janeiro está mais próxima da cidade de São Paulo do que o poço exploratório está da foz do rio Amazonas.

Outra fonte de polêmica é a suposta existência de recifes de corais na Margem Equatorial. Essa hipótese é refutada por pesquisadores, que afirmam ser o fundo do mar lamoso até a costa do Ceará, não existindo corais na área que a Petrobras pretende explorar.

Finalmente, experimentos científicos têm confirmado estudos da Petrobras demonstrando que as correntes marítimas seguem direção no sentido contrário à costa brasileira.

A licença pleiteada é somente para a perfuração de um poço exploratório, cuja função será colher elementos para avaliar os recursos existentes. Não é, inclusive, totalmente improvável que o poço esteja seco, sem hidrocarbonetos. Caso contrário, como é previsto com boa probabilidade, para prosseguir no projeto será necessário requerer uma outra licença específica.

A exploração submarina ao longo da costa brasileira ocorre há mais de 40 anos sem registro de intercorrências. A Petrobras já perfurou aproximadamente mil poços em águas profundas e ultraprofundas sem ocorrer um único acidente que colocasse em risco o meio ambiente. A tecnologia de prevenção na exploração submarina evoluiu consideravelmente desde o sinistro envolvendo a sonda de perfuração Deepwater Horizon, no Golfo do México, em 2010. No evento, que custou para a BP cerca de US$ 67 bilhões entre gastos para remediação e multas aplicadas pelo Departamento de Justiça dos EUA, foram derramados 4,9 milhões de barris de óleo, de acordo com estimativa do governo americano.

Progresso semelhante ocorreu na resposta rápida a acidentes no mar, para a qual a indústria do petróleo se encontra hoje muito melhor estruturada globalmente.

Enquanto o IBAMA negava a licença para a perfuração de um poço, o parlamento da Noruega, país vocal na defesa da preservação do meio ambiente e com grande foco na mudança climática, aprovou investimentos para o desenvolvimento de projetos de óleo e gás offshore no valor estimado de US$ 15 bilhões. Na costa da Namíbia, a Total Energies e a Shell fizeram descobertas valiosas, que atraíram mais interesse para indústria.

A Petrobras e o Brasil não estão sozinhos na exploração de petróleo e gás no mundo; outras empresas estão investindo substanciais volumes de recursos fora de nossas fronteiras.

Quando se discutem os potenciais riscos para o meio ambiente, não se tem colocado na balança os benefícios econômicos esperados para a população local, particularmente sabendo que a região Norte é a mais pobre do Brasil. A falta de oportunidades de emprego nessa região acaba empurrando as pessoas para atividades ilegais – como as extrativas que efetivamente causam sérios danos ambientais, como o garimpo – ou para a resignação com a própria situação de extrema pobreza.

O tráfico de drogas, atividade que costuma recrutar exércitos de menores de idade, se expandiu no Amapá em busca de portos para escoar seus produtos para a Europa. Esse é outro risco a que uma região pobre e sem muitas opções para seus jovens ganharem a vida se expõe.

Uma questão subjacente a essa discussão é a ausência de coordenação entre os diversos órgãos governamentais. Os blocos exploratórios da costa do Amapá foram leiloados pela ANP, uma agência do governo federal. As empresas pagaram ao Estado pelo direito de explorar e produzir e investiram recursos em estudos preliminares para coletar informações. Depois, o IBAMA, outra agência do governo federal, diz que nada valeu, as empresas não podem sequer explorar, o que é um fator de geração de incerteza, desestimulante ao investimento no país.

Os investimentos da Petrobras em exploração e inovação cresceram desde 2019, depois de um período de severa redução provocada pela crise financeira da companhia. Entretanto, não basta dispor de volumes consideráveis de recursos minerais. O investimento contínuo em inovações tecnológicas é, ao lado da qualidade e estabilidade da regulação e do respeito aos direitos da propriedade, essencial para que se extraia o máximo de retorno.

Simultaneamente à retomada dos investimentos em exploração em maior escala, a companhia desenvolve pesquisas para tornar as atividades de exploração e produção de petróleo e gás natural mais eficientes, tendo como objetivos fundamentais elevar a produtividade e reduzir com segurança o tempo gasto em certas atividades. A intenção é maximizar a taxa de retorno do capital investido.

A Petrobras conseguiu encurtar o tempo de *ramp-up* (entre o início da produção e o atingimento da capacidade máxima) das plataformas de petróleo, que passou de 20 meses para 10 meses.

A redução nos custos de perfuração e completação de poços submarinos obtida ao longo do tempo é muito importante, dada sua magnitude, de aproximadamente US$ 100 milhões, quase cem vezes o de um poço terrestre.

O Pré-sal contém imensas reservas de petróleo, mas alguns campos possuem concentração de $CO_2$, o que pode chegar a níveis tão altos que inviabilizem a produção. Naqueles campos viáveis mesmo com a concentração de carbono, a solução foi a adoção nas plataformas de plantas de separação para reinjeção nos poços, evitando sua propagação na atmosfera. Conforme o grau de concentração, essas plantas podem pesar até 40 toneladas. Evidentemente, é um fator de elevação dos custos de investimento e produção.

O projeto HISEP compreende a captura de carbono no leito submarino e a reinjeção diretamente nos poços, sendo crítico para reduzir custos e aumentar o fator de recuperação do petróleo. Desse modo, tornará factível também a exploração de campos até então inviabilizada pela alta concentração de dióxido de carbono.

A Petrobras produz majoritariamente petróleo, com o gás natural constituindo 20% de sua produção total. Entretanto, foi difundida a ideia de que a exploração do Pré-sal produziria um choque de oferta de gás, nos moldes do que aconteceu nos EUA com o *shale gas*. São poucos os depósitos de gás natural no Pré-sal; a maioria dos identificados pela exploração ao longo de duas décadas possui característica distinta do que se verifica em grandes produtores, como EUA, Argentina, Australia e Qatar. Lá, o produto é oriundo de reservatórios essencialmente produtores.

O gás natural do Pré-sal em sua maior parte vem associado ao petróleo. Ambos são produzidos simultaneamente. Dessa forma, é pouco provável que aconteça um choque de preços de gás natural derivado de um grande aumento da produção.

O mercado de petróleo é global, dada a facilidade e custo relativamente baixo de transporte, ou seja, seus preços são determinados no mercado global.

Para ser embarcado por via marítima, o gás natural requer a liquefação. Nos portos de desembarque, ele é processado por plantas de regaseificação, estágio empregado como fonte de energia em suas diversas aplicações.

Apesar do forte crescimento das exportações no mundo, de 5% ao ano no período 2012-2022, chegando a quase 30% do consumo global, a precificação do gás natural é referenciada por cotações de mercados regionais distintos: EUA (Henry Hub), Europa (TTF) e Asia (JKM). A fonte dos dados é a Energy Information Agency (EIA), dos EUA. Henry Hub é o principal ponto de negociação do gás natural nos EUA. TTF (Title Transfer Facility) é ponto virtual de negociação do gás na Holanda. JKM (Japan Korea Marker) é o preço de referência para o Norte da Ásia.

Outra questão em discussão, alvo de críticas de analistas e pressões políticas, reside no efetivo suprimento de gás para terra a partir de sua produção. Cerca de 50% do gás produzido pela Petrobras é reinjetado nos poços e consumido nas plataformas de petróleo[62].

Para os críticos, tudo se passa como se esse fenômeno decorresse de uma decisão voluntarista. Contudo, se trata de uma falácia, em boa parte baseada no desconhecimento sobre as operações no Pré-sal.

Como mencionado anteriormente, o gás produzido no Pré-sal pode conter volumes expressivos de gás carbônico, que não é ventilado, sendo separado e reinjetado nos próprios poços produtores. Essa decisão se deve a três pontos importantes.

---

62. Veja "Reinjeção do Gás no Pré-sal Gera Valor Para a Sociedade", artigo de Thiago Homem publicado em 2 de julho de 2020 na revista eletrônica Brasil Energia, disponível através do link https://brasilenergia.com.br/.

O primeiro é atender aos compromissos da companhia com o meio ambiente para minimizar emissões de GEE, evitando que o $CO_2$ seja lançado na atmosfera.

O segundo diz respeito à maximização da eficiência na extração do petróleo, pois a reinjeção da corrente de gás rica em $CO_2$ concorre para elevar de 15% a 25% a produtividade dos poços. Impor restrições à reinjeção é certamente absurdo do ponto de vista econômico.

O gás reinjetado não é perdido, na medida em que é recolocado no mesmo reservatório em que se encontrava anteriormente. Num esquema de despressurização, esse mesmo gás pode vir a ser produzido e enviado para a terra.

Finalmente, uma parcela minoritária da produção é destinada ao consumo da plataforma empregada em sua extração.

A produção de gás natural no Brasil deverá continuar a crescer nos próximos anos, porém não acredito, tudo o mais constante, que um poderoso choque de oferta venha a ocorrer.

## 12. Reposicionamento do refino

Uma crítica persistente ao longo do tempo se refere a uma suposta decisão da Petrobras de operar suas refinarias com capacidade ociosa para ceder parte do mercado para importadores estrangeiros, podendo ela abastecer todo o mercado doméstico.

Consiste em afirmação carente de fundamentos, ignorando as características do parque de refino da Petrobras e as questões técnicas e econômicas envolvidas nas decisões de quanto e o que produzir.

A alocação do petróleo numa refinaria é uma decisão importante, guiada por variáveis técnicas e econômicas. A maximização do fator de utilização total da refinaria (FUT), pura e simplesmente, é equivocada tendo evidenciado na década passada que pode concorrer para prejuízos expressivos.

As decisões de produção não devem se fundamentar no voluntarismo. Elas são decorrentes de informações fornecidas por modelos econômicos que processam simultaneamente milhares de dados para indicar os melhores tipos de petróleo a serem processados em cada unidade e resultam na oferta ao mercado de derivados de petróleo com a máxima eficiência.

O FUT é a relação entre o volume de carga processada e a carga de referência, ou seja, a capacidade máxima de operar respeitados os limites estabelecidos nos projetos de equipamentos, os requisitos de segurança, meio ambiente e qualidade dos produtos e as condições dos mercados de combustíveis.

Sua definição depende de condições técnicas, como as necessárias paradas para manutenção preventiva, configurações de operação de cada unidade e o embarque de produtos – os movimentos das marés na entrada da Lagoa dos Patos no Sul influenciam, por exemplo, o FUT da REFAP (Refinaria Alberto Pasqualini) – e de variáveis econômicas, como a demanda pelos diferentes tipos de combustível, estoques, preços do petróleo, prêmios pelo refino de produtos, conhecidos como *crack spread* etc.[63]

Implementamos o projeto Digital Twins, que em seu primeiro ano proporcionou receita adicional de cerca de US$ 200 milhões no refino, com um investimento mínimo. Foi desenvolvido um modelo de inteligência artificial – um "gêmeo digital" da planta física – que usa os dados captados de sensores instalados na refinaria para replicar sua operação e melhorar a performance, viabilizando a otimização do processamento de petróleo para a produção de maiores volumes de combustíveis.

Foi iniciado também um projeto com emprego da transformação digital para diminuir substancialmente o consumo de energia pelas refinarias.

Da mesma forma, começamos a desenvolver um projeto para melhorar a capacidade preditiva de parada das plantas para manutenção e diminuir seu tempo sem perda de qualidade.

Procuramos direcionar as operações para a produção de produtos de melhor qualidade e com menor impacto ambiental, como o S10, o diesel renovável e querosene de aviação renovável,

---

63. Veja "A Verdade Sobre o Nível de Produção das Refinarias da Petrobras", de Rodrigo Lima e Silva, publicado em 15 de março de 2022 na revista eletrônica EPBR, disponível em https://epbr.com.br/.

e o desenvolvimento do projeto de construção de uma planta de lubrificantes de última geração no Polo Gaslub.

Aceleramos a produção do diesel S10 – que possui conteúdo de enxofre cinquenta vezes menor do que o S500 – e começamos no biorrefino com o desenvolvimento do diesel renovável, produto que reduz em 70% as emissões de GEE em relação ao diesel regular e em 15% quando comparado ao biodiesel, sendo muito mais amigável aos motores diesel. Será o primeiro produto de uma nova linha de biocombustíveis, que compreenderá o BioQAV (querosene de aviação).

Sem estardalhaço, pompa e fanfarra, passamos a vender de maneira proativa todos os produtos de nosso portfólio de derivados do petróleo, como o asfalto e o coque verde. Definíamos um preço médio e em torno dele giravam preços diferenciados para 36 diferentes pontos de venda e realizávamos leilões de venda em áreas específicas para entrega à vista e futura de gasolina e diesel.

## 13. A PETROS sai do fundo do poço

A PETROS, fundação de previdência complementar dos empregados da Petrobras e subsidiárias, é a segunda maior do País, com patrimônio de R$ 114 bilhões em 2021 e 80.000 pessoas assistidas.

A dilapidação de recursos não se restringiu à Petrobras, alcançando a PETROS, que chegou a 2019 com um déficit de R$ 36,5 bilhões, o maior, em termos nominais, na história da previdência complementar do Brasil.

A gestão anterior da PETROS, que deu partida em sua reestruturação, tinha lançado em 2018 um plano de equacionamento do déficit. Entretanto, este foi alvo de grande insatisfação dos participantes dado o valor da contribuição extraordinária, que, em alguns casos, chegava a ultrapassar 30% da remuneração. A reação negativa produziu mais de mil ações judiciais e um clima de muita tensão, em que houve até ameaças de invasão da sede da PETROS.

Ao lado do desconforto dos empregados da ativa e aposentados, aquela questão dava suporte a ataques contra a administração da companhia. Circulavam estórias de que a Petrobras era quem devia a PETROS e, consequentemente, essa era a razão do déficit, contribuindo desse modo para aumentar a resistência ao plano de equacionamento do déficit.

O escolhido para comandar a PETROS foi Bruno Dias, um profissional de mercado que executou um extraordinário trabalho. O curioso dessa contratação é que foi divulgada, nas redes sociais, uma notícia afirmando que a Petrobras escolhera para ser o principal executivo da PETROS um militante político da esquerda radical.

Foi estruturado um novo programa de equacionamento do déficit que compreendia não somente o aumento de contribuição, mas também ações para reduzir o passivo atuarial. A solução foi amplamente debatida com a Petrobras, a Previc (agência de regulação da previdência complementar), associações e sindicatos para que houvesse o máximo de transparência.

O novo plano contemplava alíquotas extraordinárias de 15% em média e foi exigida a aprovação das alterações em assembleias, que somaram um total de dezoito realizadas em diferentes estados do Brasil. Dessa forma, se procurou ouvir todos e assim minimizar a probabilidade de judicialização.

Decidimos rever a política de remuneração dos gestores da fundação, alinhando-a com a do mercado e partimos para a contratação de profissionais. Foram selecionadas pessoas com sólido background acadêmico e profissional, priorizando a experiência no mercado financeiro, especialmente na gestão de fundos de pensão.

Ao mesmo tempo, demandamos que seus administradores apresentassem periodicamente para a Diretoria Executiva da Petrobras os resultados de suas carteiras e eventualmente par o Conselho de Administração

Após a conclusão do programa de equacionamento, a PETROS lançou um plano de contribuição definida, proporcionando a quem desejasse a migração para um cenário onde a probabilidade de déficits atuariais fosse próxima a zero. A adesão foi boa, com a migração de 2.300 participantes e recursos de R$ 2,3 bilhões.

Enquanto as entidades de previdência costumam administrar até no máximo seis planos, a PETROS geria 42, sendo que 25% deles não tinham sequer o equivalente a 1% de seu patrimônio total. Tal dispersão contribuía para elevar custos administrativos e perda de foco na gestão dos fundos da Petrobras.

A PETROS mudou essa estratégia, passando a se concentrar somente na administração de fundos com patrimônio de grande magnitude.

Com a profissionalização na gestão da fundação, foram executados desinvestimentos de ativos ilíquidos. O número de FIPs (Fundos de Investimento em Participações), fontes de grandes perdas no passado, caiu de 28 em 2019 para 7 em 2021. Ao mesmo tempo, a vacância em imóveis foi reduzida de 50% para 20%, mesmo com recessão provocada pela pandemia. Os FIPs compreendiam em muitos casos investimentos bastante questionáveis em empresas de capital fechado, como, por exemplo, a Sete Brasil.

Em nossa gestão, a Petrobras se aproximou da PETROS, dedicando-lhe atenção profissional, cuja ausência inexplicável era motivo de queixas, já que era a patrocinadora e o desequilíbrio nas finanças da fundação um claro risco para a empresa. Foi destacado um pequeno grupo com responsabilidade de monitorar a PETROS respondendo diretamente à Diretoria Financeira.

A contratação, pelo Banco Itaú, em 2022 dos profissionais da mesa de operações da PETROS sugeriu a boa qualidade do time formado na fundação de previdência.

Houve substancial corte dos custos administrativos, com diminuição de 30% no quadro funcional e revisão dos contratos de serviços. A PETROS deixou um prédio de dez andares, sua sede por 23 anos, passando a ocupar somente dois andares em outro edifício. Havia de fato uma dívida, que fora equacionada em 2008, corrigida pela variação anual do IPCA acrescida de juros de 6% ao ano, e vinha sendo paga sem atrasos. Em 2019 e 2020, por decisão nossa, a Petrobras pagou antecipadamente grande parte do endividamento que venceria somente em 2028.

Finalmente, restrita às suas limitações internas até 2019, a PETROS não tinha obtido avanços razoáveis na investigação dos desmandos do passado. A mudança na governança dos processos permitiu que em 2020 fossem concluídas dezessete investigações.

A PETROS moveu ações de improbidade e de responsabilidade civil contra seus antigos gestores envolvidos em atividades ilegais e foi aceita pelo Ministério Público como assistente de acusação em diversos casos.

Reputo a restruturação da PETROS como movimento bastante relevante na agenda transformacional da Petrobras. Torço para que a Fundação PETROS nunca mais volte a ser a mesma do passado.

CAPÍTULO 7

# A reação aos choques e a recuperação em J

O ano de 2020 não começara bem. No final de janeiro aconteceu a greve contra o fechamento da ANSA que se encerrou em meados de fevereiro.

Em dia 9 de março, uma segunda-feira, explodiu a guerra de preços entre Arábia Saudita e Rússia, um acontecimento raro nos tempos modernos. Após a ruptura de um acordo para fixação de preços na sexta-feira, dia 6 de março, na abertura do mercado na Ásia, no dia 9, o preço do petróleo caiu de US$ 45,00 por barril para US$ 32,00, em consequência dos descontos oferecidos pela Arábia Saudita aos seus clientes.

Pouco depois a pandemia da COVID-19 mostrou suas verdadeiras dimensões, causando dois choques globais – de saúde pública e o econômico – e nos envolvendo numa nuvem de incertezas.

As inevitáveis restrições à mobilidade, quando as vacinas não estavam disponíveis, provocaram o colapso dos preços do petróleo. De US$ 67,00 por barril em dezembro de 2019 o preço do óleo Brent desabou para US$ 32,00 e US$ 19,00, respectivamente, em março e abril de 2020, na medida em que a demanda por combustíveis sofreu forte contração. O consumo global de petróleo no ano de 2020 recuou em 9,3% em relação a 2019. Em quatro meses o preço do petróleo caiu 70%.

A indústria do petróleo passou por um dos maiores desafios de sua história, ainda que os preços baixos tenham persistido por um período relativamente curto.

A média de preços em abril foi de US$ 19,00, nível insuficiente para remunerar nossos custos. Em 21 de abril o preço chegou a US$ 9,00 e na véspera o preço do West Texas Intermediate (WTI), benchmark do mercado americano de petróleo, no contrato futuro para maio alcançara valor negativo, no valor de US$ 37,00, fato sem precedentes na indústria do petróleo e reflexo da fraqueza da demanda e da escassez de tancagem para a estocagem do excesso de oferta.

A combinação desses eventos gelava a espinha de gestores e acionistas das petroleiras. Tinha gente que previa preços de US$ 10,00 por barril por um bom tempo.

Estimou-se que a demanda global por petróleo tenha diminuído em 25% em abril e maio de 2020. No Brasil, o consumo de querosene de aviação sofreu um colapso; foi para 5% do nível pré-pandemia e assim permaneceu durante vários meses. A gasolina e o diesel tiveram seu consumo diminuído pela metade.

Em 2020 a produção global se reduziu em 7,7 % e os preços passaram por alta volatilidade. A cotação média do óleo Brent, de US$ 42,00 por barril, foi a mais baixa desde 2004, época quando prevalecia um cenário de custos muito diferentes.

Em resposta ao movimento global dos preços de combustíveis, reduzimos no primeiro semestre o preço médio do diesel nos pontos de venda das refinarias em 40% e em 20% o da gasolina. Refletindo a recuperação da demanda no segundo semestre, os preços iniciaram uma tendência de alta. Ainda assim, no final de 2020, as cotações do diesel e da gasolina eram menores em 4% e 13%, respectivamente, do que as vigentes em 31 de dezembro de 2019.

Desconhecíamos a longa estrada.

Em 16 de março de 2020 convocamos cerca de 20.000 pessoas para trabalhar em casa, em regime de *home office*, como parte das precauções para proteger a saúde de nossos empregados. Em mais ou menos uma semana, distribuímos 6.000 laptops para aqueles que não dispunham do equipamento para trabalhar.

O sistema funcionou extraordinariamente bem, o que foi evidenciado por considerável aumento de produtividade. As crianças passando em frente às telas dos computadores, às vezes ruidosamente, se incorporaram ao ambiente de trabalho, adicionando mais cor à rotina diária. Eventualmente, latidos eram ouvidos nas videoconferências. Eram cães que tentavam opinar.

A maior parte dos empregados da Petrobras revelou estar gozando de mais bem-estar trabalhando em suas casas, onde desfrutavam de tempo com suas famílias e se viram livres de horas perdidas no trânsito. Mais tarde, quando fizemos uma pesquisa sobre a adoção do regime híbrido – parte do trabalho presencial e outra virtual – a maioria se manifestou favorável à adesão.

Apesar de todos os esforços – *home office*, redução de equipes nos turnos de trabalho nas operações, higienização, uso de equipamentos de proteção individual, seleção e testagem maciça, quarentena, informação contínua sobre cuidados, palestras médicas e assistência médica 24x7 incluindo telemedicina e emprego de ambulâncias aéreas – várias vidas de colaboradores da Petrobras foram perdidas para a COVID, vírus que causou, em curto tempo, mais de sete milhões de óbitos no mundo.

Fomos solidários ao sofrimento da sociedade. Doamos centenas de milhares de testes PCR, tubos e usinas de oxigênio, material médico, equipamentos de proteção individual, kits para entubar pacientes, milhões de litros de combustíveis para hospitais públicos, dezenas de milhares de botijões de gás de cozinha e de cestas de alimentos para os mais vulneráveis e compartilhamos tempo de supercomputadores para auxiliar em pesquisas.

Como fonte de recursos para financiar esses gastos – embora dinheiro não seja passível de carimbo – utilizamos parcialmente o que fomos recebendo como devolução nos acordos de leniência. A Petrobras foi indenizada em quase R$ 7 bilhões por empresas e indivíduos que lhe subtraíram recursos ilegalmente. Pudemos dar uma destinação nobre ao que foi subtraído ilegalmente da Petrobras.

Acredito que fizemos o melhor dentro das limitações de uma empresa ainda enfraquecida e enfrentando naquele momento um ambiente de mercado extremamente hostil.

Tal como numa guerra, a escala e a velocidade da pandemia nos compeliram a agir rapidamente. Crises severas produzem vencedores e perdedores e os vencedores tendem a ser os que reagem com maior agilidade. *"If you are wrong, it might hurt you, if you are slow, it will kill you"* [Se você está errado, isso pode machucá-lo um pouco. Se você for lento, você vai fracassar], disse Jeff Bezos, fundador da Amazon.

Numa recuperação em V, se vai ao chão e retorna ao ponto de partida. Nós queríamos sair vencedores. Não nos deixamos contaminar pelo medo, sentimento que costuma se apoderar de executivos diante de sérias crises, concentrando nossas mentes em soluções e não em preocupações.

Não havia espaço para lamentos e pessimismo. Acreditávamos firmemente que com coragem, otimismo e muita dedicação venceríamos.

Para lutar contra a recessão, a fórmula foi simplesmente acelerar a execução do plano estratégico, viabilizada pela maior interação de equipes multidisciplinares e união em torno de um único propósito, vencer. Foi incrível o número de ideias que surgiram e foram rapidamente implementadas com sucesso.

A agilidade foi crucial para a recuperação.

Ninguém hesitou em dar o máximo de si para vencer a recessão. Todos, conselho de administração, diretoria, gerentes e supervisores, se voluntariaram a aceitar um corte temporário de salários – de 30% a 10% – para atravessar o auge da crise. A economia não foi relevante, porém teve extraordinário valor ao demonstrar para os empregados o quanto todas as camadas da administração estavam empenhadas para vencer aquela batalha.

Simultaneamente à tomada de uma série de medidas para minimizar a probabilidade de infecção dos nossos colaboradores, voltamos nossa atenção para a análise e simulação da evolução do fluxo de caixa em 2020/2021.

Inicialmente, surgiu a preocupação com o risco de os bancos não honrarem os saques das linhas de crédito compromissadas. Contudo, foi rapidamente descartada, dado que era muito improvável que o Federal Reserve dos EUA e os principais bancos centrais do mundo deixassem ocorrer uma crise de liquidez global.

As experiências dessas instituições com a crise financeira global de 2008 e a de dívida soberana dos países do sul da Europa eram recentes e deixaram lições valiosas.

De maneira consistente com a revisão da projeção do fluxo de caixa operacional, reduzimos consideravelmente a estimativa de receitas com desinvestimentos.

Com o saque das linhas de crédito bancário compromissadas, num montante de US$ 8 bilhões e num cenário pessimista, a companhia só teria problemas para se manter operacional nos últimos meses do ano. Para esse período teríamos que pensar em algo diferente para evitar o naufrágio. Esse era o pior cenário entre aqueles que construímos.

Criamos imediatamente um comitê de crise formado pela diretoria executiva que passou a se reunir diariamente. Decidimos também instituir um comitê de resiliência e acionar a estrutura de resposta a emergências para lidar com a crise de saúde.

O comitê de resiliência, liderado pelos gerentes executivos de Desempenho e Controladoria, os quais batizamos de "sentinelas da resiliência", foi encarregado de atuar em conjunto com todas as áreas da companhia para identificar oportunidades de redução de custos e ganhos de eficiência.

A resiliência é a capacidade de se recuperar rapidamente de uma crise e emergir melhor, prosperando depois. Foi exatamente isso o prometido, quando eu falei numa recuperação em J e partimos com tudo para entregar nossa promessa. Numa recuperação em V se vai ao chão e retorna ao ponto de partida. Nossa ambição: recuperar e voltar melhor, simbolizada pelo J.

A estrutura de resposta a emergências tinha o papel de coletar informações de alta frequência sobre a evolução da COVID na organização e de atuar juntamente com as áreas operacionais para executar as medidas protetivas que havíamos tomado. Outra função era atuar na linha de frente em parceria com a equipe de relações institucionais nas interações com órgãos do governo federal, como a Anvisa, ANP, a Marinha do Brasil e as entidades estaduais.

A diretoria se concentrava na discussão sobre as informações que chegavam diariamente, tomando medidas para preservar a liquidez da companhia e a saúde de seus empregados.

A saúde mental de nossos colaboradores passou a ocupar lugar de destaque em nossas preocupações. Buscamos o *auxílio* de profissionais especializados e nas lives comecei a enfatizar a necessidade de alocar melhor o tempo e não o desperdiçar com atividades irrelevantes. Em seu lugar, recomendava como forma de mitigação do estresse a reserva de um tempo no dia para atividades que lhes produzissem satisfação, como praticar algum esporte, brincar com os filhos ou ler um livro.

O objetivo inicial foi construir um tesouro de guerra, ter um volume de liquidez que nos permitisse atravessar com tranquilidade os piores momentos da crise. Rapidamente, o saque dos US$ 8 bilhões, a contratação de linhas de crédito adicionais no valor de R$ 3,5 bilhões e a postergação de pagamentos elevaram nosso caixa para US$ 20 bilhões, montante julgado suficiente para enfrentar os mares tempestuosos que nos ameaçavam.

Juntamente com essas iniciativas, priorizamos a otimização do capital de giro e fizemos um corte de US$ 5 bilhões no investimento programado para 2020, facilitado pelo fato de que vários fornecedores atrasaram as encomendas.

Suspendemos durante o ano de 2020 os avanços de nível (promoções automáticas estabelecidas em acordos coletivos de trabalho do passado) e promoções de empregados por mérito, hibernamos 62 plataformas – com produção total de 23 mil bbl/d – operando em águas rasas e com fluxo de caixa negativo.

Entre as medidas aplicadas estava a passagem temporária de cerca de 21 mil empregados em funções administrativas para o regime de trabalho de seis horas juntamente com a correspondente diminuição de 25% dos salários. No entanto, acabamos impedidos pela Justiça trabalhista sob o argumento de que a lei que permitiu a adoção desse regime de trabalho era válida somente para empresas privadas.

Uma empresa de economia mista como a Petrobras, que na prática não pode demitir, diferentemente do que fizeram vários de nossos concorrentes, teria de enfrentar o monstro da recessão com uma das mãos amarrada.

Não bastasse isso, no pior momento da crise nos defrontamos com a intenção do governo em elevar consideravelmente a tributação sobre a gasolina para torna-la mais cara para o consumidor com o objetivo de abrir espaço para o consumo do etanol. O argumento principal era de que estavam em jogo dois milhões de empregos na lavoura de cana de açúcar e nas usinas de álcool. Era um ponto sem dúvida legitimo, porém o consumo de gasolina não poderia ser a única variável a ser considerada, até porque a redução do consumo de etanol não era uma reação à mudança de preços relativos e sim à contração da mobilidade. Esta penalizava tanto o etanol quanto a gasolina.

Ponderei que o Brasil seria o único país com uma produção de petróleo relevante a impor mais taxação sobre seus produtos naquele momento tão difícil para o setor, um verdadeiro disparate. Era uma decisão equivocada tentar resolver problemas de uma indústria aprofundando a crise em outra que estava lutando para superá-la.

Felizmente, nossa resistência surtiu efeito e a modificação da tributação, a CIDE (Contribuição de Intervenção no Domínio Econômico), não se materializou. O aumento da mobilidade urbana e a consequente recuperação da demanda por gasolina e etanol mostraram como teria sido equivocado adotar aquela medida.

Algumas das decisões que tomamos no momento inicial da crise eram parte de uma solução emergencial, porém iriam se transformar na prática, formal ou informalmente, em endividamento futuro. Elas teriam de ser complementadas por outras que reduzissem custos e abrissem fontes de receita.

Decidimos diminuir os custos de maneira permanente em US$ 2 bilhões. Era fundamental ir fundo e acelerar a implementação da estratégia anunciada no ano anterior, promovendo um deslocamento para baixo da estrutura de custos.

Alguns fatores foram extremamente relevantes para que a execução estratégica adquirisse velocidade.

As reuniões diárias da diretoria se mostraram muito produtivas. O diálogo mais intenso sobre negócios e com a participação de gerentes foi muito rico, produziu boas ideias que eram imediatamente implementadas. Nasceu um ambiente dinâmico e livre onde as ideias eram debatidas sem inibições e as restrições usuais impostas pela hierarquia.

Uma das contribuições do comitê de resiliência foi liderar a construção de uma base de dados integrados para dar origem a um painel que servisse como pano de fundo para as discussões da diretoria. Os executivos responsáveis pelas diversas áreas apresentavam seus respectivos dados com as devidas explicações sobre sua evolução e daí discutíamos os prováveis cenários e tomávamos decisões.

A metodologia ágil deu importante contribuição. O emprego de equipes multidisciplinares e entregas incrementais resultaram em rapidez na solução de problemas e na melhor qualidade das medidas adotadas, implicando redução de custos e aumento de produtividade.

As atividades logísticas na exploração e produção de petróleo (*upstream*) e no refino (*downstream*) tinham pouca interação. Sequer era conhecida a magnitude dos orçamentos envolvidos, a disponibilidade de cada ativo e suas respectivas produtividades.

Dessa forma, a criação antes da pandemia da Diretoria de Logística e Comercialização foi uma das principais alavancas para sairmos daquela situação de crise, porque ela se tornou um poderoso elo entre o *upstream* e o *downstream*.

A manchete de 28 de março de 2020 do site oilprice.com era "Refiners are having to pay to produce gasoline", pagar para produzir gasolina, uma perspectiva atemorizante.

O choque provocado pela pandemia fez a indústria do petróleo se dividir naquele momento entre duas correntes: (i) estocar petróleo com o uso de navios contratados para esse fim ou (ii) diminuir a produção de petróleo e fechar refinarias. Em março optamos temporariamente por uma pequena diminuição da produção, enquanto se discutia a paralisação de pelo menos uma refinaria.

Com tantas incertezas, estocar petróleo apostando na valorização futura não era uma opção para a Petrobras naquele momento. Paralisar parte da produção de petróleo também não era, tendo em vista que parcela considerável de seu custo é fixa. Parar implica ter custos variáveis zero, receita zero e custo fixo positivo. Não se conseguiria remunerar os custos fixos.

Esta é a principal razão da resposta tradicional da indústria do petróleo ao ciclo de baixa de preços se dar tipicamente pela redução de investimentos, o que vai afetar a produção anos depois, e não pelo corte da produção atual.

Hibernar as 62 plataformas localizadas em águas rasas foi um caso diferente. Continuar a operar significaria pagar para produzir pois nem os custos variáveis eram cobertos, o fluxo de caixa era negativo.

Surgiu um problema adicional com o GLP. Não foram poucos os desafios nessa área.

Contrastando com o comportamento da demanda por outros combustíveis, o consumo de GLP no Brasil teve comportamento contracíclico, aumentando porque as pessoas passaram a cozinhar em casa. No início, houve, inclusive, uma corrida para estocar botijões de GLP em reação a boatos de que o produto iria faltar. Tivemos que importar maiores volumes tendo em vista a expansão inesperada da demanda doméstica.

Havíamos construído um duto novo em São Paulo, numa área considerada segura, em substituição ao antigo que cruzava uma comunidade com elevada frequência de crimes, o Parque Savoy City, na Zona Leste, um alvo para furtos. Para nossa surpresa, uma semana depois da inauguração fomos forçados a paralisar sua operação, eis que rompido pela ação de ladrões para furtar combustível. Transportando GLP, era relevante para o abastecimento da Grande São Paulo.

Em ritmo acelerado, conseguimos fazer o reparo e obter a licença para retomar a operação do duto.

A Argentina sempre foi um fornecedor importante de GLP para o Brasil. Contudo, de repente, seu governo passou a relutar em liberar navios para continuar o fornecimento, alegando que necessitavam estocar para o inverno. Entretanto, rapidamente conseguimos importar mais de outros países.

Por razões técnicas, aumentar a produção de GLP implica em aumentar também a produção de gasolina, cuja demanda estava fraca devido às restrições à mobilidade. Nossos engenheiros conseguiram realizar alguns ajustes para permitir a suavização desse problema, aumentando a produção de GLP com menor crescimento da de gasolina.

A situação foi se normalizando gradualmente e os consumidores se convenceram de que não faltaria botijão de gás para cozinhar.

A dramática contração do consumo de querosene de aviação não provocou problemas operacionais pois sua produção pode ser convertida em óleo diesel, que exportamos.

A flexibilidade nos permitiu encontrar rapidamente soluções que impediram cortes na produção de petróleo, paralisação de refinarias e o acúmulo de estoques. Tais eventos teriam machucado muito a companhia. Pelo contrário, foi uma fase de recordes positivos.

Conseguimos sair de uma situação que provocou efeitos profundamente negativos sobre muitas companhias de petróleo sem ter de reduzir a produção ou o refino. Enquanto várias empresas se debateram com o problema de estoques excessivos, conseguimos reduzir o estoque operacional de petróleo em vários milhões de barris devido à informação gerada por dados de alta frequência e a boa gestão. Novamente, a integração das operações de logística tornou viável essa mudança mesmo com a recuperação das atividades de refino.

Nosso óleo combustível atendia à nova regra da International Maritime Organization (IMO) – agência da ONU responsável pela regulação do transporte marítimo – que a partir de 2020 requereu que o teor máximo de enxofre contido no combustível marítimo caísse de 3,5% para 0,5%. Em consequência disso, o mesmo passou a ser fortemente demandado no mercado internacional.

A Petrobras produz uma vasta gama de óleos com baixo teor de enxofre, o que facilitou explorar nossa vantagem comparativa.

Alguns óleos da Petrobras, como Tupi, Iracema e Sapinhoá, apesar da contração da demanda global, contavam com uma excelente demanda na China, pois dispunham de características semelhantes às de óleos chineses, cuja produção se apresentava decrescente.

Somado a isso, nossa equipe de comercialização externa deu ênfase ao marketing e vendas do óleo de Búzios e à diversificação de clientes, passando a vender petróleo para mais quatorze refinarias fora da China.

Foi montado um núcleo de inteligência para consolidação dos fundamentos do mercado global de óleo e gás, uma nova fonte importante para discussão e decisões diárias da diretoria executiva.

Com a confirmação de que poderíamos contar com uma boa demanda por petróleo e óleo combustível para exportação e por GLP e óleo combustível para o mercado interno, adequamos o parque de refino para maximizar sua produção.

Existia uma crença de que a companhia só poderia exportar 25 a 27 cargas de petróleo por mês, aproximadamente um milhão de barris cada. A maior integração com a Transpetro e um pouco de investigação dos dados provocou a queda de mais um tabu, semelhante ao que existia com respeito ao acesso à nuvem.

As 27 cargas tinham sido apenas o máximo exportado num mês até então. Era meramente um palpite sem fundamentos sólidos.

A capacidade real de embarque superava em muito as trinta cargas por mês e, assim, em abril de 2020, batemos o recorde de exportação, ou seja, um milhão bbl/d. Logo depois, de óleo combustível, que havia se tornado mais rentável.

As exportações foram nosso principal instrumento para vencer aquele abril de 2020. E a indústria do petróleo jamais esquecerá.

A integração efetiva da logística do petróleo com a do refino nos levou a ter uma visão mais clara e a controlar os estoques nas plataformas. Descobrimos o inaceitável para uma companhia sedenta por geração de caixa: a utilização de petróleo fora de especificação como lastro das plataformas, representando na época pouco mais de US$ 200 milhões.

Enviamos aproximadamente cinco milhões de barris para o continente para serem colocados dentro da especificação e depois exportados. O petróleo está fora de especificação, *off spec* no jargão petroleiro, quando não atende às exigências de qualidade do mercado. Normalmente isso é corrigido através da mistura com óleo de melhor qualidade. Transformamos o que estava boiando nas plataformas em dinheiro, que era o que mais precisávamos naqueles momentos difíceis.

O ano de 2020 marcou mudança estrutural na comercialização de nossos produtos. A cultura do abastecimento a qualquer custo começou a ser eliminada: a Petrobras estava se transformando numa verdadeira empresa com foco em resultados, no qual a precificação dos produtos é somente um dos instrumentos. Em lugar de comprar pelos clientes, passamos a ser vendedores ativos de nossos produtos.

Aumentamos consideravelmente a produção e as vendas do diesel S10, com teor de enxofre muito menor e, portanto, negociado com um prêmio sobre o preço do tradicional S500. O S10 foi transformado na fatia principal do mix de vendas de diesel, produto que é a principal fonte de receita recorrente da Petrobras, quase 30% do total.

Incrementamos as vendas de asfalto e coque verde, ampliamos os embarques diretos para clientes, passamos a fazer leilões regionais para entrega futura de gasolina e diesel e diversificamos a carteira de clientes tanto no Brasil quanto no exterior. O coque verde é um dos subprodutos do refino de petróleo empregado para geração de energia nas indústrias de cimento, cerâmica, gesso e cal.

Não nos concentramos somente no curto prazo, aproveitando o momento para cuidar também da alocação de capital, importantíssima para o futuro da organização.

A gestão do portfólio contribuía para melhorar a alocação do capital entre os ativos em operação, entretanto, não abordava os projetos em desenvolvimento.

Decidimos submeter o portfólio de projetos de investimento em exploração e produção de petróleo e gás a um teste de stress. Os projetos que apresentaram *breakeven price* superior a US$ 35,00 por barril foram postergados para serem redimensionados. Para alguns, localizados em águas profundas no Pós-sal, a opção escolhida foi a inclusão na carteira de desinvestimentos. Esses projetos haviam sido aprovados no passado com a hipótese otimista de previsão dos preços do petróleo permanecendo num patamar superior a US$ 100,00 por barril.

Nosso objetivo era ter uma carteira de projetos que pudesse gerar valor através dos ciclos, capazes de enfrentar situações tão difíceis quanto aquela provocada pela pandemia da COVID-19. Não conseguimos prever crises; é algo fora de nosso alcance. Nossa obrigação era ter uma base sólida o bastante para enfrentá-las, independentemente de sua origem e intensidade. Ser resiliente é crucial.

Embora a comunicação formal de 19 de fevereiro expressasse a não renovação de meu contrato, que expiraria em 20 de março de 2020, permaneci na posição até 12 de abril devido aos trâmites da governança da Petrobras. As normas requerem a convocação de um Assembleia Geral Extraordinária de acionistas para a eleição de um novo Conselho de Administração, visto que o presidente é obrigatoriamente um membro do Conselho.

A manhã de 24 de fevereiro de 2021 foi de intensa satisfação para mim. Tive o privilégio de apresentar o desempenho da companhia em 2020, impecável, o que me deixou muito feliz, ainda mais por ser minha última vez[64].

Minutos antes da videoconferência com investidores, encontrei no meu quarto uma camiseta que havia comprado em Londres para a apresentação do plano estratégico do ano anterior. Nela encontrava-se estampado *Mind the Gap* [Cuidado com o Vão], juntamente com o logo do London Underground, como é conhecido o centenário metrô. A camiseta com aquela

---

64. No anexo II, se encontra minha carta aos acionistas prestando contas do que havia sido alcançado.

mensagem tinha sido escolhida para enfatizar a importância do olhar externo sobre nossa performance e o firme compromisso em fechar as lacunas que nos separavam do desempenho das melhores companhias de petróleo do mundo.

Os dizeres da camiseta despertaram controvérsia, com especulação sobre seus vários significados possíveis, inclusive como referência a uma provável futura política de preços da empresa. O Estado de São Paulo (Estadão) foi claro: "Ironia Estampada" foi o título da matéria com minha foto vestindo a camiseta, embora não tivesse sido essa minha intenção.

Curiosamente, até hoje esse episódio é lembrado por pessoas do mercado de capitais. Desde fevereiro de 2021 ganhei de presente algumas camisas do London Underground com o *Mind the Gap* estampado.

Considero 2020 um ano dourado na história da Petrobras. Diante de grandes desafios, conseguimos obter um desempenho extraordinário, atingindo vários recordes e superando as *major oil companies*.

Batemos recordes da produção de óleo e gás e de exportações de petróleo e óleo combustível. Nosso custo de extração de petróleo, de US$ 5,20 por barril, foi o menor dos últimos 20 anos. O custo total de extração de óleo e gás se reduziu em US$ 2,0 bilhões relativamente a 2019.

Em meio à pandemia, nosso pessoal colocou em operação no campo de Atapu, na Bacia de Campos, a plataforma P-70, com capacidade de produção de 150.000 bbl/d de petróleo e cujo início da produção foi comemorado em 25 de junho.

Estabelecemos uma nova marca em segurança nas operações, com o menor índice de acidentes da indústria global de petróleo em todos os tempos. Celebramos o registro de zero fatalidade nas operações da companhia, o que há tempos não ocorria.

É fundamental que alguém que saia para trabalhar retorne para sua casa da mesma forma que saiu. Nosso compromisso com as pessoas importava em empregar todos os meios para que isso acontecesse.

A despeito dos baixos preços do petróleo e da redução das receitas com desinvestimentos, logramos diminuir a dívida da Petrobras em US$ 11,6 bilhões, acumulando redução total de endividamento de US$ 32,2 bilhões desde janeiro de 2019.

A geração de caixa da Petrobras em 2020, de US$ 24,1 bilhões, superou a soma dos fluxos de caixa das cinco maiores empresas de petróleo do Ocidente, cujas operações são de tamanho maior do que as da Petrobras. Estamos nos referindo ao fluxo de caixa livre, variável igual ao fluxo de caixa gerado pelas operações menos o valor dos investimentos. Já o fluxo de caixa operacional, comparado aos números das *major oil companies,* só foi menor que o da Shell. Os dados referentes às outras companhias foram obtidos em seus respectivos sites.

A Transpetro, subsidiária integral da Petrobras, foi também alvo de reestruturação. Obteve em 2020 os melhores resultados de sua história, com fluxo de caixa operacional recorde de US$ 819 milhões e elevação da eficiência ao nível dos padrões mundiais.

As realizações resultaram acima de tudo da existência de um ambiente amigável para a livre troca de ideias, integração entre as diversas áreas, #umsótime, agilidade, decisões baseadas em fatos e dados e a qualidade do capital humano da Petrobras. Em resumo, as pessoas trabalhando com um novo modelo de gestão e os incentivos corretos foram as grandes vencedoras.

A intensidade da crise acendeu o senso de urgência nos empregados e facilitou a implementação de medidas que, em tempos normais. se daria em ritmo bem mais lento.

As realizações deixaram todos felizes e orgulhosos. Demonstraram que estímulos certos e lideranças movidas pelo espírito da vitória eram capazes de nos levar a alcançar resultados excelentes, por muitos julgados impossíveis. Como escreveu o lendário Louis Gerstner, ex-presidente da IBM, "sim, elefantes podem dançar"[65]. Eu tomo a liberdade de acrescentar "e podem voar também".

---

65. GERSTNER JR., Louis. Who Says Elephants Can't Dance? Leading a Great Enterprise Through Dramatic Change. Publicado em 2009 pela Zondervan.

O contato mais estreito no dia a dia e a pressão para solucionar questões rapidamente permitiu ter um conhecimento muito melhor dos componentes da equipe. Observamos que alguns, anteriormente quase invisíveis, se agigantaram, enquanto outros não demonstraram o desempenho esperado.

Aquelas constatações foram muito valiosas para a construção do programa de sucessão.

Apesar da demissão, meus últimos dias na Petrobras não foram caracterizados pela inércia. Continuamos a trabalhar como se fosse no primeiro dia, reajustamos normalmente os preços de combustíveis acompanhando a tendência de alta dos preços internacionais e fizemos duas importantes entregas.

Na questão dos preços dos combustíveis não cedemos um milímetro até o último dia. Nenhum recuo, sem rendição às pressões políticas.

A primeira entrega foi a assinatura do contrato de compra e venda da refinaria de Mataripe, a primeira a ser privatizada na história do Brasil. A segunda foi a finalização do acordo com o MME, que viabilizou a realização em novembro de 2021 do leilão bem-sucedido dos campos de Atapu e Sépia, cuja tentativa anterior em novembro de 2019 naufragara.

Fundamentalmente, a promessa da recuperação em J foi cumprida. No primeiro trimestre de 2021, tínhamos uma Petrobras com saúde muito melhor do que a do período pré-pandemia.

Por um lado, a pandemia foi e continuou a ser um desastre para o mundo. Matou pelo menos sete milhões de pessoas, deixou sequelas em centenas de milhares de sobreviventes, causou ruptura no sistema educacional com efeito negativo na formação de capital humano, provocou choques na cadeia de suprimentos, forte recessão global, aumento de dívida pública na maioria dos países, alta da inflação e, posteriormente, de taxas de juros.

De outro, ela nos proporcionou uma experiência repleta de inovações e aprendizagem.

A resposta à COVID-19 induziu inovações em diversas áreas das nossas vidas. Acelerou várias tendências que já se manifestavam anteriormente, mas de forma lenta. Representou extraordinário manancial para aprendizagem.

A moderna tecnologia das vacinas, a RNA Mensageiro (RNAm), descoberta em 2005, estava em desenvolvimento anteriormente e não se limita unicamente à proteção contra a COVID, mas, segundo os cientistas, libera um amplo leque de oportunidades para o lançamento de outras vacinas.

Os cientistas Katalin Karikó e Drew Weissman receberam o Prêmio Nobel de Medicina de 2023 por seus trabalhos, que abriram caminho para o desenvolvimento das vacinas contra a COVID 19.

O combate contra o vírus proporcionou valiosa experiência permitindo que a indústria farmacêutica, reguladores e governos pudessem, em pouco tempo, aprovar, produzir e distribuir bilhões de doses em escala global. Muitas lições importantes, sem dúvida, foram extraídas por uma extensa gama de profissionais.

A telemedicina é outro exemplo. Estava disponível em alguns países e, com a pandemia, cresceu exponencialmente. É algo que hoje se consolidou na clínica médica.

As compras através da internet, os serviços de *delivery* e o aluguel de espaços em regime de *coworking* são casos de atividades que tomaram considerável impulso durante a pandemia. Embora tenham sofrido desaceleração posterior, seu crescimento tende a se estabilizar em níveis superiores aos que estavam em 2019.

A transformação digital e o emprego da inteligência artificial vinham caminhando a passo lento e, com a crise, o mundo corporativo entendeu o valor que possuíam para a geração de valor. A aceleração foi natural e é algo que possui um grande potencial de contribuição para o desenvolvimento econômico.

Lamentavelmente, vejo na mídia brasileira a predominância da preocupação com supostos efeitos negativos da IA eclipsando a discussão sobre os benefícios esperados para o desenvolvimento econômico do país.

A IA desenvolve papel relevante para acelerar a produtividade e o crescimento econômico e vem sendo empregada recentemente para a realização das dezessete metas de desenvolvimento sustentável da ONU (SDGs), como a eliminação da pobreza, o estabelecimento de cidades sustentáveis e a educação para todos. A regulação da IA coloca em risco a realização desse potencial.

Estamos em meio a uma revolução tecnológica. Da mesma forma que a revolução industrial transformou o mundo no século XIX, a IA está mudando a economia e a sociedade no século XXI. Não sabemos como será o futuro, mas ele será bastante diferente do presente.

Ter começado a transformação digital em 2019 nos deixou preparados para pisar fundo no acelerador. Outro fator muito relevante foi a demonstração de inteligência digital por boa parte de nosso time. Não é necessário ser expert em tecnologia da informação. Saber atribuir valor à transformação digital, possuir inteligência digital, é extremamente importante.

Pesquisas realizadas nos EUA revelam que boa parcela dos executivos não percebem o valor que a transformação digital pode gerar para suas empresas. Mesmo entre o pessoal de tecnologia da informação, essa visão não é tão alta como seria de se esperar. Muitas inovações incrementais aconteceram e acredito que outras, disruptivas, estão a caminho. A propósito, a inteligência artificial generativa abre um novo campo para inovar.

A acumulação de inovações tende a fortalecer a resiliência da economia diante de choques futuros.

O sucesso do uso continuado do *home office* pela grande maioria das empresas evidenciou uma nova forma de trabalhar, um modelo híbrido com parte do tempo virtual e parte presencial. Sua adoção atende às preferências dos empregados pela flexibilidade que oferece, permitindo maior equilíbrio entre a vida pessoal e a profissional, e produz economias para as empresas com necessidade de menos espaço e menor consumo de energia. Muitos escritórios foram transformados em escritórios inteligentes (*smart offices*), onde as pessoas reservam mesas de trabalho e salas de reunião pelo celular.

No entanto, é necessário que seja muito bem organizado para que os mais jovens não deixem de ser treinados, absorvam a cultura corporativa e não seja perdida a troca de ideias essencial para a inovação.

Em 2020, economizamos US$ 40 milhões com viagens, algo visto inicialmente como temporário. Entretanto, aprendemos que muitas viagens eram desnecessárias, desperdiçando tempo e dinheiro. Assim, embora a economia dos US$ 40 milhões não deva se repetir no futuro, pelo menos um corte permanente de US$ 10 milhões por ano é factível.

Lição semelhante foi aprendida com os treinamentos. Uma boa parte deles poderia permanecer à distância, economizando recursos. A experiência com a pandemia foi responsável por um verdadeiro boom da EAD (Educação à Distância).

Outra mudança comportamental derivada da pandemia foi a descoberta pelos habitantes das grandes metrópoles dos benefícios de viver em cidades pequenas. Com o avanço da revolução digital, isso permitiu a migração de famílias que abandonaram as grandes cidades.

Para a Petrobras, a pandemia ensinou a importância da agilidade e da resiliência, facilitou a identificação de jovens talentos e contribuiu muito para a transformação cultural, rompendo barreiras que protegiam os silos e incentivando a livre troca de ideias entre profissionais, independentemente da posição de cada um na hierarquia.

CAPÍTULO 8
# O desafio da mudança climática

Está em curso um processo de mudança climática, representando um dos maiores desafios de nossos tempos. Para enfrentá-lo, somente o desenvolvimento econômico será capaz de produzir os recursos necessários para financiar os investimentos destinados a tratar dos efeitos negativos já manifestados e a descarbonização propriamente dita.

Não se trata de algo inédito na vida de nosso planeta. Como evidencia a pesquisa científica, a Terra já passou por eventos semelhantes ao longo dos séculos[66].

Provavelmente, as mudanças climáticas foram causadas por fenômenos naturais. Entretanto, é provável que a ação do homem nos últimos 250 anos tenha sido um dos principais fatores a provocar a mudança do clima mediante o aumento da concentração de gases de efeito estufa (GEE) na atmosfera, provocando o aquecimento da terra e dos mares. Tais efeitos acabam se retroalimentando na atmosfera, oceanos, geleiras e sistemas biológicos.

As correntes científicas predominantes apontam para profundos impactos nas atividades biológicas e humanas sensíveis ao clima que devem se manifestar ao longo do tempo.

---

66. Veja, por exemplo, "The Climate Casino: Risk, Uncertainty, And Economics For a Warming World", de William Nordhaus, publicado pela Yale University Press em 2013.

Apresenta-se como a principal resposta à mudança climática a transição energética, em que se busca mudar a matriz energética pela crescente participação de combustíveis não fosseis. No papel de maior produtora de petróleo da América Latina, a Petrobras possui a obrigação social de conduzir a transição energética com responsabilidade.

Na discussão sobre mudança climática existem alguns fatos inquestionáveis. A acumulação de gases de efeito estufa na atmosfera era de 270 partes por milhão na era pré-industrial, subiu para 370 partes em 2000 e 420 em 2023. As emissões produzidas por combustíveis fosseis em 2022 foi dezenove vezes maior do que em 1900[67].

A humanidade conviveu com várias transições energéticas nos últimos séculos. Da madeira para o carvão, deste para o petróleo. Elas exibiram algumas características comuns: foram provocadas por inovações, a procura por custos menores e a longa duração.

A madeira começou a ser substituída no século XIII pelo carvão, que passou a ser utilizado para aquecer Londres quando as águas do rio Tâmisa congelavam no inverno, ainda no final da era conhecida como "Pequena Idade do Gelo".

Não obstante o carvão tivesse a vantagem da disponibilidade em larga escala e preços baixos, o século XIX ainda viveu da madeira e da lenha. Somente no princípio do século XX o carvão veio a dominar.

No Brasil, a lenha ainda representa perto de 25% da matriz energética residencial, o que é elevado e prejudicial para a saúde humana. Em países pobres da África Subsaariana e do Sul da Ásia, o consumo de lenha nas residências é provavelmente a maior fonte de energia.

Cerca de 3 bilhões de pessoas nesses países consomem biomassa em suas diversas formas, da lenha ao esterco. Para eles, a transição energética é algo muito diferente do que vem sendo discutido.

---

67. SMIL, Vaclav. Electravision: Eye on the Market. JP Morgan, 2024.

A substituição do carvão pelo petróleo aconteceu em meados dos anos 1960, aproximadamente um século após o começo de sua exploração para fins comerciais. Porém, até hoje o carvão é responsável por parcela expressiva do consumo global de energia e das emissões de gases de efeito estufa (GEE). Alguns países, como China, Índia e Rússia, prosseguem sendo grandes produtores e consumidores de carvão e continuam a construir usinas de geração de energia movidas pelo combustível fóssil.

De acordo com a International Energy Agency (IEA), em 2022 o consumo global de carvão foi recorde, ultrapassando oito bilhões de toneladas, influenciado pela substituição do gás russo pela União Europeia. Em 2021, o gás natural da Rússia representava 40% das importações da UE, segundo a IEA. Do início do século XXI até os dias atuais o consumo de carvão no mundo duplicou.

A história não parece estar do nosso lado. O petróleo levou quase 80 anos depois de sua descoberta para representar 30% da oferta global de energia, enquanto a participação do gás natural, de apenas 1% em 1900, levou 70 anos para chegar a 20%[68].

As fontes renováveis de energia não são novas. A primeira usina hidrelétrica começou a operar em 1882, coincidentemente no mesmo ano em que as duas primeiras plantas de geração de energia movidas a carvão foram inauguradas. A primeira usina nuclear data de 1956, a produção de biocombustíveis em larga escala tem se limitado ao Brasil e EUA e a energia geotérmica, embora conhecida há mais de um século, não é uma fonte relevante, representando menos de 1% da matriz energética global.

Apesar das inovações e dos consideráveis investimentos em energia solar e eólica, os combustíveis fosseis que eram responsáveis por 86% do consumo global de energia primária em 1997 ainda contavam por 82% em 2022.

Ao se fixar a meta de Net Zero – emissões líquidas zero – para 2050, admite-se que os combustíveis fosseis continuarão a ser relevantes para a civilização moderna, sendo produzidos, processados e transportados.

---

68. Veja a obra de Vaclav Smil, "Energy Transitions", publicada em 2016 pela Praeger Publishers.

A combinação das necessidades de escala e velocidade é a principal dificuldade enfrentada pela transição energética. O aquecimento global não deve ser dramatizado com iniciativas apaixonadas e voluntaristas, tampouco tratado com barreiras à inovação e ao desenvolvimento econômico.

Na transição atual, existem duas componentes ausentes no passado. A ameaça à vida e ao modo de viver do homem e a emergência da politização, que é bastante prejudicial, pois suas demandas podem conduzir a desastres ao desprezarem inteiramente os aspectos econômicos.

Grupos ativistas europeus propuseram simplesmente acabar com a produção de petróleo, o que promoveria um retrocesso sem precedentes no desenvolvimento econômico e, consequentemente, nos padrões de bem-estar da população. Uma parcela, ainda que minoritária, dos acionistas de companhias de petróleo tem votado agora em assembleias a favor da redução da produção, sem sugerir solução para compensar seus efeitos no curto prazo.

Como substituir a geração de 4 terawatts (TW) de eletricidade gerados por gás e carvão, o abastecimento de 1,5 bilhão de carros movidos a gasolina e diesel, cinquenta milhões de tratores, cem milhões de bombas de irrigação, 120.000 navios e 25.000 aviões a jato?

Pilares da economia moderna como aço, cimento, amônia, fertilizantes, vidros, borracha e plásticos são ainda produzidos com o emprego do petróleo como matéria-prima básica. Embora existam muitos projetos em estudo no mundo visando à descarbonização da produção desses produtos, nos próximos anos os desafios ainda serão consideráveis.

Os ativistas do meio ambiente não têm resposta, simplesmente porque não existe resposta.

Esses grupos acreditam que a solução é a redução da oferta de energia e não a mudança da composição da oferta de energia, o que é no mínimo irresponsável.

Ao lado da expansão regular do consumo de energia determinado pelo crescimento econômico, o forte aumento de demanda derivado dos data centers e particularmente daqueles que suportarão a IA requererão significativo incremento da oferta de energia.

O governo holandês propôs a compra de 3.000 fazendas com o objetivo de fechá-las e, segundo as autoridades, devolver para a natureza. O Departamento de Agricultura da Irlanda recomendou o abate de 200.000 cabeças de gado para reduzir emissões de GEE e o consumo de água.

O Partido Verde da Alemanha demonizou a energia nuclear, uma fonte limpa, a melhor em termos de geração de energia por capacidade instalada e de eficiência em termos de uso de materiais (aço, cimento, vidro) e segurança, ao deter o menor índice de mortes por TWh (terawatt/hora, o equivalente a 10 trilhões de quilowatts/hora)[69].

Consequentemente, a Alemanha acabou por se tornar dependente da Rússia como seu grande fornecedor de gás natural, num colossal erro de estratégia geopolítica. Na guerra travada por Vladimir Putin contra a Ucrânia, os alemães se viram privados do gás russo e, diante de altos custos e da escassez de energia, tiveram não só que fechar parte de seu parque industrial e promover o racionamento, incluindo o aquecimento de residências durante o inverno, como ironicamente aumentar o consumo de carvão, numa contradição do ativismo político pró-descarbonização. Recentemente, a Alemanha decidiu descomissionar as três últimas usinas movidas a energia nuclear que ainda operavam. O carvão alemão é inclusive de má qualidade, com a maior emissão de $CO_2$ entre as fontes geradoras de energia primária.

Felizmente, a Alemanha pôde contar com o GNL, importado dos EUA. Em 2024, o presidente Joe Biden, dos EUA, proibiu a emissão de novas licenças para a construção de unidades de liquefação do gás natural para exportação, numa decisão classificada como eleitoreira para agradar grupos ambientalistas.

As pesquisas sobre reação de fusão nuclear apresentam resultados promissores nos EUA. Segundo a International Atomic Energy Agency, é provável que a fusão nuclear, muito mais poderosa do que a fissão nuclear (tecnologia atualmente empregada

---

69. GATES, Bill. How to Avoid a Climate Disaster. AAKnopf, 2021.

nas usinas nucleares) e não produtora de lixo radioativo, seja economicamente viável depois de 2050.

É essencial, contudo, que a sociedade supere o trauma provocado pelos acidentes nas usinas de Chernobyl (Ucrânia), Three Mile Island (EUA) e Fukushima (Japão), para a retomada dos investimentos em energia nuclear.

Existem muitas iniciativas no mundo para a produção de hidrogênio verde, que para se constituir numa fonte de energia efetiva precisam ser escaladas e ter custo compatível com a viabilidade econômica.

A geração de energia renovável (hidro, solar e eólica) cresceu rapidamente nos últimos dez anos e atende a 30% do consumo global de eletricidade. A solar e a eólica constituem atualmente as fontes mais baratas.

Provavelmente, o gás natural será a fonte de energia de transição para a geração de eletricidade, ao se constituir no combustível fóssil com menor emissão de $CO_2$. O custo de construção de uma planta de geração de energia a gás natural tende a ser relativamente baixo e existe flexibilidade de produção, como evidencia a experiência brasileira de acionamento de termoelétricas para operar durante períodos de queda de geração hidrelétrica.

O gás natural pode ter seu uso ampliado e contribuir para a diminuição da emissão de $CO_2$ com seu emprego para movimentar navios e ônibus onde já se mostrou viável.

O consumo global de petróleo neste século está crescendo lentamente, à taxa média anual de 0,9% entre 2000 e 2022. A desaceleração se deve a vários fatores: a substituição do óleo diesel como fonte geradora de eletricidade, o menor consumo específico em carros, aviões e navios e, em geral, ganhos de produtividade no consumo de combustível fóssil.

Ainda assim, acreditamos que decorrerão várias décadas antes que o consumo de petróleo no mundo se torne irrelevante, dado que a descarbonização tende a ser gradual. Mesmo que a demanda fique estagnada ou entre em declínio moderado, será necessário investir ainda muitos bilhões de dólares para repor as reservas que irão acabando.

Ao contrário dos que previam 2019 como o pico do consumo de petróleo no mundo, em 2022 ele voltou ao nível pré-pandemia de cem milhões bbl/d. Em 2023 e 2024, de acordo com a IEA, o ritmo anterior de lenta expansão está prosseguindo, mas não há redução.

A produção de energias renováveis e de veículos elétricos depende do consumo dos chamados metais críticos (níquel, lítio, cobalto, cobre e estanho), para os quais existem barreiras de natureza política para sua disponibilidade, não derivadas da insuficiência de recursos minerais.

Problemas resultantes da concentração de recursos em poucos países com maior risco político e econômico – o caso típico é a exploração do cobalto na República Democrática do Congo, detentora de cerca de dois terços das reservas mundiais – e do ativismo ambiental dificultam o crescimento da produção de baterias elétricas.

Recentemente, a resistência de grupos ambientalistas forçou o governo da Sérvia a revogar a licença concedida a uma grande mineradora para explorar uma reserva de lítio, importante matéria-prima para a produção de baterias elétricas. A criação de uma empresa estatal para explorar e produzir lítio no Chile, onde existem grandes reservas, põe em risco a expansão da oferta global. Na Bolívia, as imensas reservas de lítio permanecem quase inexploradas.

Enquanto os ativistas do meio ambiente fazem demandas impossíveis de serem satisfeitas, os efeitos da mudança climática já se manifestam no mundo através de ondas de calor – os anos recentes têm batido recordes de altas temperaturas – e enchentes[70]. É desnecessário afirmar que tais eventos produzem consequências negativas para os seres humanos, animais e a economia global.

A mudança climática chegou para ficar, não vamos conseguir reverter seus efeitos, mas podemos aumentar a resiliência investindo na adaptação da economia.

---

70. Sobre o tema, veja a obra de Robert S. Pindyck, "Climate Future: Averting And Adapting to Climate Change", publicado pela Oxford University Press em 2022.

É crucial investir na realocação de populações que moram em lugares de alto risco, como em montanhas propensas a deslizamentos e margens; dragagem frequente de rios; construção de diques e barreiras contra inundações provocadas por chuvas e o avanço do mar; drenagem; sementes agrícolas resistentes a temperaturas elevadas; na adaptação da infraestrutura; etc.

Evidentemente, uma boa parte desses investimentos terá de ser financiada por governos, produzindo pressões significativas sobre as finanças públicas já sobrecarregadas. Desde a crise financeira de 2008, o endividamento público global vem crescendo, tendência que foi reforçada por gastos públicos globais de 12% do PIB para reagir ao impacto da pandemia. Segundo o FMI, a dívida pública global deverá permanecer acima de 90% do PIB até pelo menos o fim desta década, continuando a pressionar as taxas de juros.

Nesse contexto, é crucial o ajuste do orçamento público, as inovações e a alocação eficiente de recursos e, no fim do dia, o crescimento econômico gerador de recursos para tornar viáveis as iniciativas e nos proteger dos efeitos da mudança climática.

Como não investimos na Petrobras em plantas de energias renováveis, fomos criticados por supostamente ter visão de curto prazo e de não haver começado a construir uma companhia de energia integrada. Algumas empresas de petróleo, pressionadas pela militância ambientalista, cortaram investimentos em exploração e mudaram seus nomes, num fenômeno semelhante ao ocorrido no fim do século passado quando algumas companhias pretenderam sugerir que estavam também no negócio de internet. Até distribuidoras de combustíveis fosseis adicionaram a palavra energia para insinuar compromisso com energias renováveis.

Todavia, continuam a depender fundamentalmente do petróleo e gás natural.

As empresas que foram mais agressivas na mudança de rumo estão chegando à conclusão de que redirecionar o foco para renováveis não tem sido produtivo. Assim, a indústria de óleo e gás deve ter investido US$ 528 bilhões em 2023, de acordo com estimativa da IEA, o maior nível desde 2015 e superior em 11% ao de 2022.

A Petrobras não possui competências para entrar com sucesso no mercado de renováveis. Trata-se de negócio bem diferente de produzir petróleo. É semelhante a propor que Itaipu ou a Nuclebras passem a competir na fabricação de veículos elétricos.

Não faz sentido uma empresa estatal se meter numa nova indústria, competindo com companhias privadas, a não ser por razões ideológicas.

No Brasil, há uma indústria de energia renovável composta por companhias privadas em plena expansão, que prescinde de subsídios e investe na expansão de capacidade.

Há sempre que se considerar o custo de oportunidade, pois cada real investido num negócio que traz baixo retorno equivale a um real que deixa de ser investido num negócio de alta rentabilidade. Se não considerarmos esse ponto, como vamos conseguir limitar a elevação da temperatura da Terra?

Por maior e mais rica que seja uma empresa, seus recursos são escassos e não podem ser desperdiçados. A transição energética exige volume substancial de recursos para investir em pesquisa, desenvolvimento e inovação. A meta das empresas deve ser dual: gerar valor e reduzir emissões de GEE. Os dois objetivos devem ser conciliados obrigatoriamente.

Desperdícios de recursos retiram da empresa a capacidade de cuidar de suas prioridades, como investir no que ela tem efetivamente capacidade de executar com excelência, incentivar quem contribui para seu bom desempenho, cumprir suas obrigações sociais, servir sua dívida e investir na descarbonização sem desperdiçar recursos escassos.

Qualquer análise preliminar demonstra quem em nenhum momento no futuro próximo faz sentido investir no Brasil em plantas eólicas offshore, ou seja, em geração de energia eólica em alto mar.

A costa brasileira, em particular da Região Nordeste, oferece excelentes oportunidades para quem deseja investir na geração de energia eólica em terra. Ventos com velocidade adequada para a produção de energia são abundantes, o que contribui para elevar a geração relativamente à capacidade para acima de 40% contra cerca de 20% no Norte da Europa.

A eólica offshore aumenta esse fator, mas, no caso brasileiro, não é suficiente para compensar a elevação no custo do investimento de aproximadamente três vezes o custo de construção de uma planta em terra.

O negócio de eólica offshore pode ser muito bom para britânicos e alemães, mas, pelo menos no momento, nossa avaliação é de que não é bom para o Brasil e tampouco para a Petrobras. É recomendável copiar o que deu certo em outros países, mas é um erro querer pautar as soluções de descarbonização desprezando a análise das condições que levaram ao sucesso as experiências em outras geografias.

Optamos por aprofundar o esforço de redução das emissões das operações da Petrobras, redirecionar o refino para a produção de biocombustíveis, de melhor qualidade, e investir em pesquisa e desenvolvimento.

Em 2020, a Petrobras anunciou dez compromissos com a sustentabilidade com o propósito de minimizar as emissões de GEE, incluindo especificamente o metano.

O metano possui uma vida bem mais curta na atmosfera do que o dióxido de carbono, o $CO_2$. No entanto, seus efeitos no curto prazo sobre o aquecimento da Terra são, de acordo com os especialistas, oitenta vezes mais potentes do que o do $CO_2$. De acordo com o IEA, ele contribui com 30% do aumento da temperatura da Terra desde a revolução industrial.

Outras metas foram dedicadas a aumentar a reciclagem e o reuso de água e a captura/armazenamento de carbono, que se somam aos investimentos na busca de inovações para reduzir as emissões de carbono dos combustíveis produzidos pelas refinarias, o desenvolvimento do biorrefino e a pesquisa sobre hidrogênio.

Decidimos adotar o conceito *all electric* nas plataformas de petróleo. As novas FPSOs de grande porte, que estão entrando em produção, terão seus compressores movidos por motores elétricos, em lugar de turbogeradores, concorrendo para a diminuição das emissões de carbono.

Acreditamos que a captura e a estocagem de carbono constituam um dos melhores investimentos na indústria do petróleo para contribuir no esforço de contenção da mudança climática. Em boa parte, o alongamento da vida da indústria do petróleo depende do sucesso na captura de carbono. Quando deixei a Petrobras, os primeiros estudos estavam sendo realizados para fazer a captura de carbono e estocar em aquíferos de grande profundidade.

Em 2020, a companhia diminuiu as emissões totais de GEE pelo sexto ano consecutivo, totalizando 56 milhões de toneladas, um volume menor em 6% do que em 2019, consistente com a meta de obter redução de 25% comparado com 2015. A intensidade de carbono na exploração e produção de petróleo e gás em 2020 foi de 15,8 kg $CO_2$, uma das menores na indústria de petróleo global.

No refino, a intensidade de carbono chegou a 40,2 kg $CO_2$e/CWT, ainda muito alta em termos absolutos e relativos. Estabelecemos como meta 30 kg $CO_2$e/CWT em 2030. "Kg $CO_2$e" significa quilograma de carbono equivalente (a emissão de todos os gases convertidos em unidades de carbono). CWT (*Complexity-Weighted Tonne* [Tonelada Ponderada por Complexidade]) é uma medida de capacidade de produção de uma refinaria criada pela Solomon Associates.

Em 2020 a companhia retornou ao Índice de Sustentabilidade Empresarial (ISE) da B3.

No ano seguinte, foi incluída no Dow Jones Sustainability Index World. Ao lado da Klabin, são as duas únicas empresas industriais brasileiras a figurarem no índice, pois as sete demais pertencem ao setor bancário e ao comércio varejista.

A mudança climática é um enorme desafio que também abre vastas oportunidades de negócios novos. A descarbonização é uma tendência irreversível e repetimos que depende fundamentalmente de inovações aplicadas com a observância da racionalidade econômica.

De acordo com especialistas, o mundo não dispõe neste momento de inovações suficientes para garantir que chegaremos a 2050 com emissões líquidas de carbono iguais a zero (Net Zero 2050), não obstante tenhamos avançado muito na geração de energia eólica e solar, na produção de veículos elétricos, elétricos híbridos (com gasolina e/ou etanol) e em P&D na busca de soluções com investimento de consideráveis volumes de recursos.

As projeções apresentadas no World Energy Outlook 2023, da International Energy Agency (IEA), indicam que o consumo global de petróleo em 2050 deverá ser levemente inferior aos níveis observados no momento, sem apresentar declínio significativo. É altamente provável que o mundo ainda necessite do recurso por décadas.

O petróleo ainda será consumido em larga escala nos próximos 30 anos, porém somente os mais eficientes e menores emissores de GEE prosperarão. Procuramos preparar a Petrobras para ser uma sobrevivente. Afinal, "Oil is Hard to Quit Even in Norway Where Electric Cars Rule The Road" [É difícil abandonar o petróleo, mesmo na Noruega onde os carros elétricos dominam as estradas][71].

---

71. LUNDGREN, Kari; TRELOAR, Stephen. Oil is Hard to Quit Even in Norway Where Electric Cars Rule The Road. *In* Bloomberg. 6 de julho de 2023. Disponível em https://www.bloomberg.com/ com acesso em 06 de agosto de 2024.

CAPÍTULO 9

# Abrasileirar versus internacionalizar

Os preços de combustíveis são legalmente livres no Brasil desde primeiro de janeiro de 2002 de acordo com a Lei do Petróleo, nº. 9.478 de 1997. No entanto, desde lá, os diversos governos não resistiram à tentação de efetuar intervenções diretas ou indiretas nos preços de combustíveis, forçando-os a se manterem abaixo das cotações de mercado.

Não importam os preços dos alimentos, o item mais importante no orçamento das famílias mais pobres, ou o preço da energia residencial, um dos mais altos do mundo. Para atrair a atenção dos políticos nada possui charme igual aos preços dos combustíveis.

A lamentável ingerência política foi quase uma constante. A companhia tem sido historicamente um instrumento do populismo e a maneira mais fácil de acioná-lo é através de preços artificialmente baixos. É simples, bastam canetadas. Fui demitido por não ter concordado com isso e me recusado a atender pressões.

Políticas não são avaliadas por suas intenções, mas por seus resultados.

As intenções podem ser boas, como todas as que acarretam menores custos para os consumidores. No entanto, os resultados foram muito negativos.

Sendo o Brasil o terceiro maior produtor de petróleo das Américas, o nono maior do mundo e um grande exportador, os governos deveriam celebrar a alta de preços.

Várias consequências positivas ocorrem: (a) há ganho nas relações de troca com o exterior, dado pelo aumento do preço de um produto exportável relativamente aos dos importáveis e a consequente elevação da renda real; (b) expectativa de maior retorno da moeda doméstica, causando valorização do real e um choque favorável sobre a inflação interna.

Quando a alta é repassada aos preços internos de combustíveis, há um choque negativo sobre a inflação que contrabalança em parte o impacto positivo da elevação dos preços internacionais do petróleo.

Mais especificamente, o movimento de preços provoca maior arrecadação de tributos e de pagamento de dividendos para um Tesouro Nacional com endividamento considerável, aumento de empregos ao longo da cadeia de valor e incentivos ao crescimento de investimentos. No período 2019-2021, a Petrobras recolheu para os cofres das três esferas de governo (federal, estadual e municipal) tributos, royalties e participações governamentais no valor total de R$ 577 bilhões. Os dividendos pagos para a União foram de cerca de R$ 80 bilhões.

Entretanto, a alta de preços do petróleo é vista como algo negativo e, se a diretoria da Petrobras não for submissa à vontade política, se torna um estopim para uma crise.

O caminho mais adequado é a adoção de políticas para promover a mobilidade econômica das famílias mais pobres. Essa questão nunca deve ser tratada com soluções toscas, como controles de preços e imposição de perdas para os produtores. Medidas politicamente atraentes no curto prazo costumam ser catastróficas para a economia no longo prazo.

O chamado PPI, preço de paridade de importação, que como economista prefiro chamar de custo de oportunidade, tem sido demonizado por políticos e economistas de matizes variadas, desprezando um princípio básico da ciência econômica.

Muitas pessoas são familiarizadas com o custo contábil, composto por despesas (como aquisições de matérias-primas, pagamento de salários e aluguéis, etc.) registradas nos livros contábeis das empresas.

Isso está no cerne da sugestão que, por exemplo, a precificação da gasolina deve ser igual à de um pão com manteiga numa padaria. O padeiro computa seus gastos e põe em cima uma margem de lucro. A recomendação que se segue é que a Petrobras deve fazer o mesmo. Pela simplicidade envolvida, aos olhos do cidadão comum, é uma proposta cativante, porém enganosa.

Outra alegação é que, como uma parcela dos custos de produzir combustíveis é em reais, seus preços devem ser em reais, a ideia do "abrasileiramento". Outros, mais moderados, pousam como tendo uma postura técnica, ao propor que os preços devam ser a média ponderada entre custos de produção da parcela produzida no Brasil e os preços de paridade de importação na parte importada, proposta também sedutora.

Acontece que o relevante para a tomada de decisão empresarial é o custo econômico, composto pelo custo de oportunidade do produtor. O custo de oportunidade é o valor que o produtor deixa de ganhar pelo uso de um insumo. A receita abandonada é a que o produtor ganharia no melhor uso alternativo daquele insumo.

Um estudante de pós-graduação, mesmo que esteja recebendo uma bolsa de estudos, tem custos não desprezíveis. Em lugar de estudar, dispõe da alternativa de empregar seu tempo trabalhando e recebendo uma remuneração.

Certa feita, visitei uma empresa localizada em um prédio de alta qualidade. Ao elogiar as instalações, o diretor financeiro disse que já estava tudo pago, que o custo era zero, que o investimento havia sido amortizado, afirmações que me deixaram perplexo pelo desconhecimento de um conceito básico de economia, muito relevante para a condução dos negócios. Em lugar de manter aquela majestosa sede própria, a empresa poderia vendê-la, alugar outro prédio, e empregar o capital obtido numa alternativa de retorno mais elevado. Em resumo, o custo não era insignificante, muito longe do zero imaginado por nosso executivo.

O custo de estoques de petróleo não se encerra após o pagamento dos valores contábeis de sua produção. A empresa está deixando de vender o produto renunciando a uma receita; é o custo de oportunidade, o custo econômico da manutenção.

O capital empregado possui custo de oportunidade maior do que zero dado pelo retorno obtido em sua melhor alocação. Assim, é custosa a manutenção de estoques e, normalmente, as empresas procuram manter o mínimo possível. Em lugar de financiar estoques ou manter a propriedade de um prédio luxuoso, o capital poderia ser realocado para o emprego numa alternativa de maior retorno.

No caso dos combustíveis, a variável chave também não é o custo contábil, mas o custo econômico.

Se a produção local não é suficiente para atender à demanda, o relevante para sua precificação é o custo de importar para complementar a oferta do produto para os consumidores. Esse custo é o que se denomina de "preço de paridade de importação", o custo de um barril adicional do combustível, igual ao preço internacional mais os custos de frete marítimo e de internação no Brasil convertido para nossa moeda pela taxa de câmbio real/dólar americano, ou seja, o custo em reais de uma unidade adicional do combustível.

A Petrobras, mesmo quando tinha 98% da capacidade do refino do País, enfrentava a partir de 2017 a competição das importações. Se os preços domésticos estão acima da paridade, os importadores privados são incentivados a importar porque ganharão mais dinheiro – o preço será superior ao custo econômico e o lucro econômico será positivo – e competirão por fatias de mercado com a Petrobras. Na competição pela conquista de parcelas do mercado, as importações se manterão até que o preço doméstico iguale o preço de paridade, o custo de oportunidade.

No caso de preços abaixo da paridade, as importações de empresas privadas tendem a desaparecer pois não desejarão operar com prejuízo econômico e a Petrobras, guiando-se pela lógica do abastecimento, será obrigada a fechar o hiato entre oferta e demanda, importando mais com prejuízo certo. A Petrobras tenderá a ficar com 100% do mercado. Caso a companhia não importe, haverá desabastecimento.

O PPI não se origina de dogma religioso, invenção de algum gênio do mal ou radicalismo ideológico, é simplesmente a lógica econômica aplicada aos negócios, que muitos equivocamente se recusam a aceitar. Trata-se da aplicação de um conceito básico que os economistas aprendem no jardim de infância de sua formação.

Se é um produto que o Brasil é exportador, o custo de oportunidade é a remuneração que se obteria exportando uma unidade adicional em lugar de direcionar sua venda para o mercado interno. Desse modo, o preço doméstico será igual ao preço internacional em dólares traduzido para reais, não se computando o frete marítimo e os custos de internação como acontece quando o país é importador.

Tomar decisões fundamentadas somente no custo contábil leva a prejuízos. O que importa para a empresa é o lucro econômico, receita menos o custo econômico, e não o lucro contábil divulgado nos balanços, receita menos o custo contábil.

O "abrasileiramento" dos preços de combustíveis tem sido empregado por longos períodos na Petrobras, especialmente entre 2011 e 2014, com efeitos desastrosos.

De acordo com estimativas do economista José Mauro de Moraes, do IPEA, o prejuízo da Petrobras com os preços subsidiados de combustíveis nesse período foi de US$ 41,4 bilhões[72].

As perdas não se restringiram à companhia, penalizando também o governo, que renunciou à receita tributária e aos dividendos, e a economia como um todo, pois a considerável perda daquele período fez falta para o financiamento de investimentos que gerariam empregos e renda e provocou prejuízos para a indústria do etanol. Esses subsídios são também antidemocráticos, porque implicam abandono de receita que seria canalizada, pelo menos parcialmente, para os cofres públicos, sem que o assunto tenha sido submetido à aprovação pelo Congresso Nacional.

Ademais, quando um governo controla preços emite um sinal muito negativo para os mercados, o que terá impacto sobre as expectativas a respeito do comportamento de variáveis

---

72. MORAES, José Mauro de. Riscos e Prejuízos no Controle de Preços de Combustíveis. In **Jornal Valor Econômico**. 2 de maio de 2024. Disponível em https://valor.globo.com/opiniao/coluna/riscos-e-prejuizos-no-controle-de-precos-dos-combustiveis.ghtml mediante assinatura.

macroeconômicas, como taxa de juros, câmbio, taxa de inflação e investimentos, pois deteriora a confiança dos agentes econômicos na política econômica. A falta de confiança e a incerteza são filhas da intervenção do Estado na economia.

Em troca de todo esse estrago, consumidores, independentemente do nível de renda, foram subsidiados e estimulados a consumir mais combustíveis fosseis, enquanto numa evidente inconsistência, se prega a favor da descarbonização

O bom senso nos ensina que não devemos repetir erros cometidos no passado, particularmente os que foram devidamente documentados.

Mesmo que o Brasil construa mais refinarias e se torne exportador líquido de combustíveis, não conseguirá se ver livre da paridade com preços internacionais se não desejar acumular prejuízos econômicos. O custo de oportunidade será o preço do mercado internacional: vender abaixo dele importa prejuízo econômico.

A única diferença é que o nível de preços domésticos cairá um pouco, pois o custo de internação representa em média pouco menos de 10% do preço de paridade de importação, no caso dos combustíveis. Porém, se preço da gasolina no mercado internacional subir, o preço doméstico deverá acompanhar, aumentando também.

Conquistar a autossuficiência no mercado de combustíveis através de investimento da Petrobras em novas refinarias é aumentar o tamanho do problema. Enquanto nosso programa de desinvestimento de refinarias procurava eliminar o monopólio estatal, a autossuficiência buscada dessa forma é consolidar o poder de monopólio da Petrobras.

Com capacidade de suprir 100% da demanda interna por combustíveis, a Petrobras pode praticar preços abaixo do mercado internacional sem risco de desabastecimento.

Os mercados de commodities são globais e o Brasil é um grande exportador. Os preços internos de todas elas, minério de ferro, soja, óleo de soja, milho, açúcar, café, carnes e tantos outros seguem a mesma lógica econômica, tendem a ser iguais aos preços internacionais.

O preço doméstico do trigo, produto que o Brasil importa, é determinado segundo parâmetros semelhantes aos dos combustíveis. O pãozinho da padaria também é afetado pelos preços internacionais, o que revela quão simplória é a ideia de precificar combustíveis tal como supostamente faz o padeiro. Embora não o faça conscientemente, este leva em conta o preço de paridade de importação do trigo, embutido no preço da farinha que usa como matéria prima na panificação.

Submeter-se a mercados internacionais não é uma questão de nacionalismo, é simplesmente se comportar de acordo com a realidade. Querer criar um mundo paralelo custa muito caro para a sociedade, especialmente para os que se quer proteger.

Não existe preço justo, como alguns argumentam, até porque não há definição exata do que é "justo": trata-se de juízo de valor, que depende de cada situação e da opinião de quem julga. Quando se tem uma commodity global e se promete preços diferentes dos do mercado global, sejam lá quais forem os critérios adotados, no mínimo produzem-se incertezas.

Preço é preço, é o preço de mercado.

Os mercados de commodities não são locais, são globais, e os preços são determinados pela oferta e demanda global em milhões de transações que os agentes econômicos realizam, diariamente. As forças de mercado é que conduzem a equalização dos preços domésticos aos preços internacionais.

Outra alegação para o controle de preços dos combustíveis é a contenção da inflação. Há várias décadas o controle de preços passou a integrar o museu das armas anti-inflacionárias aposentadas porque não funcionavam.

Os tempos de controles de preços pertencem à história.

Manchete na primeira página do Jornal do Brasil, de 10 de outubro de 1986, "Governo endurece e pega boi no pasto", mostra um Ministro da Fazenda radiante com a operação realizada, segundo suas palavras, supostamente com bom senso e inteligência: "Fomos buscar dois mil bois e trouxemos dois mil". Não percebia que as raízes de um processo hiperinflacionário estavam sendo plantadas sem encontrar restrições, pois pegar boi no pasto, baixar na marra preços de combustíveis e energia ou adotar controle generalizado de preços nunca terão sucesso no combate à inflação.

Altas de preços de combustíveis são mudanças de preços relativos, alguns produtos se tornaram mais caros do que os demais. O impacto se restringe à elevação no curto prazo dos índices de inflação. Mas, tudo o mais constante, é um efeito temporário.

Não se pode confundir mudança de preços relativos com inflação. Inflação é a elevação contínua e generalizada do nível geral de preços na economia. É sempre um fenômeno monetário, aqui no Brasil ou qualquer outro lugar do mundo, afirmação que encontra suporte na evidência empírica de muitos anos de experiência.

De tempos em tempos circulam sugestões de como proteger os consumidores da elevação de preços de combustíveis e a principal delas é a criação de fundo de estabilização. A ideia parece muito atraente: se o preço subir, o fundo subsidia; se o preço cair, o fundo recebe de volta.

Existem, no entanto, alguns problemas com essa proposta.

Um dos papéis desempenhados pelo sistema de preços é o de sinalizador para os agentes econômicos, incentivando tanto o consumidor como o produtor a diminuir ou aumentar o consumo/produção de um determinado bem ou serviço.

O mecanismo de estabilização apaga esse farol importante para o funcionamento de um mercado, aleijando o sistema de preços e abrindo as portas para o desperdício de recursos.

Fundos administrados por governos não são instrumentos novos, tendo sido empregados desde muito tempo para estabilização de preços de produtos agrícolas em países africanos. Sua história é marcada por fracassos, sobretudo porque os governos são péssimos administradores. É frequente constatar que fundos desse tipo permanecem intactos ou sua destinação original sofreu desvios relativamente ao objetivo para o qual foram criados, além de possuírem estruturas inchadas pelo excesso de funcionários em sua administração.

Como disse Milton Friedman: "Se entregarmos a administração do deserto do Saara para o governo em cinco anos faltará areia".

Alguns propõem como solução a tributação sobre a exportação de petróleo. A taxação sobre exportações será absorvida pelos exportadores de petróleo, dado que o Brasil não possui poder para determinar preços no mercado global, não sendo possível exportar imposto. Se tentarmos exportar, o mercado responderá, contraindo a demanda por nossas exportações. No petróleo, somos os que os economistas chamam de *price takers*, ou seja, tomadores de preços no mercado internacional.

Nessa circunstância não existirá ganho nas relações de troca do Brasil com o exterior e, portanto, não há impacto sobre a renda real. Haverá uma redistribuição de renda dos produtores de petróleo para a cadeia de produção, refinarias, distribuidoras e rede de postos de serviço, não sendo claro se o benefício será repassado para os consumidores finais.

A solução mágica acabará por desestimular investimentos na exploração e produção de petróleo, não se limitando a novos campos, mas seu impacto negativo se estenderá também para a revitalização de campos maduros. Em troca de benefícios para as refinarias teremos menos investimentos na matéria-prima dos combustíveis, o petróleo.

A Argentina é a campeã mundial de impostos de exportação, utilizando a receita da taxação sobre a agropecuária e mineração para uma série de outros objetivos, inclusive subsidiar a indústria. Sua história econômica dos últimos 70 anos demonstra quão equivocadas podem ser políticas como essas guiadas pelo populismo. O setor de recursos naturais foi prejudicado e desestimulado a crescer enquanto a indústria de transformação permaneceu atrasada e com baixa produtividade.

O imposto de exportação ajudou a enriquecer poucos em troca do empobrecimento de muitos.

Durante nossa gestão, os preços internos de combustíveis foram guiados pelos preços internacionais. Os reajustes foram realizados em intervalos variáveis, nunca alterações diárias, e o que funcionava para cima também se aplicava para baixo.

Diante de notícias de eventos inesperados, como costumam ser os associados a geopolítica, os preços internacionais ficam mais voláteis. Não reagíamos imediatamente. Em eventos pontuais desse tipo, o aumento de volatilidade tende a refletir movimentos de traders, comprando e vendendo na tentativa de descobrir um preço consistente com um novo cenário. Esse processo é conhecido como descoberta do preço (*price discovery*), cuja duração é variável. Quando as notícias cessam, a volatilidade tende a se reduzir e a voltar ao seu nível anterior[73].

Esperávamos durante algum tempo para observar a evolução da volatilidade até que ela se acalmasse e ficasse clara a direção tomada pelo mercado para decidir se ajustávamos ou não os preços e em que magnitude. A duração da descoberta variava em geral de três a dez dias, mas isso não significa que é algo previsível.

São eventos distintos das tendências, como o processo de alta de preços que se deu de outubro de 2021 a junho de 2022, influenciado pela recuperação pós pandemia da economia global e guerra da Rússia contra a Ucrânia.

Tal fenômeno não pode ser utilizado como justificativa para manter os preços domésticos inalterados diante de uma alta dos preços internacionais. O ajuste posterior para tentar eliminar o hiato entre o preço internacional e o preço doméstico pode gerar dois problemas.

O primeiro é que a correção necessária para fechar o hiato pode ser algo na casa dos dois dígitos, o que causa um choque para o consumidor e é fonte de pressões políticas sobre a Petrobras.

O segundo é a perda de receita durante o período em que os preços domésticos ficaram abaixo dos preços internacionais. O ajuste pode fechar completamente o hiato, mas a receita perdida não será recuperada jamais. A única opção para tentar evitar essa perda é manter os preços internos acima dos preços internacionais por um bom tempo, o que não é trivial.

---

73. Para uma breve discussão técnica sobre volatilidade de preços, veja "Risk and Volatility: Econometric Models and Financial Practice", de Robert Engle, publicado na "American Economic Review", volume 94, número 3, páginas 405 a 420, publicada por 2004.

A atual política de preços da Petrobras tem justamente como seu principal defeito deixar que os preços domésticos permaneçam abaixo dos internacionais durante um período relativamente longo, abandonando dinheiro "em cima da mesa" durante um bom tempo e que nunca será recuperado.

Por sorte, a volatilidade de preços internacionais caiu em 2023 e mais acentuadamente em 2024, concorrendo para que uma política desse tipo acarrete perdas menores. A volatilidade, medida pelo desvio padrão das variações diárias do preço do petróleo Brent, foi de 1,7% em 2023 e 1,2% entre janeiro e abril de 2024, contra 1,9% em 2021 e 2,5% em 2022.

Ao praticar preços inferiores ao determinado pela PPI, a Petrobras comprime as margens das poucas refinarias privadas, desestimulando o investimento no Brasil.

Uma das implicações negativas do uso de critérios não econômicos na determinação de preços de combustíveis está no impedimento do emprego pela iniciativa privada de instrumentos de mercado para a proteção contra a volatilidade dos preços.

Grandes consumidores, como ferrovias, companhias aéreas e distribuidoras de combustíveis, poderiam usar os mercados futuros para se proteger da volatilidade, mas não o fazem diante da incerteza gerada pela intervenção estatal. Esta acaba sendo bancada pela Petrobras, com perdas para a companhia e a economia como um todo.

## CAPÍTULO 10
# Privatizar é preciso

Durante sete anos foi realizado, em diferentes fases com maior ou menor intensidade, um trabalho de reestruturação da Petrobras cujos frutos foram muito bons.

A companhia conseguiu se recuperar, seu endividamento foi normalizado, os custos são menores, possui mais eficiência, desenvolve bons projetos de investimento, as inovações estão fluindo e sua governança foi reconstruída e fortalecida.

Entretanto, desde 2023 os ventos sopram em direção oposta. A governança foi enfraquecida, a influência do governo aumentou muito, a gestão do portfólio foi congelada, parece que a ideia de reconstruir o conglomerado está prosperando, controle de custos e alocação eficiente do capital não são mais prioridades e a política de preços contém espaços para a realização de prejuízos econômicos. Os preços estimulam o consumo de combustíveis fósseis contrastando com o discurso ambientalista.

O compromisso com o desinvestimento de refinarias foi revogado pelo CADE baseado numa argumentação frágil que não justifica sua opção em favor do poder de monopólio, uma enorme contradição para uma agência de defesa da competição.

O Brasil não sabe copiar as coisas que deram certo em outros países. Tampouco aprende com o que deu errado, aqui e no exterior. O resultado disso é que experiências fracassadas do passado tendem a se repetir.

Há décadas, a Petrobras, uma organização rica em capital humano e ativos físicos, é uma nau sem rumo, vagando pelos mares ao sabor dos ventos soprados pelo governo da ocasião e correndo o risco de naufrágio, que quase se materializou há dez anos.

O fato de ser uma sociedade de economista mista é um grande complicador e facilita a compreensão da história da Petrobras, pois esse arranjo híbrido é estruturalmente insustentável.

De um lado, seus gestores têm que atender aos interesses dos acionistas privados, detentores de quase dois terços do capital, demandando maximização de valor.

De outro, está seu controlador, o Estado brasileiro, representado pelo governo e os políticos que se acham donos da companhia. Tendem a ignorar os interesses privados e a requerer a execução de supostas políticas públicas, o que não é nem nunca foi atribuição da empresa.

O entendimento desses "donos" sobre responsabilidade social é completamente distinto de como vemos o assunto. Para eles, a responsabilidade social da Petrobras deve ser exercida pela manutenção de preços abaixo dos de mercado e a realização do máximo de investimentos de maneira independente dos riscos, da rentabilidade esperada e de serem financiáveis ou não. Em resumo, é atuar como um órgão da administração federal: mal gerido, mas com um orçamento multibilionário que algum dia pode virar pó.

Ser grande é o que interessa, a saúde não importa. A prioridade é atuar como "indutora do desenvolvimento industrial", o que nunca foi, basta olhar para o fracasso da indústria naval, nem nunca poderá ser numa economia com a complexidade da brasileira.

Nenhuma análise séria, apartada de ideologia e com um mínimo de profundidade, é efetuada para avaliar os custos e benefícios sociais de políticas dessa natureza, implementadas a partir de uma crença equivocada. Simplesmente se põe em risco patrimônio público e privado sem maiores explicações e fundamentos sólidos.

Basta um discurso em prol de uma enganosa responsabilidade social para desvalorizar o patrimônio público, na medida que os preços das ações da sociedade de economia mista se desvalorizam.

Desvalorizar patrimônio público não é exatamente uma política pró-responsabilidade social.

Ao lado das ingerências políticas, são muitas as amarras burocráticas de uma sociedade de economia mista, independentemente de seu tamanho.

Investimentos em publicidade são submetidos obrigatoriamente à Secretaria de Comunicação da Presidência da República. Esta não se restringe a avaliar a peça publicitária, pressionando às vezes por aumento de gastos e pela veiculação da campanha em órgãos da mídia que mais lhe interessam. Em resumo, é um canal para politização, avançando sobre assuntos privativos da gestão da empresa.

Outro problema é a SEST. Funcionários públicos sem nenhuma experiência em gestão de empresas agem de maneira autoritária, tentando interferir em assuntos internos e desconsiderando até mesmo o Conselho de Administração, onde estão membros indicados pelo mesmo governo ao qual estão subordinados.

Diferentemente da Lei nº. 13.303, a SEST não distingue entre empresas públicas, onde o Estado é dono de 100% do capital, e sociedades de economia mista de capital aberto. Consequentemente, impõe restrições que fariam sentido numa empresa 100% estatal, mas certamente não numa companhia de capital aberto.

O autoritarismo e o espírito burocrático prevalecem sobre os interesses dos acionistas, desrespeitando a lei e o Conselho de Administração.

Uma sociedade de economia mista é obrigada a seguir as regras de contratação determinadas pela lei, adicionando lentidão e diminuindo flexibilidade.

Por exemplo, o processo de desinvestimento de um ativo é bastante lento por ter que obedecer às regras estabelecidas pelo TCU.

Apesar da submissão às regras da CLT, a estabilidade no emprego, distorção introduzida pelo Judiciário, é a principal inimiga da produtividade e uma grande limitadora da gestão de custos.

Essas normas deixam a Petrobras com controle estatal impossibilitada de realizar seu potencial e em considerável desvantagem relativamente às empresas privadas com quem concorre no mercado global de petróleo.

Como ter uma companhia vencedora cujos principais executivos mudaram ao longo de 70 anos em média a cada 20 meses, de acordo com os interesses políticos do chefe do Poder Executivo? Dez CEOs nos últimos dez anos? Essa tem sido a história da Petrobras ao longo de sua existência.

Nenhum presidente da Petrobras é demitido por ter apresentado desempenho gerencial sofrível. Sua demissão é dada por questões de natureza política.

O equilíbrio entre as duas forças, Estado e iniciativa privada, é inviável, tornando o modelo híbrido insustentável.

Em minha opinião, existem duas opções para o futuro da Petrobras: estatizar ou privatizar.

Estatizar implica recomprar as ações de propriedade de acionistas privados e fechar o capital. Resultaria certamente em enorme desperdício de recursos, uma opção desastrosa em termos alocativos e das finanças públicas, com a dívida pública brasileira se constituindo numa das maiores entre as economias emergentes.

Propriedade estatal de uma empresa de petróleo é, com certeza, má alocação dos recursos escassos da sociedade, desprezando a existência de opções que oferecem retornos sociais muito mais elevados. Segurança pública, saúde, educação básica, defesa, abatimento de dívida pública, são muitas.

Na América Latina, empresas como YPF (Argentina), YPFB (Bolívia), PDVSA (Venezuela) e a PEMEX (México) não são definitivamente bons exemplos a serem seguidos.

Privatizar é de longe a melhor solução. Livre dos grilhões do Estado, a Petrobras poderia fazer muito mais pela economia brasileira. Deixaria as páginas de política da mídia para frequentar somente as de economia e finanças.

Alguns alegarão que a empresa é muito grande. Supostamente, isso inviabilizaria a privatização ou requereria a repartição em várias outras, um processo trabalhoso e demandante de anos de trabalho. Outros são contrários porque creem que corresponderia à transferência de monopólio para a iniciativa privada.

O argumento em favor do fatiamento tem como base uma visão do passado, quando a Petrobras era um conglomerado típico. Como vimos, os desinvestimentos realizados desde 2015 acabaram com o conglomerado.

A menos que o governo imponha a manutenção de preços abaixo do mercado, a Petrobras não possui poder de determinação de preços de combustíveis, que dependem do comportamento da oferta e demanda global, tal como as demais commodities.

A nova empresa deveria se comprometer a vender, em um prazo máximo de 24 meses, as ações do TBG (51% do capital), ações da Braskem, quatro refinarias (REFAP, REPAR, REGAP e RNEST) e não renovar os contratos de compra de gás de seus parceiros no Pré-sal. Os privilégios detidos pela Petrobras em leilões de campos do Pré-sal deveriam ser eliminados.

"Como privatizar?", perguntariam alguns.

Minha recomendação é vender as ações de propriedade do Estado mediante oferta pública global realizada em duas tranches, seguindo o modelo da privatização da Vibra (antiga BR Distribuidora). Na venda da primeira tranche, a tênue maioria estatal nas ações com direito a voto deveria ser eliminada.

É um modelo mais simples, mais impessoal e democrático. Dificilmente alguém poderá contestar afirmando que a Petrobras foi vendida a "preço de banana".

O resultado da aplicação desse modelo será uma companhia com capital pulverizado, sem controle definido, uma verdadeira *corporation*. Nenhuma das cinco maiores empresas privadas de petróleo do mundo possui um "dono".

Para mitigar o risco de que no futuro venha a ter um dono, poderia ser introduzida em seu estatuto uma cláusula, uma espécie de "pílula de veneno". Um acionista que passe a ter a propriedade, direta e/ou indireta, de um percentual do capital igual ou superior a certo percentual das ações, 10% por exemplo, seria obrigado a comprar com ágio o restante do capital até alcançar os 100%.

Para o bem dos brasileiros, espero que o sonho vire realidade.

# AGRADECIMENTOS

A vida corporativa cobra preços elevados de executivos. O principal deles é o sacrifício do tempo que poderia ser dedicado à família. Muitas horas de trabalho diário, fins de semana, viagens, um executivo está ligado 24/7. A preocupação em vencer desafios profissionais e desempenhar com excelência nossas funções inevitavelmente nos afastam do convívio familiar.

Dedico meu agradecimento especial à minha mulher Renata pela compreensão e apoio ativo, me dando força nos momentos mais difíceis e conselhos que se mostraram extremamente úteis, apesar de inicialmente não ter ficado feliz com meu retorno à posição de executivo, logo numa empresa tão complexa como a Petrobras.

O incentivo da família é fundamental. Minha irmã, minhas filhas e enteadas, genros, netos e Niki e Maricota, as westies de quem tanto gostamos, foram importantes para que eu mantivesse a alegria de trabalhar ao longo de toda a jornada.

Meus agradecimentos ao amigo Paulo Guedes pela confiança em mim depositada quando me indicou para o cargo de presidente da Petrobras. Agradeço também ao Almirante Leal Ferreira, presidente do Conselho de Administração da companhia, e ao ministro da Minas e Energia, Almirante Bento Albuquerque, pelo apoio que me deram.

Murilo Ferreira me convidou para o Conselho de Administração da Petrobras em 2015, início de minha trajetória no relacionamento com a companhia e útil para aprofundar meus conhecimentos.

Não poderia deixar de agradecer a Salim Mattar e a Carlos Geraldo Langoni, pelos estímulos e conselhos quando exerci a

Presidência da Petrobras. Langoni foi um notável brasileiro que a pandemia levou prematuramente, líder de uma geração de economistas, da qual me orgulho de fazer parte e de ter sido seu aluno.

Agradeço sem exceção a todos que aceitaram viver comigo a experiência na Petrobras, empregados concursados e temporários, cujo êxito pertence a cada uma (um) delas (es). Todos, de gerentes executivos a supervisores, foram resilientes, guerreiros incansáveis, dedicados a lutar para fazer o melhor. Os erros foram todos meus.

Andrea Almeida, Anelise Lara, Carlos Alberto Pereira de Oliveira (CAPO), Roberto Ardenghy, André Chiarini, Rudimar Lorenzatto, Rodrigo Costa, Marcelo Zenkner e Nicolás Simone fizeram um trabalho extraordinário, contribuindo para que a nossa jornada fosse vitoriosa.

Agradeço também a Lauro Cotta, consultor da Presidência, que empregou sua longa experiência como CEO para nos ajudar com ideias relevantes e construtivas.

Finalmente, meu muito obrigado aos analistas que cobriam a Petrobras por sua contribuição positiva e pela homenagem que me prestaram por ocasião da última videoconferência que apresentei para divulgação do desempenho de 2020.

As contribuições de cada um deles me proporcionaram a oportunidade de transmitir a experiência na Petrobras neste livro, o que me deu prazer especial.

Especificamente para sua elaboração várias pessoas foram relevantes.

Claudio Costa, André Chiarini, Marcelo Klujska (MK), Bruno Dias, Carla Albano, Monica Ferreira, Olinta Cardoso, Alexandre Leite, Adriano Levi, Sergio Abramant, Robert Nunes, Nicolás Simone e o Coronel Diógenes Dantas Filho tiveram participação importante em minha gestão na Petrobras e ajudaram bastante com seus comentários e a rememoração de detalhes de algumas passagens.

José Júlio Senna, Fernando Veloso, José Fuchs, Lauro Cotta, Carlos Alberto Pereira de Oliveira e Bruno Rodrigues foram incentivadores do livro e muito importantes com suas sugestões e revisão dos textos.

## DISCLAIMER

Os dados utilizados neste livro são públicos e podem ser encontrados nos sites da Petrobras, das grandes empresas privadas de petróleo, de instituições como a IEA, EIA, IAEA, AFPM, FGV, ANP, EPE, Bloomberg e outras publicações especializadas.

## ANEXO I

Carta aos acionistas de 24 de fevereiro de 2021, a última de minha gestão na Presidência da Petrobras. Foi uma prestação de contas de minha atuação para os verdadeiros donos da companhia.

*Caros acionistas,*

Estou muito feliz em apresentar o relatório de desempenho da Petrobras em 2020, com uma performance excepcional em um ambiente desafiador.

Em meio à severa recessão global e aos efeitos de um grande choque sobre a indústria do petróleo, prometemos estruturar uma recuperação em J. A meta foi sair da crise melhor do que antes.

Entregamos nossas promessas.

Custos foram significativamente reduzidos e configurados para permanecerem em trajetória descendente, a produtividade está subindo, a companhia focada em investir em ativos de classe mundial e possui uma grande carteira de ativos não prioritários à venda.

Estamos muito orgulhosos do nosso time pela rápida e eficiente resposta à crise do petróleo. Nossos empregados trabalharam incansavelmente para vencer, nas áreas corporativas e em suas casas, e o pessoal operacional nas refinarias, plantas industriais, campos terrestres e plataformas de óleo e gás no mar.

A execução da estratégia lançada em janeiro de 2019 foi acelerada, a transformação digital deu extraordinário suporte aos esforços para cortar custos e melhorar a eficiência e a segurança das operações. Os times ágeis e multidisciplinares, que se multiplicaram velozmente, foram instrumentais para alavancar nossos recursos e a resiliência.

A produção de óleo e gás alcançou recordes históricos de 2,84 MMboed, enquanto muitos de nossos concorrentes globais reduziram a produção. A maior parte de nossa produção – cerca de 66% – veio dos campos do Pré-sal, com custo médio de extração (lifting cost) de US$ 2,50 por barril de óleo e gás equivalente (boe). Essa evolução *significou óleos de melhor qualidade vendidos com prêmio em relação ao Brent, bem como menores emissões de gases de efeito estufa (GEE).*

*O lifting cost total médio, de US$ 5,20/boe em 2020, caiu 42,2% em relação à média de 2015-2019, de US$ 9,0/boe.*

*O custo total de extração do petróleo caiu US$ 2,0 bilhões e do refino em US$ 400 milhões.*

*As exportações de petróleo e óleo combustível também atingiram recordes históricos. As vendas de petróleo cresceram 33% e as marcas Tupi e Búzios foram consolidadas entre os clientes asiáticos.*

*Nosso time de marketing e vendas continua a desenvolver iniciativas para ampliar a diversificação geográfica e por cliente. Em 2020, foram adicionados quatorze novos clientes internacionais à clientela da companhia.*

*As exportações de óleo combustível aumentaram 45,9%, principalmente devido à bem-sucedida venda de óleo combustível com baixo teor de enxofre para o mercado de Singapura, um hub global da navegação marítima.*

*Novas incursões revestidas de sucesso foram realizadas no mercado doméstico de nafta, propano, etano e coque.*

*A Petrobras passou a ter uma política comercial, sendo a precificação de produtos somente um de seus componentes.*

*Refletindo nosso foco no cliente, um novo tipo de gasolina com melhor desempenho foi introduzido no mercado. A produção e vendas de diesel S10, com baixo teor de enxofre, aumentaram no ano passado e aguardamos licença governamental para iniciar a produção e comercialização de diesel renovável.*

*Este produto reduz em 70% as emissões de GEE em relação ao diesel regular e em 15% quando comparado ao biodiesel, sendo muito mais amigável aos motores diesel. Será o primeiro produto de uma nova linha de biocombustíveis, que compreenderá o BioQAV (querosene de aviação).*

*Para ampliar o menu de opções para clientes, o time de marketing e vendas está conduzindo leilões para entrega futura de combustíveis em alguns locais específicos.*

*Enquanto os preços de petróleo desabaram, caindo 35%, nosso fluxo de caixa operacional (FCO) aumentou em 13% e o fluxo de caixa (FCL) em 20%.*

*O FCO foi de US$ 28,9 bilhões, o maior dos últimos dez anos, mesmo comparando com o período de preços do petróleo por volta de US$ 100,00 por barril, mais do que o dobro do preço médio do ano* *passado, de US$42,00. Quando comparamos com as grandes empresas privadas globais de petróleo ("majors"), a Petrobras foi a única que mostrou aumento em um cenário tão desafiador.*

*O FCL de US$ 22,1 bilhões (US$ 24,1 bilhões se computarmos os desinvestimentos) foi um marco histórico para nossa companhia. Foi mais elevado do que qualquer uma das "majors" e quase oito vezes maior do que a média do grupo, de US$2,8 bilhões.*

*Consistente com o foco na meritocracia, começamos em 2019 a implementar o @EVA como ferramenta de gestão.*

*A força da geração de caixa e a alocação mais eficiente do capital foram os fatores determinantes do aumento de US$ 2,3 bilhões no EVA relativamente a 2019.*

*A geração de caixa permitiu continuar a desalavancar o balanço da Petrobras. A dívida total foi reduzida em US$11,6 bilhões, de US$ 87,1 bilhões em 2019 para US$ 75,5 bilhões, o que dadas as condições adversas foi outra grande conquista.*

*O endividamento líquido de US$ 63,2 bilhões no final de 2020, foi US$ 15,7 bilhões inferior à posição de 31 de dezembro de 2019.*

*Houve queda substancial nas despesas com juros que já vêm exibindo tendência decrescente. Os juros pagos por barril de óleo produzido foram de US$ 3,80 em 2020, contra US$ 7,80 em 2015 e a média de US$ 7,70 no período 2015-2019.*

*O gasto total com juros, de US$ 3,2 bilhões em 2020, representa dramática mudança quando comparados aos mais de US$7,0 bilhões anuais no passado recente, o suficiente para financiar com sobras o investimento na construção de um sistema de produção em alto mar com capacidade de 150.000 a 180.000 mil bbl/d.*

*Menor endividamento e pagamento de juros são críticos para melhorar a percepção de risco da companhia e liberar recursos a serem investidos em ativos de classe mundial, particularmente em um negócio intensivo em capital, como o do petróleo.*

*Nos últimos dois anos, os custos de perfuração e completação de poços foram reduzidos em 36%. Passamos a empregar novas ferramentas de inspeção de dutos submarinos para viabilizar a diminuição dos custos e o aumento da produção de petróleo.*

*A tecnologia de digital twins, o uso de analítica avançada e inteligência artificial para reproduzir em tempo real a operação de uma refinaria, foi implementada com sucesso. Conseguimos receita adicional de quase US$200 milhões pela otimização operacional.*

*Iniciou-se um programa para obter significativo aumento da eficiência energética. O consumo de energia é um dos principais componentes do custo do refino e a iniciativa será capaz reduzir custos e emissões de GEE.*

*As operações navio para navio (ship-to-ship), realizadas por nossa subsidiária Transpetro, cresceram 66% em relação ao ano anterior e a disponibilidade da frota marítima aumentou para 99,2% na segunda metade de 2020, contra 90% no fim de 2019.*

*Os estoques de bens foram reduzidos, alcançando o menor nível desde 2011 e ao mesmo tempo o estoque de petróleo diminuiu em oito milhões de barris num movimento para eliminar ineficiências e a realocar capital para usos melhores.*

*Na mesma direção, colocamos à venda 50.000 toneladas de sucata e 550 ativos imobiliários.*

*Mais de 11.000 empregados se inscreveram nos diversos programas de desligamento voluntário, dos quais 6.100 já deixaram a empresa e cerca de 5.000 o farão em 2021.*

*Quase 1.500 posições gerenciais foram eliminadas, enquanto o uso da transformação digital e robotização proporcionaram significativa redução de demanda por serviços terceirizados.*

*Vários prédios administrativos foram desocupados, totalizando 14 dos 23 existentes no início de 2019, restando apenas 9. O número de escritórios fora do Brasil caiu para 4 contra 18 há dois anos. Ao mesmo tempo, o número de expatriados sofreu um corte de 70%.*

*A racionalização do uso de espaço vem sendo facilitada pela diminuição do número de empregados. No futuro, quando nos sentirmos mais seguros, outro fator será a adoção do regime híbrido de trabalho. A pandemia revelou que novas formas de trabalhar são necessárias para sobreviver e prosperar num mundo movido pela tecnologia.*

*Como em outras companhias no mundo, o teletrabalho (home office), possibilitado pela revolução digital, contribuiu para mitigar a transmissão da COVID, gerou considerável aumento de produtividade e queda nos custos, embora parte dos ganhos sejam temporários.*

*Nossa universidade corporativa foi reestruturada para se tornar um instrumento que contribua efetivamente para a criação de valor, mais leve e com programas de treinamento alinhados às prioridades estratégicas da companhia. Tratamento semelhante foi aplicado ao CENPES, nosso centro de pesquisa, o maior da América Latina.*

*A integração das diferentes áreas da Petrobras tem sido uma de nossas diretrizes dentro do objetivo central de termos uma só Petrobras e não um arquipélago de ilhas atuando de forma autônoma.*

*Foi desenvolvido um programa de sucessão, suportado pela formação de nova geração de líderes, mentorias e a identificação de jovens talentos, que consideramos extremamente importante para o futuro da companhia.*

*O plano de saúde, antes uma fonte de altos custos e reclamações, está sendo reestruturado, perseguindo ganhos de eficiência, menores custos e melhor qualidade dos serviços.*

*O fundo de pensão de nossos empregados, a PETROS, graças à combinação má gestão-corrupção até 2014, possuía um déficit de R$36,5 bilhões, o maior da história da previdência complementar no Brasil, um triste recorde.*

*Contratamos gestores profissionais e um novo plano de cobertura de déficits foi aprovado e implantado ainda em 2019. Em janeiro de 2021, um plano de contribuição definida foi aprovado pelo órgão regulador. A PETROS é hoje muito mais saudável.*

*Desde janeiro de 2019 concluímos transações de desinvestimento no valor de aproximadamente US$ 20 bilhões. Atualmente, temos cerca de cinquenta ativos em diferentes estágios do processo de desinvestimento. Cinco refinarias, a Gaspetro e diversos campos maduros de petróleo chegaram à etapa final para assinatura de contratos de compra e venda.*

*Nesses dois anos investimos US$ 35 bilhões, em grande parte em exploração e produção de petróleo e gás em águas profundas e ultraprofundas, nosso foco estratégico.*

*A aquisição dos direitos para exploração e produção dos campos de Búzios, Itapu e Aram contribuirá para expandir e melhorar a qualidade de nossas reservas de petróleo, fonte de sustentação de nosso negócio e adiciona ao portfólio ativos de classe mundial, com longa vida, baixos custos operacionais, baixo risco e elevado retorno esperado.*

*O programa de desinvestimentos, além de contribuir para a redução do endividamento, tem ajudado a melhorar a alocação de capital, na medida em que realocamos recursos de ativos com baixo retorno para outros com alto retorno esperado.*

*O projeto básico para a construção de uma nova geração de plataformas (FPSOs) encontra-se finalizado. Treze novos FPSOs entrarão em operação entre 2021 e 2025, sendo que oito já estão com a construção próxima da conclusão.*

Uma série de projetos está sendo desenvolvida com o objetivo de minimizar o risco exploratório, reduzir consideravelmente o tempo entre a descoberta de um campo de petróleo e o início da produção e minimizar custos de perfuração de poços, entre outros.

O projeto HISEP está em estágio avançado. Permite a separação e reinjeção de $CO_2$ nos poços de petróleo no fundo do mar, concorrendo para reduzir custos de investimento e produção e a emissão de carbono.

Esses projetos melhorarão a resiliência de nosso portfólio para preços de petróleo muito baixos e permitirão a exploração de novos campos do Pré-sal com altas concentrações de $CO_2$ e uma operação mais sustentável de óleo e gás com cada vez menores emissões.

A transformação digital é apoiada por treinamento, transformação cultural e melhora de infraestrutura. A aquisição de supercomputadores e a migração para a nuvem multiplicou por vinte a capacidade computacional de alta potência, fundamental para a resolução de algoritmos mais complexos, aprendizado de máquina e inteligência artificial.

Ao mesmo tempo, estamos implementando o SAP S/4 Hana para simplificar, digitalizar e integrar processos de modo a permitir ganhos de produtividade em toda a companhia.

Dois centros de excelência foram criados, um dedicado à metodologia ágil e outro para robotização e digitalização de processos. Juntos com os dois centros, tem-se agora o Laboratório para Ecossistema de Inovação para o fomento da inovação por meio de uma série de ações como hackatons, design thinking, design sprint, lean start up.

O CENPES está realizando parcerias com empresas start up para explorar uma nova avenida para a aceleração da inovação.

Para estimular o empreendedorismo e a inovação, criamos um programa interno de start ups denominado de "Santo de casa faz milagres".

A segurança das operações e dos empregados é uma prioridade estratégica.

A taxa de acidentes registráveis por milhão de homens/hora continua em trajetória decrescente, atingindo 0,56 em 2020, estabelecendo novo benchmark para a indústria global de petróleo e primeira vez em muitos anos não tivemos fatalidades.

Desde o começo da pandemia adotamos protocolos estritos para proteger a saúde de nossos colaboradores e home office, redução de equipes nos turnos de trabalho, testagem maciça, quarentenagem, uso de equipamentos de proteção individual e disponibilidade de serviços médicos 24/7, incluindo telemedicina e ambulâncias aéreas.

*Solidária ao povo brasileiro, a Petrobras está ajudando na mitigação dos efeitos da pandemia por meio de doações de testes, materiais médicos e de higiene, usinas de oxigênio, kits para entubação, combustíveis para veículos de hospitais públicos, cestas básicas de alimentos e capacidade computacional para auxiliar em pesquisas voltadas para a COVID.*

*Nossa agenda social concentrou o foco na primeira infância, crianças de 0 a 6 anos, um investimento com alto retorno social. Atualmente, nossos programas assistem 25.000 crianças de famílias de baixa renda.*

*Em janeiro deste ano demos o primeiro passo num programa para inclusão digital, "Janelas para o Amanhã", com a doação de 250 computadores para escolas públicas em comunidades carentes. O programa, em parceria com organizações não governamentais, possui escopo mais amplo, envolvendo a doação de até 15.000 computadores com acesso à Internet e centros de treinamento digital para professores do ensino básico e alunos do ensino médio.*

*A transição energética é algo a ser levado a sério. A mudança climática é uma ameaça ao futuro da civilização e a transição energética depende fundamentalmente de inovações tecnológicas e do emprego da racionalidade econômica.*

*Acredito que como a maior empresa de petróleo da América Latina um de nossos desafios é contribuir para um processo responsável de transição. O petróleo e o gás natural ainda se constituem na base do funcionamento da economia moderna e continuarão a ser relevantes por muitos anos, embora a demanda global tenda a crescer a um ritmo mais lento e decrescente ao longo do tempo.*

*A Petrobras anunciou dez compromissos com a sustentabilidade com o propósito de minimizar as emissões de GEE, aumentar a captura e o armazenamento de carbono e o reuso de água, que se somam aos investimentos na busca de inovações para reduzir as emissões de escopo 3 e a pesquisa em novas fontes de energia.*

*A companhia diminuiu as emissões totais de GEE pelo sexto ano consecutivo, totalizando 56 milhões de toneladas, menos 6% do que em 2019, consistente com a meta de obter redução de 25% comparado com 2015. A intensidade de carbono no E&P em 2020 foi de 15,8 kg $CO^2$, uma das menores na indústria de petróleo global.*

No refino a intensidade de carbono chegou a 40,2 kg $CO_2e$/ CWT, ainda muito alta em termos absolutos e relativos. Estamos trabalhando para baixar para 30 kg $CO_2e$/CWT em 2030.

O retorno total para o acionista de nossa companhia tem sido medíocre. Tendo em vista a excelente performance da geração de caixa e ao declínio contínuo da dívida, estamos propondo ao Conselho de Administração a distribuição de R$ 10,3 bilhões – R$0,787446 por ação ordinária e preferencial - ainda relativamente modesta, porém mais do que o dobro do dividendo obrigatório requerido pela Lei das S.A.

Nosso objetivo é nos tornarmos a melhor empresa de óleo e gás do mundo, criando valor respeitando as pessoas e o meio ambiente, foco na segurança de nossos colaboradores e operações e continuando a ser um fornecedor confiável de produtos de alta qualidade para nossos clientes.

Expresso nossa solidariedade a todos os que sofreram as terríveis dores causadas pela pandemia e homenagem aos profissionais da saúde e cientistas que têm sido verdadeiros heróis na batalha pela preservação de vidas humanas.

Meu reconhecimento ao nosso Conselho de Administração pelo importante papel desempenhado e contínuo apoio à execução da estratégia nesta jornada.

*Roberto Castello Branco*
*presidente.*

## ANEXO II

Esta é uma das comunicações que enviei para os empregados da Petrobras sobre transformação cultural e que serviu de base para uma das inúmeras conversas que tive com eles.

*Colegas,*

*O mundo tem passado por transformações estruturais, que mais recentemente têm se acelerado e se tornado mais profundas. As mudanças não se restringem ao campo social e se estendem à atividade econômica global.*

*A Ásia e as economias emergentes possuem hoje influência sem precedentes no cenário global. A educação e a produtividade são cada vez mais importantes, profissões desapareceram e outras estão surgindo, os empregos de amanhã serão distintos dos de hoje e requererão novas habilidades.*

*Os modelos de negócios santificados no passado, como a integração vertical, os conglomerados, a propriedade obrigatória de ativos e os monopólios, estão sob sério questionamento.*

*Empresas e indústrias tentam se reinventar para sobreviverem. Assim como os táxis, a mídia, as indústrias hoteleira, automobilística, financeira e tantas outras, o setor de petróleo e gás também se defronta com desafios, dos quais nossa companhia não está isenta.*

*Em quarenta anos, a abertura da China às forças de mercado fez com que seu produto per capita se multiplicasse por 25, num fenômeno inédito na história da civilização. Entre outras consequências, o mercado de petróleo sofreu um choque de demanda, o que fez com que seu preço se mantivesse em torno de US$100 por barril durante vários anos.*

*Esse cenário, que tolerava custos elevados e ineficiências, não existe e não existirá mais. A emergência de outra China é altamente* improvável e a grande preocupação de hoje é com um futuro nada brilhante – e até assustador para alguns – do consumo global de petróleo.

A mudança climática estimula investimentos em fontes de energia renovável, na eletrificação dos veículos a motor e em outras inovações destinadas a substituir combustíveis fosseis.

A revolução digital, mais especificamente o emprego da inteligência artificial, é altamente disruptiva. Os mercados não respeitam tradições; a inovação e a produtividade são o que impõe respeito e traz reconhecimento.

O Brasil do século XXI não tolera mais privilégios e monopólios. Ambos são incompatíveis com uma sociedade livre e democrática.

Melhoramos bastante nos últimos anos, mas estamos ainda enfraquecidos pela experiência de um quase desmonte financeiro e moral de nossa companhia por uma organização criminosa.

Para vencer esses desafios, temos uma estratégia muito simples, resumida em cinco pilares: focar nos ativos em que somos os donos naturais, reduzir nosso custo de capital, buscar incessantemente custos baixos, valorizar a meritocracia e priorizar a segurança de nossas operações. Os cinco pilares devem ser respaldados pela preservação da integridade e o indispensável respeito às pessoas e ao meio ambiente.

Temos ativos de classe mundial, tecnologia avançada de exploração e produção submarina e os melhores engenheiros e geólogos do mundo. Somos os donos naturais da exploração de petróleo e gás em águas profundas e ultraprofundas.

Gerir bem o portfólio, desinvestindo ativos que nos trazem baixos retornos para canalizar recursos para investimento no Pré-sal não é desmonte e sim a construção de uma companhia mais forte e saudável.

Estamos executando um amplo programa de reestruturação que inclui a gestão ativa do portfólio, o corte de custos, a transformação digital, a eliminação de ineficiências e do excesso de burocracia e a melhoria da qualidade e eficácia do treinamento.

É fundamental rever hábitos arraigados ao longo do tempo e adquirir novas competências. Vamos preservar e fortalecer aspectos valiosos de nossa cultura, como a capacidade de inovar e de superar desafios. Ao mesmo tempo, estamos abandonando falsos mitos, como o bem maior e ser o motor do desenvolvimento nacional, e nos concentrando em produzir com excelência operacional e econômica, atuando como um só time para gerar valor.

*Uma cultura de alto desempenho conduz ao crescimento pessoal e é capaz de contribuir para a prosperidade. Bons resultados financeiros permitem a remuneração adequada de nossos esforços, a redução de uma pesada carga de juros e a realização de investimentos e uma arrecadação crescente de tributos para os governos e muitos empregos dentro e fora da indústria de óleo e gás.*

*As pessoas têm sido esquecidas na Petrobras. Temos várias iniciativas destinadas ao empoderamento das pessoas, liberando a capacidade de liderar e inovar.*

*Estamos simplificando a governança, delegando maior poder decisório para nossos gerentes e eliminando comitês desnecessários. Assim como no corte de custos, o exemplo está vindo de cima. Nosso Conselho de Administração não tem mais várias dezenas de reuniões, seus Comitês de Assessoramento as centenas de reuniões, verdadeiras anomalias no mundo corporativo.*

*Todos esses movimentos estão sendo realizados garantindo a conformidade do processo decisório com rigorosos padrões de governança. Simplicidade para ser ágil e eficiente, liberdade com responsabilidade. O senso de urgência é crítico para uma organização que deseja vencer.*

*A adoção de um efetivo programa de remuneração variável, transparente e com metas desafiadoras, porém realistas, premiará aqueles que verdadeiramente contribuem para a grandeza da Petrobras.*

*Estamos implementando um programa de EVA (valor econômico adicionado), adotado há anos com sucesso em várias grandes empresas no Brasil e no mundo. O EVA é, na realidade, um sistema de gestão que nos ajudará a identificar oportunidades específicas de melhoria de desempenho e, sobretudo, colocará cada um de nós na posição de gestores de seus próprios negócios, onde trabalharemos para sermos lucrativos e obtermos justa remuneração.*

*Com o passar do tempo, se desenvolveu em nossa companhia um dos piores males corporativos: a desconfiança entre as pessoas e o denuncismo. Tal ambiente é corrosivo, conduz à inércia, retira a motivação para trabalhar, impede o desenvolvimento de talentos e transforma profissionais competentes em seres inseguros e defensivos.*

*Estamos procedendo a várias alterações para recriar um ambiente de trabalho saudável e destravar o enorme potencial de nossos colaboradores. Entre outras iniciativas, daremos curso a um programa de reconciliação, corrigindo injustiças que foram cometidas contra inocentes.*

*Um bom sistema de integridade deve se constituir em uma alavanca de valor, instituindo regras eficazes para coibir e punir as más práticas e seus autores, nunca para perseguir inocentes e incentivar o denuncismo.*

*Necessitamos ser informais. Não me refiro a trajes, mas ao diálogo aberto e franco, independentemente da posição que cada um tenha na estrutura organizacional. Aprendemos com as ideias dos outros e estes aprendem com nossas ideias; temos muito a ganhar com a troca de opiniões.*

*A execução com sucesso de uma agenda transformacional não depende de mim, nem de um pequeno grupo de diretoras, diretores e gerentes. Depende de vocês, nosso mais importante ativo e única e verdadeira "joia da coroa" da Petrobras.*

*Esperamos que vocês se apropriem das iniciativas e ações para atingirmos as metas propostas, avançando na construção de uma cultura de valor.*

*Somos um só time. Vamos vencer e transformar a Petrobras em uma companhia cada vez mais forte e saudável, número um em geração de valor na indústria de óleo e gás.*

*Contem comigo, assim como contamos com cada um de vocês.*

*Roberto Castello Branco*
*presidente*

Acompanhe a LVM Editora

@lvmeditora

Acesse: www.clubeludovico.com.br

@clubeludovico

Esta edição foi preparada pela LVM Editora e por Décio Lopes, com tipografia Source Serif 4 e Impact, em setembro de 2024.

**Impressão e Acabamento | Gráfica Viena**
Todo papel desta obra possui certificação FSC® do fabricante.
Produzido conforme melhores práticas de gestão ambiental (ISO 14001)
www.graficaviena.com.br